HISTOIRE DE LA VILLE

DE

SAINTE-MENEHOULD

par

Louis BROUILLON

SAINTE-MENEHOULD

MARTINET-HEUILLARD, ÉDITEUR

42, RUE CHANZY, 42

HISTOIRE DE LA VILLE

DE

SAINTE-MENEHOULD

DU MÊME AUTEUR

Les Comtes de Dampierre-en-Astenois (Dampierre-le-Château. Marne). — 1886.

Givry-en-Argonne et son Histoire. — 1887.
Mémoire couronné par la Société Académique de la Marne. Médaille d'Or.

Le Camp romain de la Murée (territoire de Possesse, Marne). — 1896.

Un magnétiseur champenois en 1785. Le marquis de Baillet. — 1900.

La Villa gallo-romaine de Vière (Outrivière, commune de Noirlieu, Marne). — 1901.

L'Abbaye de Châtrices. — 1903.

La Poussessiade ow lu siéege du Poussesse, suivi de **Lu Temps passéye**, poèmes de Jean-Baptiste Le Roy, précédés d'une *Notice sur les Origines de la Poussessiade et sur la Vie et les Œuvres de J.-B. Le Roy.* — 1905.

Grammaire historique et Glossaire du Parler autrefois en usage à Givry-en-Argonne (Marne).
Mémoire couronné par l'Académie Nationale de Reims en 1905. Médaille d'Or.

L'Argonne. Guide du touriste et du promeneur. — 1905.

Les Objets d'Art des églises de l'arrondissement de Sainte-Menehould (Marne). — 1906.

Pierre Lallement, mécanicien, et les origines du « Vélocipède ». — 1907.

Sermaize-les-Bains et la région environnante : *Vitry-le-François Saint-Dizier, Bar-le-Duc.* Guide du touriste et du promeneur. — 1908.

Le médecin-major Auguste Delaunay. — 1909.

HISTOIRE DE LA VILLE

DE

SAINTE-MENEHOULD

par

-Louis BROUILLON

SAINTE-MENEHOULD
MARTINET-HEUILLARD, ÉDITEUR
42, RUE CHANZY, 42

HISTOIRE DE LA VILLE DE SAINTE-MENEHOULD

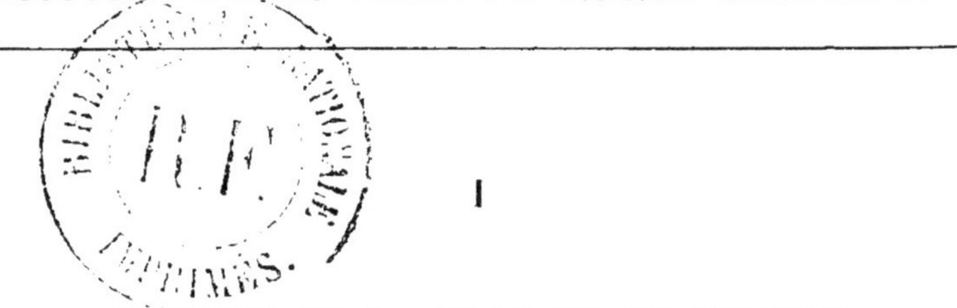

I

ORIGINES DE LA VILLE ET DU CHATEAU

Bien qu'on ignore à quelle époque, sans doute antéhistorique, remontent les premières origines de la ville de Sainte-Menehould, les archéologues s'accordent cependant à reconnaître que, sur un rocher enclavé dans le périmètre de l'agglomération actuelle et dont le sommet représente une superficie de quatre à cinq hectares, se dressait, dès avant les temps mérovingiens, un château ou plutôt une forteresse de très haute importance.

Le rocher était cerné, à l'est et à l'ouest, par deux bras de la rivière d'Aisne, qui l'isolaient de toutes parts. Au delà s'étendaient des marais fangeux qui, pendant une bonne moitié de l'année, le rendaient à peu près inabordable.

La tradition rapporte que, sur ce rocher, se trouvait un temple dédié, suivant les uns à Isis, suivant d'autres à Diane. Était-ce Isis « la déesse aux mille noms, tendre mère des mortels », très vénérée dans le sud de la Gaule ; était-ce Diane, déesse de la chasse et reine des sombres forêts ; était-ce toute autre divinité gauloise ou romaine, dont l'effigie sacrée s'érigeait sur l'autel de ce temple présumé ? C'est un point obscur, sur lequel on n'a jusqu'à présent aucune donnée précise.

Une question d'un intérêt primordial reste également à résoudre. Quel nom portait à l'origine le château du rocher? Car la dénomination actuelle de Sainte-Menehould est — cela va de soi — nécessairement postérieure au VIe siècle de notre ère.

Certains auteurs [1] ont pensé que ce lieu s'appelait *Auxuenna* ou *Axuenna*, se basant sur ce fait qu'un endroit de ce nom est cité dans l'Itinéraire de *Aethicus* ou *Ethicus*, écrivain latin qui vivait au IVe siècle de l'ère chrétienne, comme se trouvant sur la rivière d'Aisne, non loin de Sainte-Menehould. On retrouve du reste dans l'Itinéraire d'Antonin et dans la Table de Peutinger la même appellation. Mais il est vraisemblable que le mot *Auxuenna* ou *Axuenna* est le même que celui d'*Auxona* ou *Axona* et qu'il signifie simplement « la rivière d'Aisne », c'est-à-dire l'endroit où, sur la route décrite, se rencontrait ce cours d'eau. Ce point paraît correspondre à Vienne-la-Ville.

D'autres écrivains, et en particulier Claude Buirette [2], admettent que ce château portait à l'origine le nom de *castellum Axonæ* ou *castellum supra Axonam*, c'est-à-dire de Château-sur-Aisne, solution à l'appui de laquelle ne fut jamais produite aucune justification, bien qu'elle ait été rééditée pendant plusieurs siècles par des auteurs se répétant les uns les autres [3].

1. Notamment Adrien de Valois, qui, dans sa *Notitia Galliarum*, s'exprime ainsi au mot *Auxuenna* : « J'estime que *Aethicus* désigne par le nom de *Auxuenna* la place-forte de Sainte-Menehould, ainsi appelée dans la langue vulgaire à cause de la patronne du lieu. »

2. *Histoire de la ville de Sainte-Menehould et de ses environs*. 1837. — Claude Buirette naquit à Sainte-Menehould, le 16 novembre 1754. Il exerça dans cette ville les fonctions de receveur particulier et de juge au tribunal du district, et y mourut le 1er mai 1827. Il avait épousé Louise-Barbe Picart.

3. En particulier par Beaugier : *Mémoires historiques de la province de Champagne*, t. I, p. 275.

Enfin, d'après une troisième opinion, à laquelle nous n'hésitons pas à nous rallier, le primitif Sainte-Menehould aurait été l'ancien bourg gaulois de *Stadunum*, devenu à une certaine époque chef-lieu d'une circonscription ou d'un comté appelé l'Astenois ou l'Estenois[1], lequel, ainsi qu'en témoignent de nombreux documents, s'étendait de Moiremont, au nord, à Alliancelles, au sud, et correspondait à peu près aux anciens doyennés de Sainte-Menehould et de Possesse. L'Astenois forma plus tard l'archidiaconé d'Astenay (diocèse ancien de Châlons-sur-Marne), archidiaconé dont l'unique ville était Sainte-Menehould.

On a, il est vrai, objecté que *Stadunum* ne peut être devenu Sainte-Menehould, puisque, remarque-t-on, le lieu où s'élève aujourd'hui cette localité est désigné dans les hagiographies sous le nom de *castrum Conthense*.

Il est nécessaire, pour élucider cette question, d'entrer dans quelques détails.

Les hagiographies qui mentionnent un *castrum Conthense* ne donnent pas à cette expression une signification géographique absolue, mais la complètent par les mots *in pago Freduno* ou *in vico Freduno*. Le *castrum*, le château en question, se trouvait, non seulement dans le pays, mais dans le bourg même de *Fredunum*. D'où cette première conclusion que, dans l'hypothèse discutée, le nom primitif de la ville de Sainte-Menehould n'aurait pas été *castrum Conthense*, mais *Fredunum*.

Or *Fredunum* n'existe pas. Si l'on se souvient,

---

1. *Pagus stadunensis*.

d'autre part, que le primitif Sainte-Menehould faisait partie du pays d'Astenois, ou pays de *Stadunum*, lequel était un comté, on en arrive à cette deuxième conclusion que, dans la rédaction latine de la notice, il s'est produit une erreur manifeste de transcription. L'hagiographe qui, le premier, eut à travailler sur les documents anciens, prit pour les mots *castrum Conthense* ceux de *castrum comitense*, signifiant : le château du comte, et, pour *in vico Freduno*, ce qui eut dû se lire *in vico Staduno*, dans le bourg de *Stadunum* [1].

Alentour du château, sur le rocher, se trouvait le petit groupe d'habitations qui constituait *Stadunum*.

On relève du reste dans la dénomination de ce modeste bourg, qui ne s'étendait pas au delà du plateau, le mot *dunum*, qui, en langue celtique, signifie « éminence, hauteur ».

Des débris gallo-romains et plusieurs monnaies du Bas-Empire ont été trouvés sur le versant est de l'escarpement.

Aux environs immédiats de *Stadunum* étaient disséminés quelques hameaux ou quelques *villas* aux noms inconnus, mais dont les archéologues ont retrouvé la trace.

La plus intéressante découverte qui ait été signalée à ce sujet est celle qui fut faite, en 1901, par

---

1. « Dans les papiers du P. Chiffet, — disent les Bollandistes, — « se trouvait une note suivant laquelle le susdit château s'était « appelé dans ce temps *Stadunum* ou *Standunum*, d'où le pays « adjacent, ainsi que l'archidiaconé, est appelé *stadunensis pagus*, « en langue vulgaire Estenois. Il reste donc à corriger l'auteur même « des Actes, qui dénature ce nom en *Fraudunum*, de même du reste « que Testenoire l'a fait en *Fredunum* (Fredoux) et l'a rendu étran- « ger à la ville forte et au château de Sainte-Menehould ». (*Acta Sanctorum*, 14 octobre : *S. Manehildis*.)

M. Léon Mauget, archéologue à Sainte-Menehould, au sud-est et à un kilomètre de la ville, sur un monticule en partie boisé, dont le sommet est traversé par le chemin des Houis. Il y fut trouvé, à la suite de patientes recherches, environ quatre mille petits cubes de verre destinés à la mosaïque et colorés en bleu, en rouge, en jaune, en vert et en blanc à l'aide d'oxydes de cobalt, de cuivre, de plomb, de fer et d'étain; des gouttelettes de verre vraisemblablement destinées à être serties sur des montures métalliques ou sur des bijoux; des fragments de verre coupé, déchets de fabrication; des morceaux de verre travaillés à l'aide de pinces plates ou perforantes, dont ils portent l'empreinte; des anses et des boutons de couvercles en verre; des têtes d'épingles à cheveux en verre coloré; des bagues ou anneaux en verre bleu foncé ; des bracelets de verre à spirales et à dessins de diverses couleurs; des grains de colliers; des débris de vase de verre; les restes d'un four aux parois enduites de verre fondu; des outils divers ayant pu servir à des verriers d'art; un joyau de verre décoré d'une corne d'abondance; un cachet de verre opaque sur lequel est empreinte une cigogne; une intaille d'agate, cette dernière d'origine étrangère, représentant un caducée avec l'inscription : VENI SVAVIS, et enfin un fragment de buste en biscuit sous lequel se lit la marque du fabricant : RES^{c}...

L'auteur de ces précieuses trouvailles a été amené à conclure [1] que là existait, à l'époque gallo-romaine,

---

1. L. Mauget, *Découverte d'une verrerie d'art gallo-romaine aux Houis, écart de Sainte-Menehould.* Dans *Mémoires de la Société d'Agriculture de la Marne*, 1902-1903 et 1906-1907.

une verrerie d'art, où furent fabriqués la plupart des objets qu'il eut la bonne fortune de découvrir.

On suppose que cet établissement, digne ancêtre de celui de Gallé et dénotant une civilisation très avancée, florissait du IIIe au IVe siècles de l'ère chrétienne, car trente-sept monnaies qui accompagnaient les débris trouvés aux Houis se rapportent aux règnes compris entre celui de Gallien et celui de Constantin-le-Grand (260 à 336). Il a été, presque simultanément, découvert par le docteur Meunier un atelier semblable près de Lavoye (Meuse), ce qui confirme la très haute antiquité du travail du verre dans la région d'Argonne.

Des tombes gallo-romaines contenant des fioles en verre et des anneaux de bronze ont été mises à jour, lors de la création du chemin de fer, sur le versant nord du coteau des Hazelles, près de la gare principale.

Des vestiges de la même époque, notamment une clef de bronze, ont été recueillis, en 1907, dans la vase du Pont-Rouge, où, vraisemblablement, n'existait jadis qu'un gué permettant de traverser la rivière d'Aisne. On accédait de *Stadunum* à la verrerie des Houis par ce gué et par le gué Lagrelette.

II

DU Vᵉ AU XIIᵉ SIÈCLES

Dans le courant du vᵉ siècle, le comté dont *Stadunum* était la capitale se trouva réuni, ainsi que celui de Changy ou de Vitry-en-Perthois, à celui de Perthes[1]. Un comte du Perthois, du nom de *Sigmarus*, ou Sigmare, vint périodiquement tenir ses assises au château qui dominait la vallée de l'Aisne. Il pratiquait la religion chrétienne et avait eu de sa femme *Lutrudis* ou *Lutrude*, sept filles « jolies et saintes », qui portaient les noms de *Ama* ou *Yma*, *Hoyldis*, *Lutrudis*, *Pusinna*, *Francula* et *Manechildis* ou *Manehildis*.

Cette dernière, dont le nom en langue vulgaire était ou devint Menehould[2], avait été, ainsi que ses sœurs, perfectionnée dans la religion chrétienne par un prêtre des environs de Perthes, nommé Eugène. Elle suivit — d'après la tradition — son père à *Stadunum*, où elle s'occupa, comme toutes les jeunes filles de cette époque, à vaquer aux soins de la maison et à filer la laine et le lin.

Elle ne sortait guère que pour aller visiter les malades et pour porter aux malheureux les secours dont ceux-ci avaient besoin. Le peuple, peu habitué

1. A. Longnon, *Dictionnaire topographique du département de la Marne*, XXXI. — Changy, canton de Vitry-le-François (Marne). — Perthes, canton de Saint-Dizier (Haute-Marne).

2. *Acta Sanctorum*, 14 octobre : *S. Manehildis.* — Ce nom prit aussi les formes de *Manehout* (XIIᵉ s.) ; *Menehot*, *Esmenot*, *Menout* (XIIᵉ s.) ; *Manehould* (XVIᵉ au XVIIIᵉ s.). La forme actuelle se prononce *Menou* et ne comporte pas d'accent aigu.

à la bienveillance des puissants, la prit en affection et l'honora, après sa mort, comme une sainte.

La légende rapporte que, se trouvant un jour sur les hauteurs de Côte-à-Vignes, non loin de l'endroit où s'éleva plus tard La Neuville-au-Pont, Menehould frappa le sol de sa quenouille et en fit jaillir la fontaine qu'on y remarque aujourd'hui et qui devint dans la suite le but d'un pèlerinage. De même plus tard — fable analogue — saint Rouin, passant par Resson et tourmenté par la soif, fit sourdre, lui aussi, une fontaine dont il tira, et de l'eau, et de l'or.

Il n'est pas inutile de faire remarquer que les Bollandistes sont muets sur ces prétendus miracles, et qu'ils ne parlent pas davantage d'une invraisemblable intervention de Menehould en faveur de la ville, lors de l'invasion d'Attila. On n'a du reste aucune donnée sur l'emplacement exact des champs catalauniques, qui, peut-être, n'ont avec les environs de Châlons-sur-Marne d'autre rapport que le nom.

La tradition rapporte aussi, et cette fois on peut l'admettre sans peine, que Menehould signala son courage et sa charité au cours d'une grave épidémie qui décima la population du bourg que gouvernait son père.

Les sept filles de Sigmare furent offertes par leurs parents à saint Alpin, huitième évêque de Châlons, qui, visitant les églises de son diocèse, s'était arrêté à Perthes. Ce prélat leur remit le voile et les consacra à Dieu comme religieuses. Les sept sœurs, se conformant à la règle de saint Alpin et travaillant sans relâche à des ouvrages en rapport avec leur condition, vécurent dans la maison paternelle jusqu'à la mort de leurs parents.

Sigmare, se sentant près de mourir, partagea son héritage entre ses filles. Menehould reçut un domaine situé sur une colline près de Bienville[1], où elle se retira. Elle y vécut dans la pratique des vertus, et spécialement de la charité, paraissant peu au dehors si ce n'est pour avoir de pieux entretiens avec sa sœur *Ama*, qui avait sa demeure près de là. Elle mourut dans un âge très avancé, le 14 octobre. L'année de son décès n'est pas connue. On suppose que la date n'en est pas très éloignée de l'an 500.

Le souvenir de Menehould resta si vivace sur les bords de l'Aisne que le lieu où sa présence passagère avait donné quelque éclat finit par être désigné sous son nom, et cela, vraisemblablement vers l'an 866, ainsi que nous le verrons plus loin.

Le culte de la sainte dépassa de beaucoup les limites de la Champagne, car, une collégiale, fondée à Palluau, ancien diocèse de Bourges, fut mise sous son invocation[2].

La reproduction d'un ancien plan de la ville dont nous nous occupons, plan antérieur à 1653[3], désigne l'endroit qui correspond au faubourg actuel de Verrières sous le nom de *bourgade de Oult* ou de Hould. *Hoyldis*, en langue vulgaire Hould, en langue

---

1. Canton de Chevillon (Haute-Marne). — Une chapelle fut bâtie, en 1849, sur l'emplacement présumé de sa cellule.

2. Palluau, Indre. — Les paroisses de La Chapelle (La Chapelle-Felcourt) et de Minecourt (Minecourt-Jussecourt), diocèse de Châlons, sont placées sous le vocable de Sainte-Menehould.

3. Cette reproduction accompagne une plaquette publiée par A. de Barthélemy et ayant pour titre : *Les Deux Sièges de Sainte-Menehould* (1652-1653). Arcis-sur-Aube, 1899. — L'auteur de cette publication a découvert, dit-il, l'original du plan à la Bibliothèque Nationale, département des Estampes, mais a négligé de mentionner la cote sous laquelle elle y figure.

savante Hoylde, était la seconde fille de Sigmare. On ne connaît pas exactement le lieu où elle se retira après la mort de celui-ci.

Plusieurs siècles après la mort de Hoylde, qui survint le 30 avril, Henri, comte de Champagne, se crut, en songe, plongé au fond d'un puits très profond, dont il fut tiré par une vierge du nom de Hoylde. Il s'enquit de savoir qui était celle-ci, d'où elle était originaire et où elle reposait actuellement. Le corps de la sainte ayant été retrouvé, sans qu'il soit dit en quel endroit, fut transporté en grande pompe dans l'église Saint-Étienne de Troyes, en 1159. Plus tard, sur la demande de la comtesse de Bar, on en offrit un bras à un monastère de filles, qui venait d'être fondé près de Bar-le-Duc et qui reçut le nom de Sainte-Hould ou Sainte-Hoylde [1]. Cette maison appartenait à l'ordre de Cîteaux.

Des sept filles de Sigmare, cinq, d'après les Bollandistes, furent honorées comme saintes : *Ama*, *Hoyldis*, *Lutrudis*, *Pusinna* et *Manehildis*. Le corps de *Pusinna* fut transféré, en 850, au monastère d'Hervord en Westphalie.

L'introduction du christianisme dans la région de Sainte-Menehould ne paraît pas être antérieure au gouvernement de Sigmare, et remonterait, dans ce cas, au ve siècle. Les peuplades forestières ou agricoles qui occupaient alors la vallée de l'Aisne, peuplades beaucoup moins barbares qu'on ne serait tenté de le supposer, puisque la barbarie fut le

---

1. Commune de Bussy-la-Côte (Meuse). — Le cartulaire de l'abbaye de Sainte-Hoylde est conservé à la Bibliothèque Nationale. Fonds français, nouvelles acquisitions, n° 4168.

résultat d'invasions subséquentes, avaient jusque-là honoré, avec plus ou moins de ferveur, les divinités païennes, les dieux ataviques. Pendant les années que suivirent, les prières furent simultanées. Elles s'adressèrent impartialement, soit au Dieu nouveau que révélait l'Évangile, soit aux antiques dieux gaulois, qui résistèrent très longtemps.

Mercure, dieu du gain, paraît avoir été celui qui conserva les derniers fidèles. Les divinités disparues, il resta les fontaines sacrées, auxquelles, pour éviter le scandale, on fut obligé d'adapter des vocables chrétiens. Il resta aussi les fées et les génies, lesquels, après quinze siècles, n'ont pas encore dit leur dernier mot et se sont réfugiés dans les mystérieuses légendes qu'on raconte encore, les soirs d'hiver, aux veillées.

Vers la fin du VIIe siècle le château de Sainte-Menehould fut reconstruit par les ordres de Drogon, duc de Champagne. Ce prince, fils légitime de Pépin d'Héristal et de la reine Plectrude, mourut du vivant de son père en 708. Il fit entourer de murailles le sommet du rocher et munir de palissades une bourgade naissante qui, à 300 mètres à l'ouest, s'était formée à ses pieds.

Celle-ci s'étageait, sur le versant d'un coteau situé au delà de la rivière d'Aisne, alentour d'un monticule escarpé appelé le Châtelet et dont une partie existe encore. Sur le sommet de la butte s'élevait un petit château ou châtelet, qui lui donna son nom.

Des marais difficilement praticables isolèrent pendant longtemps les deux parties de la ville, ce qui fit écrire, au XVIIe siècle, que « Saincte Manehould est une petite ville assise dans un marais, au milieu de deux chasteaux situés sur deux rochers fort élevés[1] ».

L'Astenay avait été officiellement visité en 802 par Wulfaire, délégué de l'empereur Charlemagne. Il le fut à nouveau, en 853, par Hincmart, Ricuin et Engiscale, délégués de Charles-le-Chauve[2].

On n'a aucun renseignement sur les édifices dans lesquels se rassemblèrent les fidèles, pendant les premiers siècles qui suivirent l'introduction du culte chrétien.

La plus ancienne église dont le souvenir soit resté fut, de 856 à 868, consacrée par l'évêque Erchanraüs, ou Erchanré, qui, dans la période comprise entre ces deux dates, gouverna le diocèse de Châlons-sur-Marne. Le service en fut assuré par des religieux tirés de l'abbaye de Moiremont, laquelle était à cette époque occupée par des chanoines réguliers. Cette abbaye passa, en 1074, à l'ordre de Saint-Benoît.

On suppose que l'édifice dont nous venons de parler occupait la place où s'élève actuellement l'église paroissiale. Pour éviter aux habitants de la bourgade qui se développait au delà de la rivière d'Aisne, d'être privés, pendant les inondations, de l'assistance aux offices, une église de secours fut construite près du rocher du Châtelet. Ce sanctuaire modeste, qui s'élevait à l'extrémité de l'ancienne rue du Ban-Saint-Pierre, c'est-à-dire sur la face ouest de

1. *Siège de Saincte Manehould par M. le Prince en l'année* 1652. — Le quartier avoisinant le Châtelet était encore mentionné, en 1250, sous le nom de la « vieille ville de Sainte-Menehould sur l'Auve », *furnum nostrum dictum Reginaldi quem habebamus apud sanctam Manehildim in veteri villa sancte Manehildis supra Alvam.* (Cartulaire de Moiremont, LXXV.)

2. Flodoart, *Histoire de l'église de Reims.* — Baluze, *Regum Francorum Capitularia.*

la place de Guise actuelle, était dédié au chef des apôtres. De là vint le nom de quartier ou de ban Saint-Pierre, donné à cette partie de la ville.

Sur un autre point de la même section, près de la rivière d'Aisne, fut aussi créé un hôpital, dont la fondation, de date incertaine, paraît devoir être attribuée tant à la générosité des habitants qu'à un don considérable fait, suivant la tradition, par un juif. A cet hôpital fut jointe une chapelle, qui prit dans la suite les proportions d'une église.

En 1038, le château de Sainte-Menehould fut assiégé par le comte Valeran, qui, par les ordres de Gothelon ou Gozelon, duc de la Haute-Lorraine, tenta de pénétrer dans cette partie de la Champagne. Le cinquième jour du siège, Valeran fut atteint par une flèche lancée du château et grièvement blessé. Les troupes lorraines se retirèrent le lendemain et se replièrent sur le Barrois[1].

Ce Valeran, comte d'Arlon, avait épousé Adèle, fille de Thierry, duc de Mosellane, laquelle était petite-fille d'Eduin, roi d'Angleterre. Il a laissé son nom à une des tours du château de Bar-le-Duc, dite aussi la Belle-Tour ou la Tour-des-Armes. Celle-ci fut rasée en 1670.

L'échec de Valeran fut célébré, peut-être assez longtemps après sa date, en neuf vers léonins qui, avec le récit de l'expédition, se trouvaient transcrits sur d'anciens registres de l'église[2]. En voici la traduction littérale :

---

1. Vassebourg, *Antiquités de la Gaule Belgique*.

2. Les registres en question, détruits depuis longtemps, ne sont connus que par la mention qui en est faite dans les *Antiquités de la ville, château et faubourgs de Sainte Manehould*, manuscrit des

« L'an mil trente-sept et un, les Barrois ennemis « tentèrent de rompre les portes de Sainte-Mene- « hould; mais la bonne gent du château court aussi- « tôt aux armes et, animée d'une ardeur guerrière, « maintient d'abord les assaillants, qui se cachent. « Valeran atteste plusieurs cœurs, lui qui, insensé, « est percé d'un fer et mis hors de combat. Bonne « gent, célèbre les louanges de la sainte que tu te « réjouis d'avoir prié : tu es sauvée pour toujours et « non vaincue par les ennemis[1]. »

Quelques années plus tard, en 1065, les habitants furent menacés d'un nouveau siège par Thierry, quarante et unième évêque de Verdun. Très incommodé par le voisinage du château, qui appartenait alors à Manassès, comte de Rethel, avec lequel il était en hostilité, ce prélat leva un corps de troupes et marcha

---

XVIIe et XVIIIe siècles, contenant en 114 pages l'histoire de la ville de Sainte-Menehould depuis ses origines jusqu'en 1776. Ce registre, jusqu'à l'année 1700, est la reproduction à peu près littérale du manuscrit intitulé *Mémoires pour servir à l'histoire de la ville de Sainte-Menehould et des lieux du voisinage*, publié par Ed. de Barthélemy, en 1868, sous le titre d'*Annales de la ville de Sainte-Menehould*, mais il a été complété, postérieurement à 1700, soit par celui qui fit la copie, soit par une main étrangère. Claude Buirette a fait à cet ouvrage, qui est le prototype du sien, les plus larges emprunts. Son auteur est malheureusement inconnu.

Le manuscrit des *Antiquités de Sainte Manehould*, qui se trouvait en la possession du docteur Nidart, fut adjugé, après le décès de celui-ci, à M. Georges Duval, qui a bien voulu le mettre à notre disposition.

1. *Anno milleno trigesimo septimo et uno,*
Tentarunt postes Manechildis virginis hostes
Frangere Barrenses. Subito sed currit ad enses
Gens bona castelli, flagransque cupidine belli
Sustinet instantes imprimis collatitantes.
Plura Valeranus testatur qui malesanus
Pectora trajectus ferro est, vanusque reductus.
Gens bona, da laudes Sanctæ cujus prece gaudes :
Semper salvata es, nec ab hostibus exsuperata.

sur Sainte-Menehould. Pris de panique, les habitants envoyèrent à mi-chemin la clef du château et supplièrent l'évêque de leur accorder la paix. Ils évitèrent par ce moyen les horreurs d'un siège[1].

L'évêché de Verdun, ainsi que ceux de Metz et de Toul, formait depuis 843 un État particulier qui relevait des empereurs d'Allemagne. L'évêque y exerçait la puissance souveraine, ce qui, joint sans doute à un tempérament belliqueux, explique les démonstrations guerrières du prélat Thierry.

En 1143 se trouvait installé au château de Sainte-Menehould, dont on le qualifiait seigneur, un chef de bande turbulent, Albert ou Aubert, surnommé Pichot, lequel était de naissance illégitime[2].

Cet aventurier, qui disposait en maître de la forteresse, avait enlevé sur les terres de l'évêché de Verdun un butin considérable. Ayant recommencé ses rapines et engagé ouvertement la lutte contre Albéron ou Adalbéron de Chiny, quarante-cinquième évêque de cette ville, il fut pris et emmené par un détachement presque sans armes, envoyé à la recherche du butin enlevé. Mis à la disposition de l'évêque, Albert n'obtint sa liberté qu'après avoir restitué tout ce qu'on exigea de lui[3].

Le même prélat, pour le soulagement de ses sujets, réduisit à merci « quatre tyrans, tels les vents du ciel : Robert, à l'orient ; Albert, à l'occident ; Renaud, au midi ; et Henri, au septentrion ».

---

1. Laurent de Liège, *Historia episcoporum Virdunensium*. Publié par d'Achery, *Spicilegium*.
2. Suivant Vassebourg, *Antiquités de la Gaule Belgique*, le château aurait été donné au père d'Albert par Thibaut II, comte de Champagne.
3. Laurent de Liège, *anno* 1143.

Après la mort d'Adalbéron, Albert Pichot recommença ses déprédations. Désireux de mettre un terme à cette situation intolérable, Arnould de Chiny, qui avait succédé à Richard l'Enfant sur le siège épiscopal de Verdun, conclut une alliance avec Gui de Joinville, évêque de Châlons, Simon, duc de Lorraine, et plusieurs autres seigneurs qui avaient des représailles à exercer contre Pichot.

Écoutons le tragique récit que fit de cette expédition un moine anonyme du couvent de Saint-Vanne de Verdun :

« En ces jours surgit un certain chevalier du nom « d'Albert, appelé par surnom Pichot. Seigneur de « Sainte-Menehould, il était bâtard et capable de « toute méchanceté. Ce voleur, cet enfant de colère « commença par infester le diocèse de Verdun et « celui de Châlons, à ravir les biens qui s'y trou- « vaient, à piller les villages, à brûler les maisons.

« Arnould donc, évêque de Verdun, compatit à « cette calamité, et, ayant, de n'importe où, ligué « des princes, décida d'assiéger le château où se « retirait ce ministre de Satan.

« Ayant rassemblé une armée et ordonné des « bataillons, avec grand appareil d'armes et toutes « autres choses nécessaires à la guerre, ils allèrent « là, établirent leurs camps et posèrent des senti- « nelles. Quelques jours s'étaient écoulés et ils « avaient déjà sué en de très durs combats, quand « l'évêque périt, frappé d'une flèche à la tête par un « certain archer posté sur les remparts du château.

« L'armée, troublée et consternée par la mort de « son chef, se sépara. Les seigneurs se retirèrent, « non sans tristesse, chacun vers sa demeure. Ils

« envoyèrent à Verdun le corps de l'évêque et lui « firent donner la sépulture dans l'église majeure de « la bienheureuse Marie toujours vierge en l'an du « Seigneur 1181 [1]. »

La mort d'Arnould eut lieu, croit-on, le 14 août.

---

1. *Continuatio historiæ Laurentii Leodiensis, auctore monacho anonymo Sancti Vitoni Virdunensis*, dans d'Achery.

III

(De 1197 à 1379).

L'ÉGLISE PAROISSIALE

Thibaut III, comte de Champagne, avait jeté les yeux sur le château de Sainte-Menehould, dont il convoitait la possession en raison de son importance militaire et de sa situation à la lisière de ses États. Il proposa, en 1197, à Hugues III, comte de Rethel, de le lui céder en échange de la forteresse d'Inaumont (*de Arnoldi monte*), qu'il possédait au nord-est du Rethélois[1]. Cette offre ayant été acceptée, la ville et le château se trouvèrent, sans coup férir, réunis au comté de Champagne, dont ils ne furent plus séparés par la suite.

La ville était un franc-aleu, et de ce chef n'était soumise ni au cens, ni au droit de lods et ventes.

Parmi les fiefs mouvants du château de Sainte-Menehould, figuraient encore, au XVIIe siècle, les suivants :

Ante, avec le fief de Boncourt.
Auve et les dîmes du lieu.
Argers.
Bignipont, c^e^ de Chaudefontaine.
Braux-Sainte-Cohière, avec les fiefs de Saint-Cottin et des Souveneux.
Brieulles-sur-Meuse (Meuse).
Bussy-le-Château et le ban de Bussy.
Cheppe (La).

1. D'Arbois de Jubainville, *Histoire des ducs et des comtes de Champagne*, t. V, p. 22. — Inaumont, aujourd'hui Omont, chef-lieu de canton, arrondissement de Mézières (Ardennes). — L'acte de transaction semble avoir disparu.

Cierges et la Grange-aux-Bois (Meuse).
Courtisols.
Cuperly.
Dampierre-sur-Auve.
Dommartin-la-Planchette.
Elise.
Epense, le château et le moulin.
Florent.
Gizaucourt.
Haucourt et Malancourt (Meuse).
Jardinet (fief du), c^e de Valmy.
Jussecourt.
Maupertuis, c^e de Voilemont.
Saint-Mard-sur-Auve.
Saint-Remy-sur-Bussy.
Sainte-Menehould, avec les dîmes, les fiefs de Gergeaux et de Saget, la Grange-aux-Bois, la Grangette-aux-Bois, et le moulin d'Amilaville.
Saucreux (fief de), c^e de Valmy.
Vaux, c^e de Chaudefontaine.
Vieil Corbon (Le), c^e de Saint-Morel (Ardennes).
Vieil-Dampierre (Le), avec Grandru[1].

Vers le commencement du XIIe siècle disparut le comté d'Astenois, dont le nom cependant persista dans la terminologie ecclésiastique pour désigner la réunion, en archidiaconé, des doyennés de Sainte-Menehould et de Possesse. Le diocèse ancien de

---

1. Liste dressée d'après un *Estat de tous les fiefs mouvans du roy, tant à cause de sa tour du Louvre que de son comté de Champagne* (1676), reproduit par E. de Barthélemy dans *Diocèse ancien de Châlons-sur-Marne*, t. I, p. 275. — Toutes les communes dont le nom n'est pas suivi d'indication contraire se trouvent dans le département de la Marne. D'après le subdélégué Jean Mathieu, deux cent cinquante fiefs relevaient du roi à cause de son château de Sainte-Menehould (*Élection de Sainte Manehould en* 1709).

Châlons-sur-Marne comprenait, en effet, quatre archidiaconés, qui étaient ceux de Châlons, de Vertus, d'Astenay et de Joinville.

On vit, à partir de la même époque, reparaître dans les chartes l'antique dénomination d'Argonne, qui datait des temps préhistoriques, et qui, bien qu'éliminée des actes officiels, n'en avait pas moins subsisté dans le langage populaire.

Le nom d'Argonne était celui d'une vaste région forestière, qui s'étendait, du moins à l'origine, de la petite rivière de Vence (Ardennes) au nord, jusqu'aux coteaux de Charmont (Marne) au sud. L'Astenois, ainsi que le Dormois, n'en avaient été que des fractionnements transitoires d'ordre politique ou administratif.

Blanche de Navarre, restée veuve, en 1201, de Thibaut III, affranchit les habitants de Sainte-Menehould, jusque-là taillables et corvéables à merci. Elle leur accorda d'élire un prévôt et quatre échevins, dont deux étaient renouvelables chaque année, et jeta, dans l'intérêt des nouveaux bourgeois de la ville, les bases d'une véritable législation, qui se substitua à l'arbitraire des maîtres du château [1]. Le souvenir de cette princesse n'est pas encore entièrement oublié dans l'Argonne. C'est elle que de vagues traditions populaires appellent encore la reine Blanche. Grâce à ses libéralités et à celles de son fils, un patrimoine fut constitué à la ville. Dans cette dota-

---

1. Il n'est pas fait mention, dans le recueil des *Actes des comtes de Champagne*, de la charte communale de Sainte-Menehould.

Il est utile d'ajouter que le terrible incendie, qui ravagea cette ville en 1719, anéantit la plus grande partie des archives conservées dans les dépôts publics.

tion étaient compris quelques bois qui, par des adjonctions successives, devinrent plus tard une forêt. Le domaine forestier de la ville se montait, en 1771, à 1171 arpents 23 perches. Il est évalué aujourd'hui à 616 hectares 51[1].

La Champagne fut réunie à la Couronne en 1285, par suite de l'accession, au trône de France, de Philippe-le-Bel, lequel avait épousé, le 16 août 1284, Jeanne, reine de Navarre, héritière du comté. Sainte-Menehould fit dès lors partie intégrante du domaine royal.

Il y existait, depuis des temps très anciens, une prévôté qui relevait du bailliage de Vitry-en-Perthois. Il ne faut pas confondre le magistrat qui la régissait au nom du comte de Champagne, puis au nom du roi, avec le prévôt de la ville, simple officier municipal.

En 1332, sous le règne de Philippe-le-Hardi, un grenier à sel fut établi à Sainte-Menehould. On sait que, sous l'Ancien Régime, une taxe exorbitante frappait la consommation de ce produit et que, pour assurer sa perception, le sel n'était vendu que dans les magasins de l'État. A chaque grenier à sel était rattachée une circonscription qui en était, de droit, tributaire. Deux cent vingt-huit paroisses ressortissaient au grenier à sel de Sainte-Menehould, qui était de vente d'impôt et non de vente volontaire, sauf pour la ville même de Sainte-Menehould et pour l'abbaye et la paroisse de Châtrices.

---

1. *Communication du service des Eaux-et-Forêts.* — Dans le chiffre de 616^{h}51, sont compris 585^{h}86 en aménagement et 30^{h}65 hors aménagement. Cette dernière portion représente la superficie d'un terrain défriché pour l'établissement d'un champ de manœuvres, terrain qui depuis a été replanté.

Par une autre anomalie aussi peu justifiée, les localités de Beaumont-en-Argonne et de Villefranche-sur-Meuse ne payaient que la moitié du prix des autres paroisses[1].

On décida, dans la première moitié du XIIIe siècle, de bâtir en haut de la côte du Château une nouvelle église paroissiale. Ce monument, qui existe encore[2], paraît au premier coup d'œil avoir été manqué comme architecture. Ses lourdes proportions, ses voûtes basses, sa tour écrasée, lui donnent en effet l'aspect d'une masse de pierre érigée par des maçons sans talent.

Il s'en faut de beaucoup que cette première impression soit juste. Un examen plus attentif permet heureusement de revenir à une appréciation plus saine et plus équitable de sa valeur.

L'édifice d'aujourd'hui comporte une abside, une sacristie, une salle du trésor, deux chapelles voisines du chœur, un transept, une nef, deux bas-côtés, une double suite de chapelles accolées aux bas-côtés et un porche.

L'église primitive, dont le style très pur était celui du début de la période exclusivement ogivale, dite, pendant un temps, période du gothique à lancettes, ne comportait que l'abside avec ses deux chapelles, une sacristie aujourd'hui détruite, un transept, une

---

1. *Archives de la Marne*, C. 2091.

2. L'époque de la construction de l'église actuelle est déterminée par le style exclusivement ogival primitif du vaisseau principal. Ce style fut en vigueur de 1160 environ jusque vers l'an 1300. Il est donc impossible d'admettre avec Claude Buirette, qui écrivait du reste avant la rénovation des études architecturales, que l'église actuelle de Sainte-Menehould ait été construite au commencement du XIVe siècle.

nef et deux bas-côtés. C'est à des adjonctions successives et malheureuses que sont dus la sacristie qui subsiste, la salle du trésor, la double suite de chapelles latérales, le porche et le clocher, ce dernier du moins dans son état présent.

De cet amoncellement d'annexes, motivées tant par les besoins d'une population toujours croissante que par des raisons de commodité, est résulté un amas de constructions disparates, établies l'une après l'autre sans aucun souci des lignes générales et du style de l'édifice du début. Leur association complexe a donné à l'église actuelle une lourdeur pénible dont l'œil est choqué.

Le chœur, de forme polygonale, est percé de cinq grandes fenêtres ogivales à baie simple, encadrées d'une double archivolte reposant sur deux colonnettes à chapiteaux romans. Il possédait, à l'origine, sept fenêtres, dont deux ont été murées presque aussitôt par suite de la création des chapelles voisines. Au bas règnent tout alentour des arcatures ogivales.

A droite du chœur se trouve le chapelle de la Vierge, dite autrefois Notre-Dame des Vignerons. Elle est éclairée de côté par deux fenêtres à baie simple, de grandeurs inégales et dont l'une seulement est contemporaine de l'édifice primitif. L'autre, la plus raprochée du transept, a été dénaturée ultérieurement. On remarque dans cette chapelle, du côté opposé aux fenêtres, un très curieux chapiteau sur lequel sont représentés trois porcs gardés par un pâtre et se dirigeant vers un chêne chargé de glands. Il n'est pas impossible que ce chapiteau, qui, par son style, diffère sensiblement de tous les autres, soit, en même temps qu'une figuration symbolique de la parabole de l'Enfant prodigue, l'emblème lapidaire d'une famille du nom de Cochon, dont un membre, Jean Cochon, était « coultre et gouverneur de l'église » en 1420. Il comptait avec son frère Gérard, prêtre, au nombre des bienfaiteurs notables de la paroisse. Le coûtre, en latin *custos*, était dépositaire des titres et des objets précieux de l'église. Il existait à Sainte-Menehould, en dehors du coûtre, un marlier ou marguillier. A ce dernier incombait le soin d'entretenir l'édifice[1].

A la suite de cette chapelle se voit une sacristie basse, qui paraît être de la fin du XVIIe siècle. Dans les murs extérieurs de cette annexe sont encastrés de jolis débris de sculptures, datant d'une époque plus ancienne et qui firent visiblement partie d'un retable. On y remarque en effet, outre cinq caissons à personnages représentant des scènes de la Passion, trois jolis dais très ornementés, dont le style rappelle les débuts de la Renaissance.

A gauche du chœur s'élève l'ancienne chapelle Saint-Nicolas, aujourd'hui dédiée à sainte Menehould. Au-dessus de l'autel ont été percées, à une époque très récente, trois baies ogivales accolées, celle du milieu étant un peu plus haute que les deux autres. De côté sont deux larges fenêtres à double ogive, surmontées d'une rose. Ces ouvertures sont exactement semblables à celles du clocher. Attenant à cette chapelle est une petite pièce voûtée appelée la salle du Trésor.

---

1. *Archives de la Marne*, E. 1009. — Acte de translation des reliques de Sainte-Menehould.

Le transept droit prend jour par une fenêtre ogivale à deux baies qui paraît avoir été remaniée ultérieurement. A gauche, du côté opposé, est une large fenêtre également ogivale, mais dépourvue de ses meneaux.

Dans le transept s'abrite, à l'intérieur d'une niche trilobée, un médiocre groupe sculpté représentant la Vierge sur son lit de mort. Derrière le lit sont agenouillés huit apôtres tenant chacun un livre à la main. La tête et les pieds de la Vierge sont soutenus par deux anges assis, tenant aussi des livres et versant des larmes. Nous passerons sous silence le colossal rocher qui encombre cette partie de l'église, tas de pierres énorme qui afflige l'œil du visiteur.

La nef comporte cinq travées ogivales, dont les voûtes s'appuient sur des piliers ronds, accostés de colonnes, généralement au nombre de quatre. Les chapiteaux, de style très sobre, présentent des crochets et des feuillages rustiques : feuilles de chêne, de trèfle, de lierre, de nénuphar, etc. Le haut de la nef est éclairé par dix étroites fenêtres ogivales à baie simple.

Contre une des parois du bas-côté droit, entre la première et la deuxième chapelle, est actuellement dressée une magnifique pierre tombale du xve siècle, mesurant environ 2 m. 85 de hauteur sur 1 m. 60 de largeur. Elle représente, gravées au milieu d'ornements de la plus grande richesse, les effigies funéraires de Jean Toignel, deuxième du nom, lieutenant général au bailliage, décédé en 1463, et de Colette le Tur, sa femme, morte en 1455.

Le mari porte une longue robe bordée d'hermine, à la ceinture de laquelle est pendue une escarcelle.

Sa tête, rasée, est coiffée d'un bonnet et ses mains sont jointes. Sa femme, étendue à ses côtés, a également les mains jointes. Un écusson est tracé à droite et à gauche de chaque personnage, ce qui donne quatre écussons au total. Celui des Toignel porte trois chèvres couchées, superposées[1]. Le fond sur lequel se détachent les figures est décoré d'une profusion d'arabesques, encadrées dans des motifs d'architecture d'une grande richesse et d'un goût très pur.

Alentour de la pierre se lit, en caractères gothiques, l'inscription suivante :

✝ cy gisēt feuz noble psoñes Maistre jehan toīgnel conseillier du roy nre s. lieuteñ gnāl du bailli de vitry et s. de sugny et cheppes en rethelois. Et damoiselle colette le tur sa feme fondateurs de ceste chappelle Qui trespasserēt led deffūct ē lan M. cccc. lviii. o mois de may et lad damoisselle e lā : cccc. l e v : ō mois de may p. pr eulr.

Le bas-côté droit est avoisiné de trois chapelles anciennes, dont les fenêtres ont subi le martyre au XVIIIe siècle[2].

La première, nue et délabrée, ne comporte qu'une travée. Elle contient aujourd'hui un calorifère.

---

1. Armes des Toignel : *De gueules à trois chèvres couchées d'or superposées.* — Armes des Le Tur, d'après la pierre tombale dont s'agit : *De ... à la fasce de ... accompagnée de trois têtes de More de sable tortillées de ..., posées deux et une.* — Près de l'épaule gauche de Jean Toignel sont ses armes maternelles : *De sable (?) chargé de ... à la fasce de ... en abime.* Près de l'épaule gauche de Colette Le Tur est un écu écartelé aux 1 et 4 des armoiries des Le Tur et aux 2 et 3 de celles de Toignel.

2. Le petit portail nord porte la date de 1784.

La seconde possède deux travées. Dans la paroi qui la sépare de la précédente se trouve une fenêtre murée, dénotant l'origine moins ancienne de la seconde chapelle. On remarque sur les colonnes séparant les deux travées deux chapiteaux se faisant face et offrant chacun deux têtes imberbes, entourées d'un béguin et coiffées d'un chapeau à petits bords. Sur chacune des clefs de voûte est sculpté un écusson, chargé d'un chevron et de trois étoiles, posées deux et une.

La troisième et dernière chapelle — celle des fonts — a également deux travées. Elle n'offre aucun intérêt architectural et paraît plus récente que les deux autres.

Au bas-côté gauche est appuyée aujourd'hui une unique chapelle de la même longueur que la nef et tenant la place de trois chapelles anciennes. Elle est dépourvue de voûtes, mais est décorée, en revanche, d'un assez élégant plafond moderne à poutrelles, maladroitement recouvert de badigeon. Les fenêtres, dénaturées, n'ont aucun style.

Un triste porche du XIXe siècle masque entièrement le grand portail, dont l'arcade est formée de trois archivoltes ogivales reposant sur six colonnes engagées, ornées de crochets et de feuillages. A droite du portail, se lit sur un cartouche, placé dans l'enfoncement d'une large niche ogivale, l'inscription suivante :

Cy devant : gist : Gerard : Tonguel : de Saincte : Manehoult : qui : trespassa : au mois : daoust : lan : mil : trois : cens : huict :... Jehanne : d Epence :... mil : trois : cens : trois... pries por eulx :...

Au-dessus du portail sont trois fenêtres légèrement ogivales accolées, celle du milieu dépassant les deux autres. Elles sont actuellement murées.

Au-dessus du transept est un lourd clocher carré, véritable cube de pierre avec un toit pyramidal écrasé, que surmonte un laid campanile. Sur les quatre faces du clocher sont autant de larges fenêtres comportant chacune trois ogives trilobées, complétées par une rose. Ce clocher disproportionné remplace, tout porte à le croire, un clocher de style, devenu trop exigu.

Une des causes qui ont le plus contribué à travestir le malheureux monument que nous venons de décrire, est la masse considérable de terres rapportées qui fut amoncelée, au XVIe siècle, dans ses abords immédiats. L'édifice s'est trouvé, d'un seul coup, à demi enseveli sous le sol. C'est ainsi que le pavé de la nef, qui, à l'origine, était plus élevé que le parvis, se trouve aujourd'hui enfoui, près du porche, à plus d'un mètre vingt de profondeur.

L'église paroissiale était jadis peuplée d'un assez grand nombre de chapelles, dont il est utile, pour l'intelligence des vieux textes, de faire un relevé succinct[1].

La chapelle actuelle de la Vierge — chapelle Notre-Dame — était communément désignée sous le nom de chapelle Notre-Dame des Vignerons, en raison de ce qu'elle servait aux offices de la confrérie

1. Nous avons utilisé, pour l'historique des chapelles, de nombreuses notes inédites recueillies par M. l'abbé Lallement, qui a bien voulu nous les communiquer. M. l'abbé Lallement est l'auteur d'une consciencieuse étude sur *Les Toignel et leur chapelle dans l'église de Sainte-Menehould* (Châlons, 1907).

des possesseurs de vignes, lesquels avaient pour patron saint Vincent. La présence du symbolique chapiteau que nous avons signalé, et qui frappait l'imagination populaire, a fait présumer que ce sanctuaire s'appelait aussi la chapelle des Cochons, mais il est établi que celle-ci en était distincte et qu'elle précéda, dans une autre partie de l'église, la chapelle Saint-Claude. On voyait dans la chapelle Notre-Dame, en 1418, une statue de la Vierge, que la singularité de sa coiffure avait fait appeler la *Mère-Dieu cornue*. Gérard Toignel, sergent d'armes du roi, laissa à l'église, pour l'entretien d'une lampe qui devait « ardoir » devant cette image, à l'entrée du chancel Notre-Dame, deux fauchées et demi de pré « en Planaces, devant la Gravelette »[1].

La chapelle à gauche du chœur, dédiée dès 1336 à saint Nicolas, fut mise en 1814 sous le vocable de sainte Menehould.

On ne peut faire que des présomptions sur la date à laquelle remontaient la plupart des chapelles qui encombraient l'église, car les fondations affectées à ces chapelles n'impliquent pas nécessairement qu'elles servirent à les bâtir. Au XIVe siècle paraissent avoir été créées les chapelles Saint-Michel, Notre-Dame de Fer, Sainte-Madeleine, Saint-Jean-Baptiste, Notre-Dame des Champenois, Notre-Dame aux Coulons, Saint-Crépin et Notre-Dame de Fretel. Du XVe siècle datent celle de Saint-Jean-l'Évangéliste, ayant peut-être succédé à une autre plus ancienne, et celle de Saint-Antoine et Saint-Roch. Au XVIe siècle

1. *Archives de la Marne*, G. 1857. — Cartulaire de l'église de Sainte-Menehould.

fut fondée la chapelle du Dieu de Pitié. Le XVIIe siècle, enfin, vit établir les chapelles Saint-Claude et de la Présentation de Notre-Dame.

La chapelle Saint-Michel était, suivant Claude Buirette, « appuyée à droite contre le pilier de l'entrée du chœur »[1]. Elle était réservée à la compagnie de l'Arbalète et fut, après la dissolution de celle-ci, transportée, dans la seconde moitié du XVIe siècle, sur un bastion situé au nord de l'église et y attenant. Ce petit édifice, construit aux frais de la compagnie de l'Arquebuse, qui venait d'être établie, donna son nom au bastion.

La chapelle Notre-Dame de Fer fut dotée, en 1352, par Colard de Saulx, chevalier, bailli de Vitry, qui épousa Agnès Toignel, dame de Cernon, de Bussy-le-Châtel et de Bouconville. La tradition rapporte que cette chapelle, dans laquelle se voyait autrefois la pierre tombale du sire et de la dame de Cernon, était précédée d'une belle grille de fer à laquelle elle devait son nom.

La chapelle Sainte-Madeleine occupait une chapelle basse, placée sous les orgues, lesquelles se trouvaient alors dans le transept sud et faisaient face à la chapelle Notre-Dame de Fer[2]. Elle fut dotée, en 1366, par Jean Fretel, panetier du roi Charles V. Jean était fils de Thierry Fretel.

La chapelle Saint-Jean-Baptiste fut dotée, en 1371, par Gérard Toignel, sergent d'armes du roi, et Jeannette, sa femme, fille de Poinsenet Rougebourse.

---

1. Il est impossible, faute de références, de savoir si les mots « à droite » désignent ici le côté de l'Évangile, ou, à l'inverse, s'ils doivent s'entendre de la droite du chœur, par rapport aux fidèles.

2. *Annales de la ville de Sainte-Menehould*, et Hippolyte Thibaut, *Mémoires*.

Gérard épousa en secondes noces Marie de Flory, qui lui survécut. Leurs corps gisaient « delez la chapele saint Jehan baptiste de laquelle ils furent fondeurs en partie dessoubs une grant tombe armoryée des armes dudit Gérart ». Entre la chapelle Saint-Jean-Baptiste et la chapelle de Fer était enterré « maistre Gilles Damengne, jadis licencié ès loys, « advocat en cour laye »[1].

La chapelle Notre-Dame le Champenois ou des Champenois se trouvait « en la basse volte assez près de la montée des orgues[2] ». Elle était due à une famille du nom de Champenois, originaire de Passavant-en-Argonne.

La chapelle Notre-Dame aux Coulons était située *ad altare ante fontes*, à l'autel devant les fonts ou avant les fonts[3]. Elle avait été fondée par Jean, curé de Sainte-Menehould, et semble avoir dû son nom à des pigeons ou « coulons » qui accompagnaient la statue de la Vierge.

La chapelle Saint-Crépin était réservée à la confrérie de ce nom, laquelle était tenue, chaque année à la Fête-Dieu, de construire à ses frais un reposoir.

La chapelle Notre-Dame de Fretel fut dotée, de 1349 à 1351, par Thierry Fretel. On l'appelait aussi

---

1. Cartulaire de l'église de Sainte-Menehould.
2. *Id.*
3. Louis Grignon, *Pouillé du diocèse de Châlons en* 1405, n° 291. — Ce précieux document mentionne distinctement : la chapelle Notre-Dame ; la chapelle dite aux Coulons ; la chapelle Notre-Dame de Fretel et la chapelle de Colard de Saulx (autrement dite Notre-Dame de Fer). Si l'on ajoute Notre-Dame des Champenois, il y avait donc, au XIVe siècle, dans l'église de Sainte-Menehould, cinq autels dédiés à Notre-Dame. — Louis Grignon, sans avoir autrement approfondi la question, identifie à tout hasard la chapelle aux Coulons avec la chapelle principale de la Vierge, et la chapelle principale de la Vierge avec Notre-Dame des Champenois.

Notre-Dame du bout de l'église, *ad butum navis ecclesiæ*, ou chapelle Sainte-Barbe. A mi-chemin de cet autel et de celui de Saint-Crépin, dans la nef, se trouvait la pierre tombale de Jean de Crespy « jadis procureur du roi » inhumé « enmy la nef du monstier entre la chapelle messire Fretel et l'autel S. Crespin[1] ».

La chapelle Saint-Jean-l'Évangéliste ou chapelle des Toignel était la troisième à droite, en entrant par le grand portail. L'intérieur en est occupé par un calorifère. Là était autrefois, recouvrant les restes des fondateurs, l'admirable pierre tombale dont nous avons donné plus haut la description.

La chapelle Saint-Antoine et Saint-Roch était la deuxième à droite, en entrant par le même portail. Elle fut fondée, en 1479, par Guillaume de Buissy, procureur du roi au bailliage de Vitry, dont les armes figurent sur les deux clefs de voûte : *d'azur au chevron d'or accompagné de trois étoiles de même*. Cette chapelle fut consacrée, à la date susdite, par Nicole Goberti, évêque *in partibus* de Paneas, abbé de Saint-Vanne[2].

La chapelle du Dieu de Pitié renfermait un beau retable, offert en 1550 par un prêtre du nom de Jean Millet[3] et dont les débris sont actuellement encastrés dans les murs extérieurs de la sacristie. Il fut, après une explosion survenue en 1653, retrouvé sous les décombres.

---

1. Cartulaire de l'église de Sainte-Menehould.

2. *Antiquités de la ville de Sainte Manehould*. — Paneas, bourgade de Syrie.

3. Jean Mathieu, *Élection de Sainte Manehould en* 1709.

Il est en effet relaté, en d'anciens *Mémoires pour servir à l'histoire de la ville*, que « les poudres « des assiégés, qui étoient au château, sous la voûte « de la chapelle basse, près des orgues, lesquels « étoient alors vis à vis la chapelle Notre-Dame de « Fer, furent brûlées, et les grenades et bombes qui « étoient dans la grange de roy en magasin. La « chapelle basse fut entièrement ruinée, la chapelle « contigüe extrêmement endommagée, aussi bien « que le dieu de pitié. Il n'y resta pas une seule vitre « à l'église, qui fut fort offensée[1] ».

Les orgues furent fracassées. Elles avaient été, cinq ans auparavant, en 1648, l'objet d'une réfection complète de la part d'un facteur d'orgues de Châlons-sur-Marne, nommé de Villers, qui reçut 1 200 écus pour ce travail. « De quoy il n'estoit grand besoin, dit Hippolyte Thibaut, mais la variété plait. »

La chapelle Saint-Claude fut établie en 1608 aux frais de Claude Godet, lieutenant général au bailliage. C'était la seconde chapelle à gauche, en entrant par le grand portail. Sur sa voûte figuraient les armes des Godet : *d'azur au chevron d'argent, accompagné de trois pommes de pin d'or.* Cette chapelle est aujourd'hui détruite.

La chapelle de la Présentation de Notre-Dame fut fondée, en 1638, par Marie Lescarnelot, femme de Germain de Baudier[2], seigneur de Saint-Remy-sur-Bussy et de Berzieux.

1. Ces *Mémoires* ont été publiés par Ed. de Barthélemy, sous le titre d'*Annales de la ville de Sainte-Menehould.* Il en a été parlé dans une note du paragraphe II.

2. De Baudier : *D'argent à trois têtes de More de sable tortillées du champ.* — Lescarnelot : *De gueules à une molette d'or; au chef d'azur chargé de trois croix croisettées au pié fiché d'or.*

On déposa en grande pompe dans l'église paroissiale, le 14 octobre 1379 « le principal os du bras et coste entière » de sainte Menehould, offerts par l'abbaye de Saint-Urbain, près Joinville, à Jean de Saulx, sire de Cernon et Bussy-le-Châtel, époux de Jeanne de Vouziers, qui les sollicita pour la ville[1]. Cette cérémonie eut lieu en présence de Guy, abbé de Saint-Urbain; de Jean, abbé de Saint-Menge ou Saint-Memmie, vicaire de révérend père en Dieu Monsieur Archambaud, évêque de Châlons; de Jean de Langres, official dudit évêque; de Nicolas dit Fauvel, curé de la paroisse; de Colins dit la Bossette, et Perrin de Daucourt, marlier et coûtre de l'église, d'Aubry Dudins, Thomas Huraut, Warin Wiart et Gobelin le Mercier, échevins de la ville.

Les bénédictins de Saint-Urbain avaient recueilli dans leur église, en 866, le corps de sainte Menehould, à l'exception du « chef », dont le sort est réputé inconnu, et au sujet duquel cependant les hagiographes donnent des indications précises.

Les Bollandistes nous apprennent en effet qu'une abbaye de bénédictins ayant été fondée à Saint-Urbain en Perthois[2] par l'évêque *Erchanraus* ou Erchanré, lequel occupa le siège de Châlons de 856 à 868, le corps de sainte Menehould, qui reposait à Bienville, fut exhumé et transporté avec solennité dans l'église du couvent « à l'exception de la tête, « qui, enfermée dans le château fondé sous son nom « dans le pays de *Fraudunum*, y est l'objet de la « vénération qui lui est due ».

1. *Archives de la Marne*, E. 1009.
2. Près Joinville (Haute-Marne).

Ce passage fut ainsi commenté, en 1632, par Pierre Testenoire, prêtre, originaire de Sainte-Menehould, auteur d'un *Discours contenant les louanges de la vie et mort de Madame Sainte Manehould, une des sept filles du comte du Perthois :*

« Afin que la mémoire de sa sainteté de vie fut
« conservée en plus d'un endroit de la terre, on
« transporta son sacré chef au château de Contho,
« au village de Fredoux ainsi appelé pour lors. »

Nous retrouvons ici le *castrum Conthense in vico Freduno* dont nous avons parlé au début de ce volume, *castrum* que nous avons simplement considéré comme le château du comte dans le bourg de *Stadunum*. Le « chef » de la sainte fut donc envoyé dans le seul lieu, qui, en dehors de Perthes et de Bienville. eut quelque droit à posséder cette précieuse relique. c'est-à-dire à Sainte-Menehould.

Les *Actes des Saints* mentionnant que le partage des restes vénérés eut lieu trois siècles environ après la mort de la pieuse vierge, on peut considérer que la date de 866, à laquelle s'opéra leur exhumation, fut aussi celle à laquelle le bourg de *Stadunum* reçut le « chef » de sainte Menehould. Une église neuve y fut construite dans le même temps, église dont la dédicace fut faite par l'évêque Erchanré, le même qui fonda l'abbaye de Saint-Urbain et qui fit déposer dans l'église de ce monastère le corps qui reposait à Bienville. Il est présumable également que ce fut à cette époque, c'est-à-dire sous le règne de Charles-le-Chauve, que le nom de *Stadunum*, ou son dérivé, cessa d'être en usage et que, en honneur du précieux dépôt dont s'enorgueillissait la ville, il fut remplacé par celui de Sainte-Menehould.

Le « chef » insigne disparut par la suite dans des circonstances ignorées, et sans doute accidentelles, dont l'histoire n'a pas gardé le souvenir. Ainsi s'explique l'absence ultérieure et incompréhensible de reliques de la fille de Sigmare, dans la petite ville qui avait pris son nom.

Les religieux de Saint-Urbain ajoutèrent plus tard à leur présent un fuseau, qui accompagnait dans leur église les restes de la sainte. Ces reliques « condécemment et honorablement envasselées de fin argent » furent enfermées, sous un verre, dans un reliquaire aux armes du sire de Cernon, reliquaire qui existait encore en 1784. Elles en furent, par mesure de précaution, retirées lors de la suppression du culte par le sieur Lagrelette, orfèvre, et déposées entre les mains de l'abbé Dommanget, chanoine de Châlons, depuis curé de Sainte-Menehould. Ce qu'il en subsiste est actuellement renfermé dans un reliquaire de bois doré, ayant la forme d'un avant-bras. La main qui le termine tient un fuseau également de bois doré.

Le reste du corps, à l'exception de la tête, qui, nous l'avons dit, a disparu, se trouve encore dans l'église de Bienville, ancienne église abbatiale.

IV

(De 1379 à 1490).

CORPS DE MÉTIERS. — L'HOTEL DES MONNAIES.

L'importance croissante des corporations d'arts et métiers, qui s'étaient successivement formées dans la ville, avait déterminé la création de nombreuses confréries religieuses, lesquelles s'étaient fondées, non pas seulement en vue de la célébration d'offices particuliers, mais aussi dans un but déclaré de charité et d'aumône. Ces associations étaient en effet, dans une large mesure, des sociétés de secours mutuels.

La plus ancienne confrérie paraît avoir été celle de Saint-Nicolas. Elle avait dans l'église, à gauche du chœur, sa chapelle spéciale où l'on disait, au point du jour, une messe haute et à notes « afin que les ouvriers et autres bonnes gens puissent y assister ». Cet office ne doit pas être confondu avec une messe communément dite d'*aurore* et qu'on appelait primitivement la messe d'*Aure*. Celle-ci fut fondée, en 1474, par le sieur des Quermes, seigneur d'Aure et de Malmy, bienfaiteur de l'église. On la célébrait aux heures ordinaires.

La chapelle de droite — celle de la Vierge — était attribuée à la confrérie de Saint-Vincent, fondée par les possesseurs de vignes, ce qui fit appeler cette chapelle Notre-Dame des Vignerons. Les principaux bienfaiteurs de cette association furent Jean Barencel et Jeanne, sa femme, qui furent inhumés dans la chapelle de la Vierge.

Il existait alors sur le territoire de Sainte-Menehould de nombreuses vignes, dont la plus importante, celle de la Côte-le-Roi, avait été plantée par les ordres de Thibaut IV. Elle contenait 1596 verges, la verge valant 42 centiares. Elle fut vendue à Paris, en octobre 1293, par Jeanne, reine de France, comtesse palatine de Champagne et de Brie, épouse de Philippe-le-Bel, à Thierry dit Fretel, de Sainte-Menehould, moyennant sept livres tournois de rente annuelle, payables à la Saint-Remy en chef d'octobre[1].

Une autre vigne, située près de la porte Florion, passait pour être « la meilleure qu'il y eut à dix lieues à la ronde ». Elle fut donnée par Jean Toignel, en 1479, à la chapelle Saint-Jean-l'Évangéliste de l'église paroissiale.

Il y avait aussi en cette église une confrérie du Saint-Ciboire, laquelle, grâce à une libéralité de Thibaut Cochon, écuyer, receveur ordinaire à Sainte-Menehould, offrait un cierge « ardant nuit et jour devant le précieux corps de Nostre-Seigneur[2] ».

La corporation des drapiers et des sergers, en faveur de laquelle le roi Charles V délivra des lettres-patentes le 8 septembre 1379[3], ne compta pas moins de quarante maîtres, non compris les compagnons et les apprentis. Elle fit de la ville de Sainte-Menehould,

---

1. *Antiquités de la ville de Sainte Manehould.* — L'original de l'acte de vente, rédigé en latin, était « avec replis munis de double sceau, au premier desquels restent seulement les lacs de soye verte sur lequel est empreint l'effigie de laditte reine et de l'autre côté ses armes imparties de France, de Navarre et de Champagne ». — Ce document a disparu.

2. *Archives de la Marne*, G. 1856.

3. *Archives de la Marne*, E. 1009.

pendant trois ou quatre siècles, un centre industriel analogue à ce que fut, de nos jours, la petite ville de Suippes. Dès avant la fin de l'Ancien Régime, il n'était plus question, au pied du Château, de la fabrication des draps et des serges[1].

Les drapiers créèrent la confrérie de Sainte-Menehould; les « pourpoinctiers » et fripiers, celle de Saint-Pierre ; les tanneurs, cordonniers et savetiers, celle de Saint-Crépin, dont la chapelle était dans le collatéral gauche de l'église; enfin les arbalétriers, celle de Saint-Michel. On n'est pas fixé sur le lieu où se réunissait la confrérie de Sainte-Menehould. Celle des tailleurs et fripiers semble avoir eu à sa disposition l'église Saint-Pierre-au-Châtelet, car plus tard la même corporation réédifia à ses frais, sous forme d'une modeste chapelle, ce sanctuaire détruit par un incendie en 1578.

Trois foires, durant chacune deux jours, se tenaient alors dans la ville. Elles avaient lieu, au mois de février, le jour de la fête de la Chaire de Saint-Pierre; au mois d'août, à la Saint-Barthélemy, et au mois de novembre, à la Saint-Martin. En 1581 on ajouta à celles-ci une foire supplémentaire, qui fut fixée au mardi et au mercredi avant la Pentecôte. Elles furent confirmées en septembre 1631 et en août 1683[2].

L'antique marché se tenait à l'extrémité ouest de la ville, derrière la butte du Châtelet. On appelait le lieu qu'il occupait « le Haut-Marché ». Cet emplace-

1. « Il y a à Sainte-Manehould, écrivait Beaugier en 1721, quelques ouvriers qui travaillent en serges, qu'ils débitent à Reims et à Chaalons. » (*Mémoires historiques*, t. II, p. 301.)

2. *Antiquités de la ville de Sainte Manehould. — Annales.*

ment ayant été écorné, en 1587, par l'établissement d'un ravelin ou d'une demi-lune, on découvrit, en exécutant ces travaux, des caves et des puits très profonds « donnant à conjectures qu'il y eut autrefois des maisons en cet endroit[2] ».

C'était en effet une partie des terrains abrités des inondations, sur lesquels s'élevait, autour du Châtelet, le noyau primitif de la ville basse. Le Haut-Marché ne se trouva hors de son périmètre que quand furent construits les murs de Charles VI. Ce lieu, qu'on dut abandonner, reçut le nom de Vieil-Marché à dater du jour où, tout l'intervalle compris entre le Châtelet et le Château se trouvant couvert de maisons, un hôtel de ville et une halle furent construits à l'endroit où s'étend aujourd'hui la place d'Austerlitz. L'axe de la ville s'était déplacé et n'a cessé depuis ce jour de se porter de plus en plus vers l'est.

Il existait, pour la cuisson du pain, trois fours banaux, c'est-à-dire trois fours dont l'emploi était obligatoire et pour l'usage desquels une redevance était due. L'un d'eux, appelé le four Regnauld, *furnum Reginaldi,* et qui était probablement le plus ancien, était établi entre l'hôpital et le moulin d'Amilaville ; un autre se trouvait « dans la rue qui conduit à Royon » ; le troisième était situé rue de l'Auche, laquelle correspondait à la rue Chanzy. Le moulin d'Amilaville n'était séparé de l'hôpital que par la rivière d'Auve.

Ces fours banaux, dont au mois de mai 1250, Thibaut, comte de Champagne, avait attribué la concession aux religieux de Moiremont, en échange notam-

---

2. *Antiquités de la ville de Sainte Manehould. — Annales.*

ment du péage de La Neuville-au-Pont[1], furent détruits en 1652, pendant le siège, et ne furent pas reconstruits. Le droit de banalité fut racheté par les habitants, le 29 janvier 1683, moyennant une somme de 6 250 livres, qui fut versée à l'abbaye. Celle-ci en employa la plus grande partie à l'acquisition d'une cense provenant de Louis de Marolles, ci-devant receveur des consignations.

Les rues de la ville, du moins les plus boueuses, furent pavées sous Charles V, en 1372.

Dix ans plus tard, le 16 août 1392, furent promulguées des lettres patentes du roi Charles VI instituant à Sainte-Menehould un hôtel de monnaies et donnant cet hôtel à bail à Bernard Bonati, maître particulier, qui s'engagea à y ouvrer 400 marcs d'or et 400 marcs d'argent.

Un mandement du 30 septembre suivant prescrivit d'y frapper des écus à la couronne, des grands blancs, des demi-blancs, des doubles et des deniers tournois. Les produits de cet atelier devaient être signalés de la manière suivante. Aux écus d'or tous les o des légendes devaient être ronds et non allongés. Aux grands blancs, aux demi-blancs et aux monnaies noires, deux croisettes devaient être mises au bout de chaque mot au lieu de deux points. Dans les petits blancs, où les mots n'étaient suivis que d'un point, on devait mettre une seule croisette.

De 1395 à 1402 le tailleur de la monnaie de Sainte-Menehould était Remy l'orfèvre. En 1398 cet établissement fut affermé à Adenet du Mesnil. Le 18 novembre de cette même année, il fut décidé que

1. Cartulaire de l'abbaye de Moiremont, LXXV.

l'on mettrait, aux écus d'or, un point dans le P du premier XPC, et un point dans l'o du mot KAROLVS. Aux grands et aux petits blancs devaient être mis un point dans l'o de KAROLVS, ainsi que dans celui de NOMEN.

A Adenet du Mesnil succéda Perrinet de Maucroix, qui, en 1399, fut condamné pour « écharceté » de son ouvrage, c'est-à-dire pour titre fautif. On relève ensuite les noms de :

Jehan Barroncel, 1er juin 1400;
Gérard de Rousseloy, 28 juin 1402;
Audry de Rousseloy, 14 septembre 1402;
Adenet du Mesnil, 15 août 1403;
Jehan Barroncel, 5 janvier 1403;
Perrotin de Ravenel, 27 mai 1404;
Jehan le Boulgre, 6 juillet 1404;
Jehan Barroncel, 27 mai 1412.

Le 6 octobre 1412, ordre fut donné de transférer à Châlons-sur-Marne l'hôtel des monnaies de Sainte-Menehould. Il ne fut réouvert qu'en 1456, date à laquelle on lui attribua le point secret placé sous la 20e lettre.

L'hôtel fut de nouveau fermé le 19 novembre 1507. Réouvert à une date inconnue, il reçut, le 28 janvier 1539, la lettre T comme marque spéciale. On n'a aucune donnée sur l'emplacement qu'il occupait, et on ignore également à quelle date il fut définitivement supprimé.

Parmi les monnaies frappées à Sainte-Menehould et dont il reste des spécimens, on cite notamment :

Sous le règne de Charles VI, six types de grands blancs de dix deniers tournois présentant sur la face les mots : KAROLVS ‡ FRANCORV ‡ REX, autour de l'écu de France, et sur le revers : SIT ‡ NOME ‡ DNI ‡ BENEDICTV, avec une croix cantonnée de deux couronnes et de deux fleurs de lis. Billon (1392 à 1419).

Et sous le règne de Louis XI un gros d'argent présentant sur la face les mots LVDOVICUS (molette [1]) DEI (molette) GRA (molette) FRACORV (molette) R, autour de trois fleurs de lis posées deux et une et surmontées d'une couronne. Au revers SIT (molette) NOMEN (molette) DOMINI (molette) BENEDICTV, autour d'une croix fleurdelisée [2].

En 1398, Charles VI fit clore de murailles la ville proprement dite, qui jusque-là n'avait été fermée que de palissades.

Attendu — disent ses lettres patentes — que ladite ville « assise es fins de nostre royaume et sur les « marches de Lorraine et d'Allemaigne, de Hainault « et de Liège... laquelle ville qui fait en grant partie « fermetté et closture de nostre chastel dudict lieu « n'est fermée que de bois, parquoy il conuient faire « jour et nuict continuellement grant guet et garde « dont les supplians sont trop fort chargiés... et « aussy que en l'année dernière passée une partie « des emparemens d'icelle forteresse par cas de meschief qui lui férit fut arse [3]... Nous, ces choses con« sidérées, à iceulx supplians auons donné et don-

---

1. Étoile à huit ou dix branches, percées en rond dans le milieu.

2. F. de Saulcy, de l'Institut, *Notice sur les Ateliers monétaires de Châlons-sur-Marne et de Sainte-Menehould*, 1879. — Claude Buirette, tout en révoquant en doute l'existence de l'hôtel des monnaies de Sainte-Menehould, note cependant que, dans la chapelle Saint-Antoine, se trouvait l'épitaphe d'un sieur Malziège, *monnoyer*.

3. C'est dire que le premier incendie de la ville, qui soit connu, date de 1397.

« nons de grâce espécialle la somme de *Quatre cens*
« *francs d'or* à prendre et auoir une fois des deniers
« de la recepte de Vitry pour tourner, conuertir et
« emploier es fortifications et réparations de ladite
« ville de Sainte Manehould et non aillieurs[1] ».

En 1423, Sainte-Menehould, dépourvu de troupes, tomba entre les mains des Anglais. Il ne fut repris que douze ans plus tard, en 1435, par le connétable de Richemont. Celui-ci en était seigneur, du chef de sa femme, la duchesse de Guyenne.

C'était l'époque sanglante à laquelle, chaque jour, se livraient « force escarmouches avec grand foison « de morts et de blecés », époque de la rivalité terrible des Armagnacs et des Bourguignons, qui se disputaient la Champagne, époque désastreuse des Routiers, des Grandes Compagnies, des Écorcheurs et des Retondeurs, qui ne laissaient sur leur passage que des ruines.

Les Routiers, qui terrorisaient l'Argonne, furent, en 1437, défaits par les troupes lorraines près de Vaubecourt. Ils perdirent dans le combat trois cent soixante-sept hommes. Ils étaient au nombre d'environ trois mille et se replièrent vers Chaumont-en-Bassigny[2].

Arthur, comte de Richemont, était né au château de Sucinio, en Bretagne, le 22 août 1393. Il était second fils de Jean V, duc de Bretagne et de Jeanne de Navarre. Il prit parti, en 1414, pour la faction

1. L'original de ce document était conservé au Trésor de la ville. Il n'en subsiste que des copies.

2. *Chroniques de Metz*. Preuves de dom Calmet. — Claude Buirette, sans donner de références, attribue la défaite des Routiers au connétable de Richemont.

d'Orléans contre celle de Bourgogne, reçut du roi Charles VI, en 1415, le duché de Touraine — à condition de le conquérir — et fut fait prisonnier par les Anglais à la bataille d'Azincourt.

Rendu à la liberté, il fut investi, en 1424, de la charge de connétable de France. Il prit possession du duché de Bretagne à la mort de son neveu Pierre, survenue le 22 septembre 1456, et ne jouit de cette souveraineté, sous le nom d'Arthur III, que jusqu'au 26 décembre de la même année, jour auquel il mourut. Richemont avait épousé la duchesse de Guyenne, sœur de Philippe-le-Bon, duc de Bourgogne.

Après la duchesse de Guyenne, le domaine de Sainte-Menehould fut successivement attribué à la reine Marie d'Anjou, femme de Charles VII[1], et à Anne de France, fille de Louis XI. Il fut, en 1465, promis en dot à cette dernière, alors fiancée à Nicolas d'Anjou, marquis de Pont-à-Mousson, fils de Jean II, duc de Calabre et de Lorraine, mais le mariage projeté n'eut pas lieu, ce qui rendit cette donation caduque. Anne de France épousa plus tard le sire de Beaujeu, et devint, après la mort de Louis XI, la célèbre dame de Beaujeu, régente du royaume.

Le domaine passa ensuite à André de Montfort-Laval, sire de Lohéac, maréchal de France, qui le reçut à titre d'engagement, c'est-à-dire en qualité de possesseur temporaire, moyennant des charges déterminées.

Le sire de Lohéac naquit en 1411. Il prit part à la bataille de Patay, représenta un des pairs au sacre

---

1. Marie d'Anjou, née en 1404, était fille de Louis II, duc d'Anjou, roi de Sicile.

de Charles VII et fut créé maréchal de France en 1439. Il mourut en 1486.

La seigneurie de Sainte-Menehould fut donnée, en 1476, à Antoine, bâtard de Bourgogne, en faveur duquel elle fut érigée en comté par Louis XI.

Dans l'étendue de ce comté, d'une importance exceptionnelle, furent compris le comté de Grandpré et les châtellenies royales de Sainte-Menehould, de Passavant, de Châtillon-sur-Seine, de Château-Thierry et de Wassy. Il englobait également le comté de Rethel et la seigneurie de Joinville[1]. Cet apanage princier n'eut qu'une existence éphémère, bien qu'on voie Antoine en rendre encore hommage le 21 septembre 1490[2].

Ce prince, né en 1421, était fils naturel de Philippe-le-Bon, duc de Bourgogne et de Jeanne de Prasles.

Doué d'une bravoure extrême, il passa, avec son frère Baudoin, sur les côtes d'Afrique, où il délivra Ceuta, assiégé par les Maures. A son retour en France, il combattit pour le duc de Bourgogne contre les Liégeois et contre les Suisses. En 1476 il commanda l'avant-garde à la bataille de Granson. Il fut fait prisonnier à celle de Nancy. Il servit ensuite la France avec distinction et mourut en 1504, ne laissant comme postérité qu'un fils naturel, lequel fut la souche de la branche seigneuriale de Walken[3]. Avec le bâtard de Bourgogne commença et finit le comté de Sainte-Menehould.

Les armes de la ville, que surmontait une couronne

---

1. A. Longnon, *Dictionnaire topographique du département de la Marne*, XXXV.

2. *Archives de la Marne*, E. 1011 (Venteuil).

3. De Barante, *Histoire des ducs de Bourgogne*.

comtale, furent ainsi réglées par d'Hozier, le 24 septembre 1700 : *D'azur, à un portail de ville crénelé d'argent, maçonné de sable, sommé d'une tour aussi d'argent et flanqué de deux autres tours crénelées de même, couvertes en dôme d'or, le tout maçonné de sable; chacune des trois tours sommée d'un aigle essorant d'argent; le portail ouvert de sable, garni de sa coulisse d'argent et défendu d'un lion naissant d'or, langué et armé de gueules, tenant de la patte droite une épée d'argent.*

Au-dessous était cette devise, justifiée par le courage civique des habitants : *Nul ne s'y frotte.* Le chiffre de la ville était formé de trois croissants d'argent entrelacés.

V

(De 1491 à 1552).

SAINTE-MENEHOULD PLACE-FORTE

Antérieurement à l'année 1509, date à laquelle la charge était occupée par Jean Hébert[1], un lieutenant particulier fut établi à Sainte-Menehould pour suppléer au bailli de Vitry, qui y tenait des assises de plus en plus chargées. Par suite de la création de cet office, un tribunal permanent se constitua dans la ville et détermina, dans le courant du xvie siècle, l'érection de Sainte-Menehould en un bailliage particulier, démembrement de celui de Vitry-en-Perthois.

Le personnel en était composé, en tant que magistrats, d'un lieutenant général, président; d'un lieutenant particulier, de neuf conseillers, d'un procureur du roi et d'un substitut[2].

Le nouveau bailliage comprenait, outre cinquante-trois communes de l'arrondissement actuel de Sainte-Menehould, quatre communes de l'arrondissement de Reims, une de l'arrondissement de Châlons, une de l'arrondissement de Verdun et neuf de celui de Montmédy. La presque totalité du surplus, soit deux cent quatre-vingt-cinq localités, dont seize étaient contestées, appartenait au département des Ardennes. Dans ce nombre étaient compris Charleville, Château-Porcien, Chaumont-Porcien, Grand-

1. *Procez verbal des coutumes générales du baillage de Vitry en Pertois*, dans *Coutumes de Vitry le François avec le commentaire de Charles de Salligny*. 1776.

2. On trouvera au paragraphe XVI la liste des lieutenants, d'abord particuliers, puis généraux au bailliage, dont les noms sont connus.

pré, Novion-Porcien, Rethel, Rocroy et Vouziers[1].

Les paroisses comprises dans le Rethélois furent distraites, en 1683, du bailliage de Sainte-Menehould, par suite de l'érection, en 1663, de Rethel en duché-pairie, en faveur d'Armand-Charles de la Porte, fils du maréchal de la Meilleraye, qui avait épousé, en 1661, Hortense Mancini, nièce du cardinal Mazarin. Du duché de Rethel-Mazarin relevaient deux cent trente paroisses, réparties entre les prévôtés de Rethel, Mézières, Donchery, Châtel, Bourg, Omont, Brieulles et Warcq[2]. Cent soixante d'entre elles provenaient du bailliage de Sainte-Menehould.

Malgré la création du bailliage, la charge de prévôt fut maintenue à Sainte-Menehould, mais les attributions du titulaire furent réduites à la connaissance des faits criminels[3]. Cette situation dura jusqu'en 1748, date à laquelle la prévôté fut réunie à la juridiction ci-dessus[4].

En 1554 fut établi un lieutenant général de police, dit lieutenant criminel de robe courte. Il était assisté de deux assesseurs criminels, un procureur du roi, un substitut, un commissaire, un contrôleur, un greffier, un exempt et quatorze archers. Ces charges furent supprimées par édit du 28 mars 1720 : « Par l'article 11 de la déclaration du roi, dit Beaugier, les prévôts et lieutenants connoîtront des personnes et crimes dont les supprimés connoissoient,

1. Voir au paragraphe XV le dénombrement des lieux du ressort.
2. Arrêt du Parlement du 16 mai 1683.
3. *Archives de la Marne*, E. 1009. — Arrêt de règlement entre le bailliage et la prévôté (7 août 1691).
4. On trouvera au paragraphe XVI plusieurs listes d'officiers de justice.

et lorsqu'ils auront fait des captures, les procès seront instruits et jugés prévôtalement. »

La justice civile était rendue à Sainte-Menehould suivant l'antique *Coutume* de Vitry, dont les cent quarante-huit articles ne visaient qu'un nombre restreint de cas juridiques. Pour le surplus, on s'en référait à l'usage.

Les fortifications de Sainte-Menehould furent l'objet d'une sollicitude spéciale de la part de François Ier, qui, en 1535, octroya aux habitants une somme de deux sols six deniers tournois à prélever sur chaque minot de sel vendu au grenier de la ville, pour faire face aux dépenses de réfection et d'entretien des remparts[1].

Pendant le siège qu'il entreprit de Saint-Dizier en 1544, l'empereur Charles-Quint, qui hésitait sur le point de la Champagne vers lequel il porterait ensuite ses attaques : Châlons-sur-Marne, Reims, Troyes ou Sainte-Menehould, envoya Guillaume de Fürstenberg reconnaître les abords de cette dernière ville, et ne prit le parti de la laisser de côté que quand il eut la certitude qu'elle était suffisamment forte pour se défendre[2]. Sainte-Menehould n'échappa donc à l'impérial assaut que grâce à l'aspect, encore imposant, de ses fortifications quelque peu délabrées.

En 1545, le roi, ne se fiant que médiocrement aux assurances de paix que lui exprimait l'empereur, ne s'occupa plus que du soin de pourvoir à la sûreté des frontières de son royaume. Il porta spécialement son attention sur la province de Champagne, comme

---

1. *Archives de la Marne*, E. 1009.
2. Lettre de Charles-Quint à sa sœur Marie, du 30 août 1544 (Ch. Paillard et G. Hérelle : *L'Invasion allemande en 1544*).

étant la moins garnie de places fortes et, pour cette raison, la plus souvent attaquée. Du Bellay-Langeai, qui y commandait, fut chargé de visiter toutes les frontières jusqu'à Coiffy-le-Haut[1]. Il fut résolu, de concert avec l'ingénieur italien Iéronimo Marino ou Marini, lequel était au service de la France, que l'on réparerait le château de Sainte-Menehould, que l'on ferait trois nouveaux bastions à Saint-Dizier et que l'on construirait des citadelles à Ligny et à Coiffy-le-Haut. Le roi n'eut pas la satisfaction de voir ces travaux achevés[2].

Iéronimo Marino, dit aussi Jérôme Marin, était originaire de Bologne. Il avait pris une part active à la défense de Saint-Dizier et n'avait pas consenti sans protester à apposer sa signature sur le traité de capitulation.

Il se rendit, après la reddition de cette place, auprès du roi très chrétien, « auquel il fit sa révérence, » et en reçut l'ordre, en même temps qu'il s'occuperait des fortifications de Sainte-Menehould, de dresser les plans de la ville nouvelle de Vitry-le-François, dont la création fut décidée en mai 1545.

Marino prit, en ce qui concerne la ville dont nous nous occupons, des mesures qui, suivant le mot de l'époque, en firent une place « à la moderne »[3].

Au nord, un rempart rectiligne fut tracé, de l'endroit où est aujourd'hui l'abreuvoir jusqu'à l'angle du bastion Saint-Pierre, au delà de la place de Guise actuelle. Ce rempart était précédé d'un large fossé,

---

1. Canton de Bourbonne-les-Bains (Haute-Marne).
2. Martin du Bellay, *Mémoires*.
3. Se reporter au plan qui accompagne le présent volume.

dont une partie subsiste, alimentée par la rivière d'Aisne.

A l'ouest fut disposé, en retour d'équerre, un autre rempart, qui faisait face à la direction de Châlons. Cette partie formait une ligne un peu incurvée qui, au nord, partait du bastion Saint-Pierre, pour rejoindre au sud le bastion Sainte-Catherine. Entre ces deux bastions s'avançait, en avant de la butte du Châtelet, la demi-lune du Vieil-Marché. La plate-forme de la butte fut entourée d'un parapet muni de créneaux, et plantée, ainsi que le Château, « de belles et agréables allées d'ormeaux pour s'y promener en tout temps sur le sec[1]. » Sur la plate-forme était le guet Cardois.

Le bastion Saint-Pierre avait tiré son nom de l'église Saint-Pierre-au-Châtelet, qui en était toute voisine. Le bastion Sainte-Catherine dut le sien à la proximité d'une petite chapelle placée sous ce vocable et située, hors les murs, à l'angle de la rue actuelle du Milanais et de la rue Sainte-Catherine. Ce chétif monument est figuré, avec un clocheton renversé, sur un plan cavalier antérieur à 1719, reproduit à la fin de l'ouvrage de Claude Buirette, ce qui indique son état de délabrement lors de la confection du plan.

La chapelle de Sainte-Catherine était englobée dans un petit groupe de maisons alors appelé le Milanais, groupe qui prit le nom d'Ancien-Milanais, lorsque fut construite, au XVIIIe siècle, une rue voisine portant la même appellation.

Une troisième suite de remparts, disposés en

---

1. *Siège de Saincte Manehould par M. le Prince en l'année* 1652.

ligne brisée, reliait, au sud, le bastion Sainte-Catherine à la base du rocher du Château, au delà de la porte de Royon. Le fossé, de ce côté, c'est-à-dire au midi, était alimenté à la fois par l'Auve et par l'Aisne. Ce dernier cours d'eau, divisé en deux bras, pénétrait en ville par deux arches pratiquées dans le rempart et fermées par des grilles de fer. Au delà de la porte de Royon, le mur de pierre se prolongeait jusqu'au rocher[1].

A l'est, un mur droit et un large fossé s'étendaient de l'abreuvoir actuel à la base du bastion Courte-Oreille.

Les fortifications de la ville étaient percées de quatre portes. On voyait, à l'est, la porte des Bois, à l'angle de la rue Chanzy actuelle et de la rue de l'Abreuvoir, et au nord la porte des Prés, dans la rue de ce nom, sur le canal du rempart. Trois cent trois pieds cubes de pierre dure du Barrois furent fournis par Nicolas Corvisier, en 1554, pour être employés à la maçonnerie de la poterne qui avoisinait cette dernière[2]. Au sud-ouest se trouvait la porte Florion, située à l'intersection de la rue de Verrières actuelle et de la rue de l'Ancien-Milanais. Cette porte, dont le nom rappelait une vieille famille de la ville, était de beaucoup antérieure, comme origine, aux travaux entrepris sous François Ier et paraît avoir fait partie de l'enceinte de Charles VI. Elle s'appuyait, à l'intérieur des murs, à une sorte de rocher appelé le

1. Les nombreux canaux que nous venons d'énumérer se remplirent constamment de vase et exigèrent beaucoup de dépenses pour leur entretien. Ils furent l'objet d'un curage général en 1616 et en 1668.

2. *Archives de la Marne*, G. 1863.

Petit-Châtelet, suite ou prolongement de la butte du Grand-Châtelet.

Enfin, au sud, s'ouvrait la porte de Royon, à l'angle de la rue Robinet et de la rue Camille-Margaine. Cette dernière conduisait à un lieudit appelé Roïon ou Royon, qui semble avoir dépendu d'une léproserie du même nom, établie près de Vienne-le-Château. Cette léproserie fut acquise, vers 1268, par l'abbaye de Moiremont, dont elle devint une annexe. Le lieudit Royon se transforma en faubourg. Entre les portes Florion et de Royon, s'élevaient deux tours, la première appelée la tour de la Bouverie et la seconde la tour Havetel[1].

Une enceinte spéciale entourait l'esplanade sur laquelle, en haut du rocher, s'étendait le Château. Celle-ci était munie de deux portes : au nord-ouest, la porte A-mi-côte, presque en haut de l'escalier actuel de la Côte-du-Château, et à l'est la porte Canard ou la fausse porte, qui communiquait avec l'extérieur. Au pied des murs de cette enceinte régnait une ligne demi-elliptique de fossés qu'on appelait les fossés Mundos[2]. Ces fossés, depuis long-

---

1. Hippolyte Thibaut, *Mémoires*. — On relève, dans le cartulaire de l'église de Sainte-Menehould, le nom de Marion, femme de feu Jehan le Havetel. A. de Barthélemy écrit : Hanetel. — Claude Buirette, sans dire sur quel document il s'appuie, désigne la tour de la Bouverie sous le nom de : le Pâté.

2. Des récits populaires ont attribué le nom de Royon à « un vieil infirmier de la maladrerie de Royon qui vint se loger près de cette porte et y passa le reste de ses jours », celui de Florion à « un conducteur de travaux qui y périt, enseveli sous les décombres », celui de la porte Canard à « un marchand qui, ayant mal fait ses affaires, se vit réduit à s'y mettre portier et y demeura plus de trente ans », et enfin le nom de fossés Mundos à « un sous-ingénieur nommé Mundos, qui dirigeait l'excavation de larges fossés autour des bastions et des courtines du Château ». Pour mettre fin à ces contes,

temps comblés, se trouvaient en contre-bas de l'étroit sentier qui, à l'est, au sud et à l'ouest, fait le tour du rocher.

Cette même enceinte, que l'escarpement du terrain rendait inaccessible, fut renforcée par sept bastions. A l'est, du côté de la forêt, se trouvait le bastion Courte-Oreille, situé à l'extrémité de la promenade actuelle des Ormes. En allant vers le sud, et après la porte Canard, se rencontraient successivement le bastion des Lions et le bastion au Lierre. Ensuite venait le bastion de la Carrière, dont nous aurons plus loin l'occasion d'expliquer le nom et qui correspond au monticule sur lequel se dresse aujourd'hui un calvaire. Au delà, en remontant vers le nord, s'étendaient la terrasse de l'église et, attenant à celle-ci, le bastion Saint-Michel, dont l'emplacement correspond à la partie nord du cimetière. Ce bastion devait son appellation à une chapelle dont il a été précédemment parlé.

La porte A-mi-côte, principale entrée, était voisine du bastion Saint-Michel. Au delà de celle-ci s'élevait un dernier bastion, dominant le jardin de la compagnie de l'Arquebuse. Entre ce bastion et celui de Courte-Oreille fut établie plus tard une poterne secrète, de la largeur d'une porte bâtarde, qui fut trouvée intacte en 1870, dans le flanc du rocher, lors de l'établissement du nouveau chemin du Château et qu'on ne jugea pas intéressant de conserver. Voici

---

il n'est pas inutile de répéter ou de dire que la porte de Royon et la porte Florion sont mentionnées dans des titres du XIVe siècle, et sont par conséquent d'une date antérieure à tout souvenir traditionnel; qu'on ne connaît pas l'origine du nom de la côte Canard, et qu'enfin l'existence d'un sous-ingénieur Mundos paraît être une pure hypothèse.

cependant ce qu'on peut lire à son sujet dans une note du temps :

« Au mois d'octobre 1656 la courtine et le parapet « [du Château] du côté de la porte des Bois, le long « de la rue de l'Auche, derrière la maison du gouver- « neur ont été faits par M. de Sainte-Maure ; au bas « duquel parapet, proche le bastion attenant la porte « du Château, est une voûte pour faire sortie. On y « entre par une pierre sur laquelle est fait mention « de la voûte[1]. »

Il est difficile, par suite des bouleversements opérés au XVIe siècle dans la topographie de la ville, de se faire une idée précise de ce qu'était, avant cette époque, le quartier du Château.

A l'origine, c'est-à-dire au temps où s'élevait encore en cet endroit le bourg de *Stadunum*, le sommet du plateau formait une surface légèrement et naturellement bombée, dont la partie nord paraît avoir été la mieux garnie d'habitations.

Marino, ayant décidé de comprendre tout le plateau dans une ligne de remparts flanquée de bastions, se trouva un instant arrêté par le manque de terres nécessaires à ces travaux gigantesques. Ne pouvant songer à en faire monter de la base du rocher, il résolut de tirer du plateau même les matières qui lui faisaient défaut.

Il fit donc ouvrir dans les terrains libres qui, au delà des maisons, occupaient son extrémité méridionale, une immense carrière dont le bord est marqué, derrière la rue Basse-du-Château, par un talus rectiligne peu distant de la façade postérieure

1. *Antiquités de la ville de Sainte Manehould.*

des immeubles qui en font partie. Cette carrière s'étendit, au sud, jusqu'au versant même du rocher. Les terres extraites servirent en cet endroit à la construction des remparts encadrant la carrière à l'est et à l'ouest. Celle-ci fut coupée, au sud, par un troisième rempart, qui la traversa dans toute sa largeur et qui s'étendit du bastion de la Carrière au bastion au Lierre.

Ce travail énorme amena la destruction de la chapelle Saint-Étienne [1], dont le sol, au point même où l'on éleva le bastion de la Carrière, se trouvait à un niveau sensiblement plus bas que la future plate-forme de celui-ci. Cette chapelle, qui, dit-on, avait rang de prieuré, passait pour avoir été fondée sous Louis VII par Audemar, chevalier [2].

Le surplus des terres servit à l'exécution des travaux prévus par les plans de l'ingénieur, et notamment à la construction des autres bastions du Château, ainsi qu'à la butte qui domine la pointe de Courte-Oreille, à l'extrémité orientale de la promenade des Ormes. La sortie de la carrière s'effectua par une rampe légèrement tournante, dont la trace est encore visible, et qui venait aboutir à l'extrémité de la rue Basse-du-Château, près du cimetière.

Des remarques qui précèdent il résulte que le donjon, qui fut respecté par la pioche des ouvriers, se trouvait en deçà de la carrière. Un puits qui existe encore dans le jardin d'une petite maison de la rue Basse-du-Château, maison appartenant à la famille

1. *Antiquités de la ville de Sainte Manehould.*

2. Le prieuré Saint-Étienne ne figure pas dans le *Pouillé du diocèse de Châlons en* 1405. Il dépendait, suivant une note d'Hippolyte Thibaut, de l'abbaye de Moiremont.

Igier, semble en marquer, sinon l'emplacement exact, du moins la proximité. Un puits, en effet, était le complément obligé de tout donjon situé sur une hauteur, car il était indispensable, en cas de siège, que l'eau potable ne fît pas défaut à ses défenseurs.

« Le 8 octobre 1653, dit Hippolyte Thibaut, le « sieur Doublet fit vuider un puy descouvert depuis « peu en un jardin du chasteau, et pressa cet « ouvrage avec telle diligence, qu'en cinq ou six « jours on en tira de l'eau en abondance. »

La principale pièce du donjon était la *salle li Roi*, dans laquelle se voyait une chapelle dédiée à Saint-Georges. Cet édifice avait été construit, semble-t-il, soit par Blanche de Navarre, régente du comté, qui fortifia et augmenta le château dans les premières années du XIIIe siècle [1], soit par son fils Thibaut IV, le Chansonnier, auquel sa qualité de roi de Navarre faisait décerner en Champagne le titre de *li Roi*. Le donjon possédait un four, à l'usage exclusif de ceux qui habitaient la forteresse.

A une époque indéterminée, mais antérieure au XVe siècle, car elles sont citées dans des titres qui en font preuve, deux rues régulières et à peu près parallèles furent ouvertes sur l'emplacement de l'antique capitale de l'Astenois [2]. Dans leur périmètre se trouvaient construits : l'habitation des gouverneurs [3], située dans la Grande-Rue ; plusieurs casernes ; un

---

1. Chronique d'Albéric, *anno* 1201. — D'Arbois de Jubainville, *Histoire des ducs et des comtes de Champagne*, t. IV, p. 110.

2. Cartulaire de l'abbaye de Moiremont, CLXXV.

3. *Les Deux Sièges de Sainte-Menehould* (5 novembre 1653). — Le s^r d'Espence, lieutenant de roi, demanda la démolition de ce logement en 1751 (*Archives de la Marne*, C. 333).

arsenal appelé la Grange de roi ou le Magasin, ce dernier placé d'abord à proximité du transept méridional de l'église et réédifié, après une explosion survenue en 1653, à l'autre bout du plateau près du rempart sud ; un moulin à vent, érigé à la pointe de Courte-Oreille et emporté par un ouragan en 1606 ; enfin le presbytère, l'église paroissiale et le cimetière, celui-ci au sud de l'église et beaucoup moins étendu que le cimetière d'aujourd'hui. Un autre moulin à vent fut établi, après 1606, sur la plate-forme du bastion de la Carrière, près de l'endroit où s'élève aujourd'hui une chapelle funéraire : « On me « mena, disait un voyageur au XVIIIe siècle, sur une « colline où il y avoit jadis un beau moulin qui tour- « noit au vent. Le moulin a été détruit depuis un « siècle, mais le vent y est toujours. »

Il existait en outre au château, comme dernière ressource en cas de siège, des moulins à bras [1].

Une pittoresque artillerie hérissait, de ses gueules menaçantes, le pourtour des bastions. Elle lançait à courte portée des boulets de fer, auxquels il était nécessaire, pour atteindre les coteaux voisins, de faire décrire une forte parabole.

Au fond de la carrière et en deçà des remparts, fut reporté, en 1653, le Magasin ou l'Arsenal. Cet établissement dangereux, définitivement supprimé vers 1720, fit place à un terrain vague, qu'on appela la place du Château. Cette petite esplanade, qui était encore connue sous cette dénomination en 1745, est aujourd'hui occupée par des jardins potagers.

Les habitations autres que le donjon étaient ali-

---

1. Hippolyte Thibaut, *Mémoires*.

mentées d'eau par un puits très profond situe au sud de l'église et qui, s'étant trouvé enclavé dans le cimetière, finit par être comblé. Le puits actuel de la Grande-Rue ne date que du XVIIIe siècle. Il fut creusé, en 1759, aux frais de l'abbé Rouyer, curé de la paroisse.

Les fortifications du Château demeurèrent intactes jusqu'en 1634, date à laquelle des ordres furent donnés pour leur démantèlement. On les considérait en effet comme inutiles, depuis l'annexion des Trois-Évêchés, et comme dispendieuses. Le donjon fut détruit, mais les ordres reçus ne furent que partiellement observés en ce qui concernait les murailles. Leurs matériaux, qui tentaient l'avidité du public, servirent, après l'incendie de 1719, à la reconstruction des maisons détruites par la catastrophe. Les derniers canons du Château furent transférés à Verdun en 1720[1].

Les habitants arrachaient les pierres avec une telle audace que l'intendant Le Peletier de Beaupré dut interdire, en 1744, de dégrader ce qui restait de murs. La porte A-mi-côte ne fut démolie qu'en 1754, ainsi que l'ancien logement des gouverneurs. Cette porte était flanquée d'une tour demi-circulaire, placée à gauche de la montée, et dont les substructions furent retrouvées en 1870[2].

L'état-major de la place était représenté par un gouverneur, un lieutenant de roi, et un major. En l'absence de ces officiers, le commandement était remis aux échevins, qui, de droit, prenaient part à tout ce qui intéressait la défense.

1. *Antiquités de la ville de Sainte Manehould.*
2. *Archives de la Marne*, C. 688 et 333.

La garde ordinaire de la ville se composait, en 1773, d'une compagnie d'arquebusiers, de quatre compagnies bourgeoises et d'une compagnie de fusiliers. Trente-trois paroisses devaient la garde, le guet et les corvées au Château, ce qui augmentait, dans de notables proportions, l'effectif des troupes chargées de défendre la ville. Ces paroisses étaient :

Dans le canton de Sainte-Menehould : Braux-Sainte-Cohière, Braux-Saint-Remy, Chaudefontaine, Courtémont, Dampierre-sur-Auve, Daucourt, Dommartin-la-Planchette, Dommartin-sous-Hans, Élise, Felcourt, Florent, Gizaucourt, La Chapelle, La Croix-en-Champagne, Laval-sur-Tourbe, La Neuville-au-Pont, Maffrécourt, Moiremont, Saint-Jean-sur-Tourbe, Somme-Tourbe, Valmy, Verrières, Vienne-la-Ville, Villers-en-Argonne et Voilemont.

Dans le canton de Ville-sur-Tourbe : Berzieux, Malmy-en-Dormois, Minaucourt, Virginy et Wargemoulin.

Dans le canton de Dommartin-sur-Yèvre : Auve, Saint-Mard sur Auve et Saint-Remy-sur-Bussy[1].

« Cette place, écrivait un annaliste du xviie siècle, « est difficile à siéger et facile à y jetter des secours « à cause de quantité de collines, de vignes et de « jardins qui l'environnent, où la cavalerye ne peut « aisément aborder; il n'y a que le Chastelet qui soit « commandé par une hauteur sur le chemin de « Chaalons; mais comme il y a une bonne demy lune « qui le couvre, bien frayée et palissadée, l'on « n'appréhende pas fort cet endroit[2].»

1. Arrêté du conseil de ville, du 5 septembre 1634.
2. *Siège de Saincte Manehould par M. le Prince en l'année* 1652.

VI

(De 1553 à 1618).

SAINTE-MENEHOULD PENDANT LES GUERRES DE LA LIGUE

La peste exerça ses ravages à Sainte-Menehould en 1553, époque à laquelle deux habitants, Antoine Boytellet et Nicole Triboult, furent chargés par le conseil de ville de soigner les pestiférés, moyennant soixante sols tournois au premier et cinquante sols tournois au second, outre leur nourriture en pain, viande et vin[1].

Un cas de lèpre fut constaté en 1559. La victime, Nicole, fille de Thomas, sur le vu du certificat des médecins et chirurgiens du lieu, fut, par sentence de l'official de Châlons, du 15 juillet de cette même année[2], condamnée à être isolée.

Une maîtrise particulière des Eaux-et-forêts fut établie à Sainte-Menehould en 1554. Elle était composée d'un maître particulier, d'un lieutenant, d'un sergent garde-marteau, d'un procureur du roi et d'un greffier. Ce tribunal était compétent pour toutes les matières et délits forestiers.

Le domaine était engagé, depuis 1532, à Honoré de Savoie, comte de Villars et de Tende, fils naturel de René, bâtard de Savoie[3]. Il fut, en 1560, attribué à titre de douaire à Marie Stuart, reine d'Écosse, veuve de François II. Elle y succédait au comte de Villars, et jouit de cette propriété jusqu'à sa mort

1. *Archives de la Marne*, G. 1863.
2. *Id.*, E. 1009.
3. *Archives de la Marne*, E. 1008. Mainlevée du 14 novembre 1532.

tragique, qui survint en 1587. Marie Stuart nomma gouverneur, en 1570, Jean-Jacques de Suzanne, baron de Cerny, dont le portrait peint est conservé à l'hôtel de ville.

En août 1561, le capitaine des Conardins fut envoyé à Sainte-Menehould, par Bussy d'Amboise, pour en prendre le commandement et empêcher les entreprises que ceux de la nouvelle religion tentaient quotidiennement contre la ville[1].

Le 25 août 1562, le général calviniste Antoine de Croy, prince de Porcien, se présenta devant la place avec quatre mille hommes d'infanterie et huit cents cavaliers. L'alarme se donna du côté du Châtelet. Au point du jour, cinq cents hommes couverts de chemises blanches montèrent à l'escalade du côté de la porte des Bois et du gué de Froidemont, tandis qu'environ quatre cents chevaux apparaissaient à la portée du canon. L'assaut dura jusqu'à huit heures du matin, moment auquel les ennemis furent obligés de se retirer, laissant les échelles dans les fossés.

Vers cette époque furent ouvertes à Sainte-Menehould des classes latines. Elles étaient dirigées par un régent ecclésiastique, maigrement rétribué par la ville et par les abbayes de Châtrices, de La Chalade et de Moiremont, qui lui servaient une rente annuelle de cent cinquante livres[2]. Cet embryon de collège, qu'on appelait la grande école, prit par la suite une certaine extension. Le nombre des régents fut, en 1715, porté à trois, les abbés Gérardet, Ponsignon et Vincent[3]. Ils enseignaient à l'hôpital, où ils

1. *Archives de la Marne*, G. 1863.
2. Ordonnance de l'évêque de Châlons, du 16 février 1566.
3. *Antiquités de la ville de Sainte Manehould*.

occupaient les bâtiments de l'ancienne cour de Saulx[1]. Ces locaux, ayant été détruits en 1719, furent remplacés, en 1755, par un corps-de-logis aujourd'hui annexé à l'hôtel-Dieu et qui se trouve à gauche de la cour de cet établissement, en bordure de la rue Florion. Le collège actuel fut acquis par la ville en 1806.

Le 6 avril 1574, Henri de Lorraine, duc de Guise, fit à Sainte-Menehould une entrée solennelle en qualité de lieutenant général. Il fut reçu sous un poêle ou dais, du prix de vingt-quatre livres, fourni par Pierre Dorigny, bourgeois de la ville. Après quelques aigres propos contre les habitants, qui ne voulurent pas souscrire à ses volontés, le duc se dirigea sur Verdun[2].

En 1578, le 23 septembre, un terrible incendie, allumé dans une maison voisine de l'hôpital par l'imprudence d'un bourgeois du nom de Montaudon, dévora le quartier Florion et le quartier Saint-Pierre. La porte Florion, l'église Saint-Pierre-au-Châtelet, l'hôtel-Dieu et environ deux cent cinquante maisons furent la proie des flammes. Le feu s'arrêta devant une auberge ayant pour enseigne : *Aux quatre fils Aymon.*

L'église Saint-Pierre, dont les cloches fondirent au point qu'on n'en retrouva aucune trace, ne fut pas reconstruite. La corporation des tailleurs d'habits et fripiers, qui avait pour patron le chef des apôtres

---

1. Là avait existé jadis une espèce de manoir ou de maison-forte, habité par la famille de Saulx, dont un membre, Colard, fonda la chapelle Notre-Dame de Fer.

2. *Archives de la Marne*, G. 1863. — *Antiquités de la ville de Sainte Manehould. — Annales.*

et qui se réunissait dans cette église, la remplaça par une petite chapelle, qu'elle fit élever au milieu de vergers et d'enclos, à l'est de la ville. Son emplacement correspond à peu près à l'intersection de l'avenue Victor-Hugo et de la rue Chanteraine actuels. Elle fut détruite par ordre du gouverneur de Sainte-Maure, en 1654[1].

Les incendies étaient jadis très fréquents à Sainte-Menehould, où presque toutes les maisons étaient de bois. Remy Bourgeois, receveur de l'église paroissiale, avait dépensé, le 3 août 1554, sept livres dix-huit sols pour distribution de vivres par lui faite « à la multitude du peuple de la ville, assemblée à « estaindre le feu mis par inconvénient à plusieurs « maisons de la rue de la Grande-Aulche, partie « desquelle il avoit convenu desmollir pour sauver « les autres maisons voisines[2]. »

L'hôtel-Dieu, dont l'origine assez obscure remontait à une haute antiquité et dont l'administration appartenait aux échevins, fut aussitôt reconstruit. « Les pauvres hommes ou femmes non mariez — « disait plus tard le subdélégué Jean Mathieu — y « sont nourris, les passants sont receus, les malades « y sont pensez, les petits enfants orphelins et autres « y sont nourris et instruits, et les vieillards pauvres « et nécessiteux y sont traitez. » A l'hôtel-Dieu furent successivement annexés, pour occuper les loisirs des hospitalisés, une *basterie* ou fabrique de bas, puis un ouvroir de dentelles, et enfin une filature de coton, cette dernière installée, à la fin du

---

1. *Antiquités de la ville de Sainte Manehould.* — *Annales.* — A. de Barthélemy, *Les Deux Sièges de Sainte-Menehould.*
2. *Archives de la Marne*, C. 1863.

XVIIIe siècle, dans le bâtiment que longe la rue Florion.

Pendant la période troublée de la Ligue, la ville avait comme gouverneur pour le roi, depuis 1580, Jacques Duval, seigneur de Mondreville, à qui Anne de Bossut, sa femme, avait apporté en dot le comté de Dampierre-le-Château et la baronnie de Hans. Mondreville, partisan déclaré de la faction de Guise, joua, pendant ces lamentables dissensions, un rôle assez notable pour avoir eu les honneurs de la *Satire Ménippée* : « Soyez aussi criminel que La Mothe-« Serrant, soyez convaincu de faulse monnoye, « comme Mandreville[1], sodomiste comme Senault, « scélérat comme Bussy Le Clerc, athéiste et ingrat « comme le poète de l'amirauté, lavez-vous d'eau de « *higuiero*, vous voilà agneau immaculé et pillier « de la foy. »

Et Monsieur de Lyon ajoute ces réflexions non moins suggestives : « N'est ce pas une autre grande « et admirable conversion, de la plus part de vous « autres messieurs les zelez, entre lesquels je nom-« meray par honneur les sieurs de Rosne, de Man-« dreville, la Mothe Serrand, le chevalier Breton, et « cinquante autres des plus signalez de nostre party « qui me feroyent faire une hyperbate et parenthese « trop longue (que ceux que je ne nomme point « m'en sachent gré) ? N'est-ce pas, dy je, grand cas « que vous estiez tous n'agueres en Flandres por-« tants les armes politiquement, et employant vos « personnes et biens contre les archicatholiques espa-

1. Pour : Mondreville. — Le fief de Mondreville se trouvait aux environs de Caen.

« gnols, en faveur des heretiques des Pays Bas, et « que vous vous soyez si catholiquement rangez tout « à un coup au giron de la Sainte Ligue romaine? « et que tant de bons matois, banqueroutiers, saffra- « niers, desesperez, haut-gourdiers, et forgeurs[1], « tous gens de sac et de corde, se soyent jettez si « courageusement et des premiers en ce sainct party, « pour faire leurs affaires, et soyent devenus catho- « ligues à double rebras, bien loin devant les autres... « O déifiques doublons d'Espagne, qui avez en ceste « efficace de nous faire tous rajeunir, et renouveler « en une meilleure vie ! »

Mondreville essaya vainement de rallier à sa cause les bourgeois de la ville et fit tout son possible pour faire glisser dans les cahiers de Sainte-Menehould[2] la proposition des ligueurs qui déclarait Henri III hérétique, relaps et incapable de la couronne. Cette motion subversive, à laquelle se ralliait secrètement Dinteville[3], lieutenant de roi, fut unanimement rejetée par les habitants, affermis dans leur résolution de rester fidèles au roi par un patriotique discours de l'avocat Jean Beschefer.

En décembre 1587, la Faculté de théologie avait en effet décrété qu'on pouvait ôter le gouvernement aux princes qui ne remplissent pas leur devoir et qu'il ne fallait plus tenir Henri III pour roi, ce qui

1. Mondreville avait été accusé de fausse monnaie.
2. Cahiers rédigés en vue des États-Généraux tenus à Blois.
3. *Alias* Donteville et d'Auteville. L'auteur du *Journal de la prise et reprise de Saincte Manehould ès années* 1652 *et* 1653, relation publiée par Ed. de Barthélemy d'après un manuscrit appartenant à M. Edmond de Riocour et provenant de la famille du Val de Dampierre, appelle ce lieutenant Lametz. Claude Buirette le désigne sous le nom de Lamothe.

fut reçu par une multitude de peuple, excitée par des prédicateurs et même par leurs propres curés. Henri III fit mander les docteurs de Sorbonne, auxquels il adressa cette semonce : « Je sais votre belle « résolution, à laquelle je n'ai point eu égard, parce « qu'elle a été faite après desjeuner par trente ou « quarante maîtres es arts crottés, qui, après grâces, « traitent de sceptres et de couronnes. Sixte V a « envoyé aux galères des religieux de Saint-François qui avoient médit de lui ; je pourrois faire « comme le pape ; mais je vous pardonne à la charge « de n'y retourner plus. »

Germain Godet, sieur de Renneville[1], lieutenant-général au bailliage, ayant acquis la certitude que le gouverneur et le lieutenant de roi se concertaient pour livrer la ville, monta un jour de fête au Château, en robe du Palais, avec quelques-uns de ses confrères du bailliage, suivis de vingt-cinq à trente hommes affidés. Au lieu d'aller à l'église pour y assister à la messe, comme il en avait affecté le dessein, Renneville se détacha du groupe avec sept ou huit hommes, ayant tous sous la robe un poignard et des pistolets. Il se dirigea vers le logis du gouverneur et déclara à celui-ci qu'il avait ordre de l'arrêter.

Mondreville, ayant demandé à voir la commission, Renneville tira son pistolet, dit que c'était là son ordre et que, quand il s'agissait du service du roi, il était toujours temps et toujours permis de prévenir ce qui pourrait advenir de contraire. Il se saisit en même temps de la personne du gouverneur et fit

1. Godet : *D'azur au chevron d'argent, accompagné de trois pommes de pin d'or.* — Renneville, canton de Vertus (Marne).

également arrêter Dinteville. Tous deux, avec vingt ou trente soldats qu'on eut soin de désarmer, furent chassés de Sainte-Menehould et se retirèrent au château de Hans, qui appartenait à Mondreville[1].

Renneville envoya porter la nouvelle de cette action au roi Henri III, lequel la reçut à Blois, le lendemain même de la sanglante tragédie qui, le 23 décembre 1588, mit fin aux menées et à l'existence du duc de Guise.

Renneville reçut en récompense le gouvernement de Sainte-Menehould, dont il ne tint cependant les provisions qu'en octobre 1591. Ni Mondreville, ni sa femme ne purent, malgré tous leurs efforts, rentrer dans la ville, dont ils avaient été chassés. Retiré au château de Hans, l'ancien gouverneur se consola de sa disgrâce en faisant des courses continuelles jusqu'aux portes de Sainte-Menehould et de Châlons-sur-Marne, les deux seules villes de Champagne qui n'étaient pas tombées au pouvoir des Ligueurs.

Un officier de fortune qui commandait pour la Ligue en Champagne et en Brie, Antoine de Saint-Paul, depuis maréchal de France pour ce parti, se présenta inopinément, le 1er mai 1589, devant Sainte-

1. Bien que le manuscrit des *Antiquités de la ville de Sainte Manehould* et les *Annales*, publiées par Ed. de Barthélemy, énoncent formellement que Mondreville en personne fut arrêté et expulsé dans les circonstances que nous venons de relater, le *Journal de la prise et reprise de Saincte Manehould ès années* 1652 *et* 1653 mentionne que Lametz, lieutenant de roi, fut seul arrêté et chassé, et que Mondreville, accouru le même jour à Sainte-Menehould, se vit simplement refuser l'entrée de la ville.

Tout porte à croire que l'auteur de cette relation, étant des amis de la famille Duval, a cherché à mettre sur le compte du lieutenant de roi l'affront majeur fait à la personne du gouverneur. Quoi qu'il en soit, Mondreville n'était pas alors, comme le dit Claude Buirette, aux États de Blois, mais à Hans, puisqu'il put, d'après le *Journal* susdit, se présenter aux portes de la ville le jour même de l'incident.

Menehould. Ayant surpris à Maffrécourt les détachements des sieurs Crédi de Termes et de Loppes, et les chevau-légers de Philippe de Thomassin [1], gouverneur de Châlons pour le roi, Saint-Paul les poursuivit jusqu'à la porte des Prés et les eut entièrement défaits, s'ils n'eussent été protégés par les bourgeois, qui, pendant deux heures, se battirent pique à pique à la barrière, les portes toujours ouvertes. Saint-Paul fut obligé de se replier sur Braux-Sainte-Cohière, emmenant une centaine de vaches qu'il enleva aux habitants [2].

Après la mort de Henri III, survenue le 1er août 1589, deux cents cavaliers volontaires vinrent tenir garnison à Sainte-Menehould, vivant du butin qu'ils faisaient sur les Ligueurs, lesquels détenaient quatorze bourgs et châteaux des environs. Ces cavaliers faisaient une expédition chaque jour et rentraient le soir, de sorte qu'il ne se passait pas de journée sans qu'il y eut combat, suivi de sortie.

Au commencement de novembre, Saint-Paul vint à l'improviste se loger au faubourg de la porte des Prés et faire insulte à la porte Florion. Cette situation dura trois semaines, pendant lesquelles il y eut de continuelles escarmouches. Au cours de l'une d'elles furent tués le capitaine Dombasle, qui faisait partie de la garnison, et, du côté de l'ennemi, le sieur de Montreuil, mestre-de-camp [3].

---

1. Thomassin : *D'argent au pin de sinople surmonté d'une merlette de sable.* — De Thomassin était seigneur de Braux-Sainte-Cohière. Investi de la charge de vidame de Châlons, il y fit construire, rue Saint-Nicaise, le bel hôtel légué en 1896 par Mme Ve Garinet à la ville de Châlons, et qui est aujourd'hui le siège de la Société d'Agriculture, Commerce, Sciences et Arts de la Marne.

2. *Antiquités de la ville de Sainte Manehould.* — *Annales.*

3. *Id.*

Les princes lorrains n'ayant pu, en 1590, obtenir la neutralité de la ville, traitèrent secrètement avec le gardien de la porte de Royon, allemand d'origine. Celui-ci s'engagea à laisser pénétrer leurs hommes par les arches qui, dans le rempart sud, étaient jetées sur la rivière d'Auve. « Les herses (dont il avait les « clefs) se levoient de jour pour passer les barques « et s'abbaissoient la nuit pour éviter les surprises. » La trahison ayant été découverte par un bourgeois, qui vit un inconnu causer avec le gardien, pendant qu'un détachement ennemi s'approchait à très courte distance, le portier, sommairement jugé par Renneville, fut pendu.

En septembre de la même année, Charles III, duc de Lorraine, vint à la tête de huit mille fantassins et deux mille cavaliers, mettre le siège devant la ville. Il établit son quartier général à Verrières. Son infanterie était cantonnée à Vaux, Bignipont et Chaudefontaine. Dans la place se trouvaient, avec le gouverneur Renneville, Joyeuse, comte de Grandpré ; Lodieu, ancien gouverneur de Verdun ; Vaubecourt, capitaine de chevau-légers ; Burosse, mestre-de-camp du régiment de Champagne, et les sieurs de Cornay-Pouilly, Bettancourt-Nettancourt, Espence-Beauvau et autres.

Après des attaques réitérées qui durèrent trois semaines et au cours desquelles périrent Nervèze, maréchal de camp de l'armée lorraine, et Fontaine, capitaine au régiment de celui-ci, le duc leva le siège le 25 octobre.

En septembre 1591, le sieur de Revel, allemand, qui occupait le château de Braux-Sainte-Cohière pour le sieur de Thomassin, gouverneur de Châlons, ayant appris que le sieur Limpost, qui détenait le château de Hans pour Mondreville, était parti à Clermont pour chercher du renfort et n'avait laissé en cette maison-forte que le canonnier avec très peu de monde, profita de la faiblesse de la garnison pour s'emparer de cette place. Renneville accourut à son aide avec une centaine d'hommes, et, en vertu d'un ordre du roi daté du 28 du même mois, mina le château. L'explosion détermina un incendie, qui détruisit cette petite forteresse.

Dans le même temps, le même Renneville, revenant la nuit de Courtisols, où il s'était emparé du château de la Motte, apprit que six cents cavaliers ennemis étaient cantonnés à Florent. Il s'y rendit à la tête de trente cavaliers seulement et d'une centaine d'hommes à pied. Il donna l'ordre aux cavaliers de traverser au galop les rues du village, pour faire croire à la présence d'un détachement considérable, et aux fantassins d'enfoncer violemment les portes des maisons. L'ennemi, épouvanté, s'enfuit en déroute.

Vingt-cinq allemands s'étant réfugiés dans une tour de la maison seigneuriale, le gouverneur les somma de se rendre, menaçant de les faire pendre, s'ils tardaient. Ceux-ci se remirent entre ses mains à condition d'avoir la vie sauve, ce qui leur fut accordé. Renneville rentra à Sainte-Menehould avec quatre-vingts prisonniers et quatre cents chevaux, dont la plupart était de Naples ou d'Espagne. Il ne perdit dans cette escarmouche que dix-sept hommes [1].

En 1592, le bailli de Clermont se présenta inopiné-

---

1. *Antiquités de la ville de Sainte Manehould. — Annales.*

ment devant Sainte-Menehould avec un détachement, dans l'intention d'escalader les murs par surprise. Ayant trouvé les sentinelles à leur poste, il se retira sans avoir pu mettre son projet à exécution.

Le domaine de Sainte-Menehould fut engagé par les Trésoriers de France, le 27 septembre 1597, à Henriette de Clèves, veuve de Louis de Gonzague, duc de Nevers, et passa ensuite par héritage à son fils, Charles de Gonzague, duc de Nevers et de Rethel, dont il sera parlé plus loin. Celui-ci le conserva jusqu'en 1634, date à laquelle le domaine fut repris par le roi.

Henriette de Clèves est cette romanesque princesse, qui inspirait ces vers à Ronsard :

La duchesse de Nevers
Aux yeux pers,
Qui, sous leur paupière blonde,
Lancent sur nous plus d'éclairs
Que ne font vingt Jupiters
Dans les airs
Lorsque la tempête gronde.

Amie de Marguerite de Navarre, la reine Margot, elle est restée célèbre par sa liaison, si lamentablement tragique, avec le comte Annibal de Coconas, gentilhomme piémontais.

Les ducs de Gonzague, qui avaient, dans les États dont ils étaient suzerains, le droit de battre monnaie, importèrent à Sainte-Menehould un numéraire de bronze considérable, dont de nombreux spécimens se retrouvent encore, de nos jours, dans le sol remué par la bêche ou par la charrue.

Le mois de mars de l'année 1603 fut signalé par

le passage du roi Henri IV, qui se rendait à Metz. Il était accompagné de Marie de Médicis. Le roi envoya loger ses chevau-légers et ses gendarmes dans les villages des environs et n'accepta pour sa garde que des bourgeois. Il fut installé à l'hôtel de ville, alors situé sur une partie de l'emplacement actuel de la place d'Austerlitz, et y séjourna deux jours et deux nuits. On composa à cette occasion pour la ville les vers suivants, dans lesquels se heurtent d'audacieuses métaphores :

Dix ans, sous la main guerrière
Du roy, monarque des roys,
J'ai servi d'une barrière
Aux ennemis des François,
Et aux François de refuge
Comme un navire au déluge
De tous les vents agité.
Restoit que l'œil de mon prince,
Passant par cette province,
Louât ma fidélité !

Godet de Renneville se démit de ses fonctions de gouverneur en 1610. Il mourut en 1615 au château de Bignipont et fut enterré à Verrières. Renneville eut pour successeur Claude d'Eltouf de Pradines de Bouconville[1], nommé, grâce à la faveur du duc de Nevers, par provision du 28 avril 1611.

En 1613, au cours des troubles qui surgirent pendant la minorité de Louis XIII et qui eurent pour causes les faveurs prodiguées par la régente à l'italien Concini et à la femme de celui-ci, Éléonore

1. D'Eltouf : *Écartelé d'argent et de sable, à la bordure engreslée de gueules, sur le tout à deux chevrons de sable, au lambel de trois pendants de gueules.* — Cette famille était originaire de Naples.

Galigaï, le prince de Condé, chef des mécontents, prit la route de Champagne avec le duc de Nevers, qui en était gouverneur, et se dirigea sur Sainte-Menehould, dont il espérait qu'on lui ouvrirait les portes. Il était suivi des ducs de Longueville, de Mayenne, de Bouillon et de Luxembourg[1].

Le duc de Nevers, bien qu'il fut seigneur de Sainte-Menehould, ne put gagner les habitants à sa cause. Il s'entendit avec son obligé, le gouverneur Bouconville, qui ordonna à un sergent de fermer la porte A-mi-côte aussitôt après le départ du duc et d'ouvrir à ceux qui se présenteraient en son nom la porte Canard, dite la fausse porte.

Le gouverneur essaya encore de parlementer avec les bourgeois, mais, ne se sentant plus en sûreté au milieu d'eux, gagna par des rues détournées la porte des Prés, suivi d'un seul laquais, et se rendit auprès du duc de Nevers, qui se trouvait à une portée de mousquet des remparts. Celui-ci fit aussitôt avancer ses régiments vers la porte Canard et, dès qu'ils furent entrés, fit braquer les canons du Château contre la ville, menaçant de la réduire en cendres et de faire pendre les deux tiers des bourgeois, si ceux-ci refusaient de se rendre. Les bourgeois, devant les supplications de leurs femmes et de leurs enfants, se décidèrent à « poser les piques, à éteindre les mèches et à recevoir messieurs les Princes[2]. »

Désireuse d'éviter un conflit dont l'issue était douteuse, la cour parlementa avec les rebelles et conclut avec ceux-ci un traité, qui fut daté du 15 mai 1614,

---

1. Léon d'Albert, époux de Charlotte-Marguerite de Luxembourg.
2. *Antiquités de la ville de Sainte Manehould. — Annales.*

et qui est connu dans l'histoire sous le nom de traité de Sainte-Menehould. Il fut signé par les présidents Jeannin et de Thou, les sieurs de Boissise et de Bullion, conseillers du roi, le duc de Ventadour et d'autres. Par suite de ce compromis, le prince de Condé eut pour sa part 450000 livres, et les courtisans virent porter de trois à six millions de livres le chiffre de leurs pensions. Ce furent, comme toujours, les contribuables qui payèrent.

En 1615 fut rendu par le Conseil d'État un arrêt réglementant les rapports des bourgeois et du gouverneur. Les bourgeois auront les clefs de la ville, dont ils pourront tenir les portes ouvertes, de jour, suivant leur commodité et selon les saisons. Ils entreront librement au Château pour assister aux offices et pour leurs affaires particulières, mais ne pourront s'assembler en armes sans la permission du gouverneur. Celui-ci, de son côté, devra se comporter à leur égard « avec la douceur et modération requises, sans les excéder ni outrager ». L'arrêt du Conseil décida en outre qu'il serait établi un conseil de ville ordinaire, dont la forme était laissée à la décision des habitants, sauf approbation de Sa Majesté.

Les hostilités recommencèrent en 1616, date à laquelle le duc de Nevers, après s'être emparé de Rethel, de Château-Porcien, de Mézières et de Richecourt, se présenta devant Sainte-Menehould à la tête de quinze cents chevaux, auxquels il avait fait faire quatorze grandes lieues pendant la nuit, sous la conduite de de Pas, marquis de Feuquières[1]. Bouconville, qui en était toujours gouverneur, ne perdit

1. *Antiquités de la ville de Sainte Menehould. — Annales.*

pas de temps, cette fois, à parlementer avec les bourgeois. Il ouvrit à nouveau la porte Canard à Bois-Jardin, La Chapelle et autres officiers, qui s'emparèrent du château. Quatre cents habitants, indignés et menacés de mort, quittèrent leurs maisons et sortirent de la ville[1].

La cour dirigea sur Sainte-Menehould un corps d'armée, placé sous le commandement de César de Choiseul, duc du Plessis-Praslin. Le maréchal arriva devant la ville le 26 décembre, et prit position en face la porte des Bois. Comme son armée était trop faible pour forcer la place, il « pratiqua » Bouconville et promit à celui-ci, s'il livrait la ville, de lui verser une somme de dix mille écus[2] et de lui faire tenir un poste plus avantageux. Bouconville acquiesça à ces propositions, fit descendre en ville la plus forte partie de ses gens de guerre, sous prétexte de la défendre contre Praslin, et ouvrit une troisième fois la porte Canard.

L'indigne gouverneur ne reçut, comptant, qu'une partie de la somme promise. Il fut frustré du surplus par ce qu'on appelait le triumvirat du maréchal d'Ancre, c'est-à-dire par le garde des sceaux Mangot, l'évêque de Luçon, depuis cardinal de Richelieu, et le contrôleur général des finances Barbin. Il n'obtint non plus, ni autre gouvernement, ni charge de capitaine des gardes. Il fut relevé de ses fonctions en 1618.

---

1. Déclaration contre le duc de Nevers, 17 janvier 1617.
2. *Antiquités de la ville de Sainte Menehould.* — *Annales.* — H. Thibaut, *Mémoires.* — Claude Buirette parle de cent mille écus, ce qui est une erreur manifeste.

VII

(De 1619 à 1690).

LES DEUX SIÈGES DE LA VILLE PAR LE PRINCE DE CONDÉ ET PAR LE MARÉCHAL DU PLESSIS-PRASLIN

Des capucins, ayant pour supérieur le P. André, de Fribourg, s'installèrent à Sainte-Menehould en 1619[1]. Leur couvent, dont la première pierre fut posée par Henri Clausse, neveu et coadjuteur de Cosme Clausse, évêque de Châlons, fut établi dans une rue qui reçut leur nom et qui, depuis, s'est appelée rue Gaillot-Aubert. L'église, sur l'insistance du supérieur, fut orientée vers le nord, contrairement à l'usage. Elle fut reconstruite en 1740[2]. Le cloître, d'abord des plus modestes, fut réédifié sur un nouveau plan en 1743. L'emplacement du couvent est occupé aujourd'hui par plusieurs immeubles appartenant au Bureau de Bienfaisance.

En mars 1625 mourut « Mre Estienne Colin, la perle des théologiens », curé de Sainte-Menehould pendant vingt-trois ans. Son épitaphe, qui se trouvait au bas du grand-autel, du côté de l'épître, était « en marbre noir assez malgrant ». L'inscription en fut rédigée par Hippolyte Thibaut.

Sainte-Menehould était alors un centre intellectuel assez réputé pour qu'on ait pu, sans raillerie, écrire de cette petite ville qu'elle « estoit la seureté et le repos de la frontière, l'ornement de la province et

1. *Archives de la Marne*, E. 1008. — Lettres patentes d'octobre 1618.

2. Sur le maître-autel se voyait un remarquable tableau de Philippe de Champagne, représentant saint Louis en manteau royal. Ce tableau fut mis en pièces en 1793 (Cl. Buirette).

le séjour des beaux-esprits qu'on venoit consulter des Pays-Bas et du fond de l'Allemagne[1] ». On était au prélude de l'époque studieuse à laquelle Descartes, retiré dans son poêle, méditait sur la *Méthode*, et à laquelle pâlissaient sur de lourds in-folios, qui trouvaient des lecteurs, Lemaistre de Sacy, Nicole et Arnaud. Il s'installa dans la ville, en 1629, un imprimeur, Jacques Thévenyn, qui paraît être le premier typographe ayant exercé à Sainte-Menehould. Cet imprimeur, qui antérieurement habitait Châlons, était né dans cette dernière ville le 18 février 1593 et y avait été reçu à la maîtrise en 1623[2].

En 1628, furent autorisées à s'établir à Sainte-Menehould, sous la direction de sœur Jeanne du Chêne, née à Soissons, des religieuses de l'ordre de Saint-Augustin de la Congrégation de Notre-Dame, ou filles de Sainte-Marie. Leur maison, appelée le couvent des Dames Religieuses, s'étendait entre la rue de la Grande-Auche, aujourd'hui rue Chanzy, la rue Aubry-Millet et la rue des Capucins. Il y fut construit une jolie église, dans le goût du XVIIe siècle, au plafond orné de peintures et aux boiseries remarquablement sculptées. Elle bordait la rue de la Grande-Auche. Les religieuses s'engagèrent à ouvrir une école gratuite pour les jeunes filles, école qui subsista jusqu'en 1790. L'ancienne gendarmerie et le collège communal occupèrent, après la Révolution, une partie des bâtiments du couvent.

Des lettres patentes de novembre 1654 autorisèrent les dames de la Congrégation à prendre gratui-

1. *Journal des Sièges.*
2. Amédée Lhote, *Liste des Imprimeurs, Libraires et Relieurs de la ville de Châlons-sur-Marne.*

tement chaque année quatre minots au grenier à sel[1].

Au mois d'avril 1630 le régiment de Nettancourt-Bettancourt tenait garnison à Sainte-Menehould. Quelques jours après Pâques, Jacques Mangin, lieutenant criminel de robe courte, heurta du pied, en se promenant, un soldat couché au soleil près d'une maison de la place. Le soldat tira son épée et se mit à crier : « A moy, Sans-Soucy! A moy, l'Espérance! » Les camarades du soldat ayant mis l'épée à la main, Mangin les menaça du cachot. Le commandant du régiment, nommé Garnier, prit fait et cause pour les soldats, ce qui exaspéra les bourgeois. Ceux-ci s'emparèrent, les marchands, de leurs hallebardes, les cuisiniers et rôtisseurs, de leurs broches, beaucoup d'autres de pistolets et d'arquebuses, « l'usage du fusil estant alors fort rare ». Ils frappèrent le gouverneur à coups de hallebarde, cassèrent de la même façon plusieurs épées et, en fin de compte, chassèrent les soldats de la ville et les obligèrent de chercher leurs quartiers ailleurs.

Le roi, auquel un rapport fut adressé, trouva le fait si extraordinaire qu'il railla de sa mésaventure le colonel du régiment. Les habitants des autres villes de garnison, qui avaient également à se plaindre des insolences et des brutalités de la soldatesque, répétèrent à l'envi qu'il fallait imiter Sainte-Menehould[2].

---

1. *Archives de la Marne*, E. 1009. — Le minot valait 39 litres 36.

2. *Relation des Deux Sièges*. — *Antiquités de la ville de Sainte Manehould*. — H. Thibaut, *Mémoires*. — Les *Annales* assignent à cet incident la date de 1625, et les *Antiquités*, celle de 1629. Nous avons suivi la version adoptée par la *Relation des Sièges*, qui est la plus détaillée et la plus complète. — De Nettancourt : *De gueules au chevron d'or*.

Le pays d'alentour avait été entièrement ruiné, en 1629, par l'armée, qui, sous le commandement du maréchal de Marillac, se portait au secours de Casal, assiégé par les Espagnols. L'année suivante, le 20 novembre, cet officier général fut arrêté, en apparence pour des exactions et en réalité pour des raisons politiques, par les ordres du cardinal de Richelieu. Il fut amené du camp de Folizzo, en Piémont, à Sainte-Menehould, où il fut enfermé dans le donjon du Château par les soins du sieur des Réaux, lieutenant aux gardes. Marillac y resta prisonnier pendant plusieurs mois. Amené à Verdun, puis à Paris, sans pouvoir parler à qui que ce fût dans les lieux où il passait, il fut condamné à avoir la tête tranchée. Son exécution eut lieu en place de Grève, le 10 mai 1632[1].

Louis XIII, se rendant à Metz, s'arrêta à Sainte-Menehould en décembre 1631. Il allait, disait-on, assiéger Clermont, mais le duc Charles IV rendit cette place, ce qui préserva de la désolation la contrée environnante.

Le roi repassa en janvier 1632, emmenant avec lui les deux plus belles pièces de canon de la ville. La reine ne partit que plus de trois semaines après son mari.

Le roi et le cardinal de Richelieu revinrent à Sainte-Menehould en 1639, appelés dans les Trois-Évêchés par les opérations militaires dont la frontière de Luxembourg était alors le théâtre.

La peste sévit cruellement sur la ville au mois de juillet 1632. Elle y fit près de cinq cents victimes, bien que les deux tiers des habitants se fussent réfu-

1. *Antiquités de la ville de Sainte Manehould. — Annales.*

giés dans les villages voisins. Les officiers du bailliage durent aller tenir leurs séances à Grandpré[1], où, du reste, l'épidémie se propagea. Elle se reproduisit en 1635 et en 1637, exerçant également ses ravages à Clermont, Varennes et Vienne-le-Château. Le frère Jacques Thérieur, ermite au Châtelet, se signala particulièrement par son dévouement à soigner les malades. Ce personnage original, brave et bon citoyen, reçut, quinze ans plus tard, un coup de mousquet dont il périt. De solitaire et d'infirmier devenu artilleur, il aidait alors à tirer le canon du Châtelet contre les troupes du prince de Condé.

On enterra d'abord les victimes de la peste dans un cimetière rattaché à l'hospice et situé rue Sainte-Catherine, mais le nombre des morts s'accrut dans des proportions si considérables qu'on fut obligé de consacrer à leur sépulture un terrain qui s'étendait au bas du coteau de l'Ermitage et qui porte encore le nom de Clos des Pestiférés[2].

Par lettres patentes datées du mois de mars 1633[3], l'antique administration communale instituée par Blanche de Champagne fut définitivement abolie et remplacée par « un conseil ordinaire de ville, com-
« posé d'un maire qui sera originaire d'icelle, de
« quatre échevins ordinaires, d'un procureur-syndic
« et de huit autres notables bourgeois qui porteront
« titre de conseillers de ville; lesquels maire et con-
« seillers seront nommés par la communauté géné-
« ralement assemblée en l'auditoire dudit Sainte-
« Menehould le premier jour de dimanche d'après

1. Jean Mathieu, *Élection de Sainte Manehould en 1709*.
2. Lahirée, *Étude historique sur l'hospice de Sainte-Menehould*.
3. *Archives de la Marne*, C. 679.

« Saint-Martin, à laquelle nomination il sera pro-
« cédé, sans aucune brigue ni pratique, à la pluralité
« des voix. » Le premier maire élu fut Claude Baillet, lieutenant général au bailliage.

On avait résolu, au Conseil du roi, de démolir le château de Sainte-Menehould, ainsi que Maubert-Fontaine, Villefranche, Montigny-le-Roi, Montlhéry, Coiffy et autres places fortifiées par François Ier.

Dans la commission qui fut expédiée au sieur de Chosy, maître des Requêtes, Reusort, premier commis du secrétaire d'État mentionna par mégarde les mots : rasement de la ville, au lieu de : rasement du château, ce qui fut cause que, en novembre 1634, la plus grande partie des fortifications de la ville et le château furent démolis en peu de temps par huit mille paysans. Il ne restait plus que les murailles et les portes, lors du retour des députés qu'on avait envoyés vers le roi. Celui-ci, irrité, fit ordonner les mesures nécessaires pour réparer cette bévue[1].

Le 21 novembre 1635, un arrêt du Conseil imposa la province de Champagne d'une somme de 53.973 livres, jugée nécessaire pour la réfection des murs de la ville. Les bourgeois, de leur côté, furent soumis, en janvier 1637, au droit de courte-pinte, droit qui se percevait sur tous les vins vendus en ville « pour être les deniers en provenant employés tant à l'entretènement des murailles et pavés de ladite ville que des arrérages et dettes d'icelle[2] ».

En 1637, un capitaine liégeois, du nom de La Bloquaire, occupa les environs de Sainte-Menehould

---

1. *Antiquités de la ville de Sainte Manehould. — Annales.*
2. *Archives de la Marne*, C. 689.

avec un régiment d'infanterie de vingt compagnies et un régiment de cavalerie de huit cents chevaux. Il ruina trente-cinq villages dans lesquels il tint successivement garnison.

Sur la fin de cette même année, dit Hippolyte Thibaut, « Dieu ayant touché de sa puissante et pesante « main l'Allemagne et la Lorraine par ses trois fléaux, « la guerre, la peste et la famine », une partie du peuple émigra en France. Plusieurs passèrent par Sainte-Menehould et y reçurent de généreux secours, « nonobstant lesquels ces pauvres gens se jettoient « sur la charogne et toute sorte de bestes mortes qu'ils « mangeoient à cœur saoul, avec horreur des re- « gardans ». Au bout de quelques jours, on dut les expulser de la ville, dans la crainte d'une nouvelle contagion.

Pour ne pas ajouter aux maux qu'elle avait déjà soufferts, la ville composa avec les Lorrains et les Espagnols, moyennant la somme de douze cents livres, par l'intermédiaire de dom Benoit Roland, qui se rendit à cet effet à Luxembourg et en rapporta une sauvegarde[1].

Le domaine de Sainte-Menehould, repris par le roi en 1634, fut engagé à nouveau, moyennant cent mille livres, à François Poussart, marquis de Fors du Vigean, par contrat du 3 octobre 1644. Le marquis du Vigean, seigneur engagiste, était père du gouverneur du même nom[2]. Le domaine fut à nouveau repris par le roi en 1667.

En 1648, le maréchal d'Erlach, gouverneur de

1. *Antiquités de la ville de Sainte Manehould.* — *Annales.*
2. H. Thibaut, *op. cit.*

Brisach, allant rejoindre aux environs de Lens le prince de Condé, s'arrêta avec six mille hommes près de Sainte-Menehould, manifestant l'intention d'y loger. Les bourgeois, qui, depuis trente ans, connaissaient les habitudes de pillage des armées allemandes, fermèrent immédiatement les portes de la ville et refusèrent d'y laisser entrer qui que ce fut, à l'exception du général lui-même et de ses gens. D'Erlach dut se résigner à envoyer ses soldats loger où ils pourraient et, étant entré seul, fut surpris de voir une quantité de bourgeois sous les armes. Ceux-ci, pour lui faire honneur, mirent à sa disposition une garde de cent hommes.

Les guerres de la Fronde, révolte désastreuse due à des intrigues de cour, eut, dans la localité dont nous retraçons l'histoire, la répercussion la plus sanglante.

Le 30 octobre 1652, entre sept et huit heures du matin, un corps d'armée se présenta devant la ville sous le commandement du prince de Condé[1], lequel, le même jour, somma les habitants de se rendre. Bien que la garnison du Château ne fut composée que de quatre compagnies irlandaises du régiment d'York, envoyées quelque temps auparavant par le maréchal de la Ferté-Senneterre et commandées par Casin La Brosse, « homme judicieux et hardi », les bourgeois firent une brave réponse.

La défense s'accrut, du 30 octobre au 3 novembre, de quelques absents : Baillet de Daucourt[2], capitaine

1. Louis II de Bourbon, dit le Grand Condé.

2. Baillet : *D'argent à un loup-cervier au naturel, au chef d'azur chargé de deux molettes d'or.* — Mlle de Hans était fille du comte de Dampierre, baron de Hans.

au régiment de cavalerie du maréchal de la Ferté-Senneterre, nouvellement marié à Mlle de Hans; le sieur de Saint-Remy, président au bailliage; et de Taizy, lieutenant de roi, qui, par la porte des Bois, amena vingt-cinq chevaux et environ « neuf vingts » fantassins irlandais, commandés par Barry.

Le 1er novembre, la ville reçut une deuxième sommation, à laquelle il fut répondu qu'elle attendrait les ordres du roi et non d'autres. Le 4, le gouverneur, Ménisson de Sainte-Maure, lieutenant général en l'armée de Champagne sous l'autorité du maréchal de la Ferté, donna l'ordre de brûler les faubourgs, mais les murs des maisons incendiées restant debout servirent néanmoins d'abris aux assiégeants.

L'armée d'investissement, qui s'était rapidement complétée, se composait de quinze à seize mille hommes, français, espagnols, lorrains et allemands. Les Espagnols étaient commandés par le baron de Clinchamp, les Lorrains par le chevalier de Guise et par Faulche, et les Allemands par le duc de Wittemberg. Louis de Bourbon, qui commandait en chef, avait reçu du duc d'Orléans l'ordre de lui renvoyer trois ou quatre régiments qui étaient à lui et qui se trouvaient sous les ordres de des Valois, mais le prince les retint jusqu'à la reddition de la place. Ces troupes disposaient de seize pièces de canon, dont six bâtardes, trois canons de batterie et les autres de dix à douze livres de balles.

Le 5 novembre, les assiégeants s'emparèrent du moulin des Prés, et, du 5 au 9, parvinrent, au moyen d'une batterie de deux canons de vingt-cinq à trente livres, à pratiquer une brèche de soixante pieds dans la muraille, entre la demi-lune du Vieil-Marché et le bastion Sainte-Catherine. Cette brèche fut aussitôt réparée au moyen de retranchements intérieurs.

L'ennemi dressa une autre batterie à Bel-Air, sur le chemin de Vitry, et, de là, canonna le faubourg de Royon, qui fut brûlé.

Le 6, quarante Irlandais, commandés par Belleguise, firent une sortie au Vieil-Marché, soutenus par le canon du Châtelet, que dirigeait et servait Hippolyte Thibaut, prêtre, régent de la grande école, premier historien connu de la ville de Sainte-Menehould. D'autres batteries, ramenées de Clermont, attaquèrent la porte des Bois et la partie nord de la ville.

Le 12 novembre, le prince de Condé, décidé à donner l'assaut, détacha un trompette pour sommer les assiégés de se rendre, jurant que, si on le contraignait de recourir à la force, il mettrait tout à feu et à sang et donnerait aux soldats licence de tuer et violer pendant douze heures[1]. Les bourgeois ayant répondu qu'ils attendraient les agresseurs, la pique à la main, l'assaut fut donné sur deux points à la fois, au nord, à la porte des Prés, et au sud-ouest, au bastion Sainte-Catherine.

A la porte des Prés, l'ennemi passa sur une digue que les habitants avaient établie à cinquante pas au-dessous du pont de Laval, dans le but de faire refluer l'eau dans les fossés du rempart, parvint à envahir la demi-lune qui précédait l'entrée et faillit, par surprise, pénétrer de ce côté par la poterne.

---

1. Il est à noter que le prince de Condé, Français, combattait contre des Français. C'étaient les mœurs du bon vieux temps.

L'attaque fut repoussée par Sainte-Maure en personne, qui accourut avec un groupe d'habitants.

Au nord-ouest une nouvelle brèche ayant été ouverte dans le bastion Sainte-Catherine, le prince de Condé fit avancer sur ce point les régiments de Condé, de Berry et de Bourgogne, que les assiégés eurent beaucoup de peine à faire reculer. Le prince, qui écumait de colère, frappait ses soldats à coups de canne. Il y laissa trois cents hommes, tant officiers que soldats.

Menacés de subir, le lendemain, une nouvelle attaque à laquelle ils ne se sentaient plus en état de résister, les habitants firent battre la chamade vers trois heures du matin. La capitulation fut signée, le 13 novembre 1652, par Louis de Bourbon, d'une part, et par les sieurs de Sainte-Maure, gouverneur, et Aubertin, maire, d'autre part. Les défenseurs de la place obtinrent les honneurs de la guerre.

Le prince de Condé ne séjourna que vingt-quatre heures à Sainte-Menehould. Il y était déjà passé en 1644, n'étant que duc d'Enghien, et avait dîné à la *Pomme de Pin*, aux frais du sieur de Beauvoisis, gouverneur, qu'il ne daigna pas inviter à sa table.

L'hôtellerie de la *Pomme de Pin*, qui était très renommée, était alors tenue par Jacques Salmon et Claude Flacot, sa femme, lesquels, en 1651, offrirent à l'église paroissiale un tableau représentant la Sainte-Vierge[1]. En 1650, cinq ou six valets du prince de Condé firent et dirent tant d'insolences dans cette maison, que le maire de la ville se vit contraint de

1. Ce tableau portait, d'après Ed. de Barthélemy, l'inscription qui suit : *Le présent tableau a esté donné par Iacques Salmon, marchand à la Pomme de Pin, et Clavde Flacot sa femme*, 1651.

les faire arrêter, au risque d'indisposer contre lui le marquis de Fors[1], gouverneur, ami du prince.

L'hôtesse de la *Pomme de Pin*, qu'on supposa de connivence avec quelque galant officier, se fit enlever par l'ennemi, le 11 novembre 1652, tandis qu'elle se trouvait dans son jardin du faubourg de Royon[2].

Le prince de Condé donna le commandement de la place à Charles de Montsaulnin, comte de Montal, auquel il laissa sept régiments d'infanterie : Condé, Bourgogne, Berry, Gyé, Valtenove, La Motte et Tonnevin, trois compagnies de cravates[3] et six de dragons. Les pertes de son armée au cours du siège furent, dit-on, de quinze cents hommes, dont la plus grande partie fut décimée par les maladies. Les assiégés, fait incroyable, prétendirent n'avoir perdu que dix-huit hommes.

Parmi les assaillants se trouvait le jeune Le Prestre de Vauban, alors âgé de dix-neuf ans, fantassin dans le régiment de Condé. Proposé pour le grade d'enseigne, il refusa « sur ce qu'il n'étoit pas en état d'en soutenir le caractère » et se contenta de passer maître, c'est-à-dire cavalier[4].

Les habitants, dit Hippolyte Thibaut, furent désarmés par un amas de « palfraniers, banquerou-« tiers, faulsaires, impudicques, incendiaires, apos-

---

1. Ou : de Faur.
2. H. Thibaut, *Mémoires*.
3. Croates.
4. L'auteur d'un panégyrique de Vauban fait un mérite à celui-ci d'avoir traversé l'Aisne « à la nage » sous le feu de l'ennemi. Il est permis, par le simple examen de la rivière, de constater qu'il n'y avait en cela rien de bien éclatant. Claude Buirette renchérit sur cet incident et place l'héroïque fantassin à la tête de soixante hommes.

« tats, parricides, macquereaux, mescréans, athés,
« traîtres, meurtriers, yvrognes, faux-monnoyeurs,
« blasphémateurs au delà des démons ».

Montal fit à la hâte remettre en état les murs de la ville et, sous prétexte de chercher des vivres, se livra, tant aux environs de Sainte-Menehould que dans la zone s'étendant jusqu'à Reims, Châlons-sur-Marne, Vitry-le-François et même au delà, à des ravages si désastreux qu'il ne laissa, sur son passage, que des ruines.

Montfaucon, Landres, Challerange, Autry, Sugny, Hans, Cernay-en-Dormois et presque tous les châteaux de la vallée de Bourcq furent contraints, même par le canon, de recevoir garnison du prince. Ville-sur-Tourbe échut à de Taizy, passé au parti des rebelles, et qui se qualifia baron de cette localité. Le 5 décembre 1652, l'abbaye de Moiremont devint la proie des flammes. Verzy, Verzenay, Cumières, Ambonnay et Poivres furent successivement mis à sac. Châlons même dut composer à raison de dix mille livres par an, à compter du 1er janvier 1653. A Sainte-Menehould, les exactions et les brutalités de la garnison furent telles que les habitants regrettèrent de ne pas s'être ensevelis sous les ruines de la ville plutôt que de capituler.

Dès que le gouverneur fut avisé de l'approche d'une armée royale, commandée par les lieutenants généraux de Castelnau, d'Uxelles, de Navailles et de Sainte-Maure, il ravagea une dernière fois les abords de la place et n'y laissa pas même un arbre. De mars à septembre, il avait fait démolir, sous prétexte qu'elles gênaient l'artillerie, une quantité de maisons, la plupart situées sur la Motte, c'est-à-dire sur les flancs du château, et au faubourg de Royon.

Après le refus fait par Montal de rendre la ville, malgré l'offre qui lui fut faite au nom du roi, par le sieur de Daucourt, d'une somme de trois mille écus [1] « et quelqu'autre chose », le siège commença le 22 octobre 1653. Le roi, arrivé à Châlons le 20 octobre, était venu, le 26, jusqu'à Chaudefontaine pour voir l'attaque. On ne voulut pas qu'il allât plus loin que le pont des Accrûtes [2].

L'armée royale comprenait environ dix-huit mille hommes et avait pour mission, non seulement d'investir la place, mais d'arrêter la marche en avant du prince de Condé, qui occupait le Clermontois, dans le cas où celui-ci tenterait de se porter au secours de Montal. Ce dernier, en effet, reçut du prince, le 26 du même mois, une dépêche secrète lui promettant qu'il recevrait sous peu du renfort.

Le 24 et le 26, deux ponts furent établis par les troupes royales, l'un sur l'Auve, au-dessus des Marécages, l'autre sur l'Aisne, entre Norval et l'Alléval. Les corps d'attaque furent postés, au sud-est de la ville, sur la côte de Cremont; à l'est, sur la côte des Chalaides ou de Crèvecœur, et, au nord, sur la Côte-le-Roi. Par suite de rivalités dans le comman-

---

1. Et non trente mille, comme on l'a écrit.

2. « Le dimanche 26 octobre 1653, — dit le *Journal* de Messire Pierre Le Folmarié, — jour de la Dédicace de St Estienne, il plust à Sa Majesté s'acheminer à Ste Manehould avec force noblesse pour voire le siège formé dudict Ste Manehould. Et le mardy suivant 28 octobre, jour de St Jude et St Simon, ladicte Majesté revint avec toutte sa noblesse en sa bonne ville de Chaalons sur les 10 à 11 heures du matin et toutte sa compagnie, mais par ung mauvais temps brouliards, lesquels luy apportèrent quelque incommodité deux ou trois jours ».

dement, un mois presque entier se passa sans qu'une action décisive fut engagée.

Les assiégeants avaient entrepris la construction d'une tranchée au nord-est de la ville, au-dessous du puits Caquet, vers la Malassise. Montal, jugeant que leur dessein était de franchir la rivière et de s'attaquer à un bastion du Château, envoya sur ce point ses meilleurs officiers et ses meilleurs soldats, qui s'y retranchèrent. Dans la nuit du 1er novembre, vers trois heures, les Suisses, qui étaient de garde, ayant voulu passer sur l'autre bord au moyen des deux bateaux qu'ils avaient préparés à cet effet, trouvèrent une telle résistance qu'ils perdirent leur commandant et plusieurs soldats.

Du côté des assiégés périrent du Harle, lieutenant-colonel de Bourgogne, les capitaines Pilore et La Pommerie, et un lieutenant.

La cour, impatientée des lenteurs du siège, envoya de Châlons, où elle résidait depuis le 20 octobre, le maréchal du Plessis-Praslin, qui avait déjà paru sous les murs de Saint-Menehould en 1616.

Celui-ci arriva devant la ville le 3 novembre et établit son quartier-général à Argers. Il était secondé par l'ingénieur de Clerville [1]. Le jeune Vauban, tombé, après le siège de 1652, dans un parti de l'armée royale, avait été dûment confessé et converti par le cardinal Mazarin, devant lequel il fut conduit. Il prit part aux opérations d'investissement comme soldat du roi et fut, peu après, récompensé de son zèle par une lieutenance dans le régiment de Bour-

1. Louis-Nicolas, chevalier de Clerville, avait été nommé maréchal de camp le 21 septembre 1652.

gogne, lequel, nous l'avons dit, était un régiment d'infanterie[1].

Montal, dans le but d'inonder la tranchée, contraignit les habitants à établir une digue au pont des Maures, ce qui la submergea, en même temps que la prairie de Planasse. Les travaux en furent abandonnés, et la majeure partie des forces d'attaque fut portée au sud-ouest de la ville.

Clerville commença une nouvelle tranchée à proximité de la rivière d'Auve, non loin de la porte Florion.

Le 5 novembre, les batteries royales exécutèrent une canonnade au cours de laquelle, vers trois heures de l'après-midi, une quantité de tonnes de poudre, qui avaient été imprudemment déposées dans une chapelle du transept sud de l'église, dite chapelle de la Madeleine, firent explosion et causèrent, tant au dedans qu'au dehors, des dégâts qu'on évalua à cent mille livres. Ce fut miracle que la chapelle Saint-Jean-l'Évangéliste, qui était pleine de toutes sortes de pièces d'artifice, ne prit pas feu, ce qui eut entraîné la ruine totale de l'église.

On retint un jour en prison Charles Nollet, prêtre, et Pierre Amyot, curé d'Argers, soupçonnés d'avoir, par impéritie ou par malice, donné avis de mettre ces dangereux engins dans une chapelle attenant au magasin à poudres. On arrêta aussi l'apothicaire Archambaud pour avoir, en présence du capitaine Bévu, logé chez lui, souri lorsqu'on parla de l'accident.

---

1. Vauban ne reçut le titre d'ingénieur qu'en 1655. Il ne servit donc pas, comme il a été dit plusieurs fois, en qualité d'ingénieur en second lors du siège de Sainte-Menehould.

Le désastre fut, en définitive, attribué à un boulet parti d'une batterie postée à la Malassise, boulet qui, ayant heurté une pierre dure et peut-être brisé une tonne, produisit des étincelles qui déterminèrent l'explosion. Quoi qu'il en soit, il n'est pas douteux que la destruction des poudres n'ait hâté la reddition de la place.

Le 8 novembre, deux batteries placées sur le versant et au bas de la côte de Cremont, entre le moulin de Gergeaux et la ruelle Sainte-Catherine, pratiquèrent une brèche dans le rempart attenant à la tour de la Bouverie, près la porte Florion, de sorte que les assiégés durent démolir les maisons de la rue des Juifs pour s'y fortifier. Cette brèche fut immédiatement masquée de l'intérieur par des levées de terre. De nouveaux pans de murs ayant été culbutés les jours suivants, la garnison dut improviser des barricades à l'aide de tonneaux qu'on remplissait de terre.

Dans la nuit du 16 au 17 novembre, celle-ci tenta une vigoureuse sortie, repoussa les ouvriers qui travaillaient aux tranchées et combla les galeries. Le 21, dit Hippolyte Thibaut, « tout le jour se passa « en continuelles scopeteries et volées de canon qui « en envoyèrent tous jours quelqu'un en royaume « des taulpes. »

Le 23 eurent lieu plusieurs assauts « livrés par des « grands et soutenus par des desespérés.... Il fau- « droit y avoir esté présent pour faire croire aux « autres gens ce que mon œil n'a jamais veu, et que « la surprise de Troye et le sac de Jérusalem n'a « pas égalé, meurtre et carnage des deffendeurs et « en la prouesse des assaillans, qui, se mocquans de

« la mort, ont laissé pour estre admiré, mais non pas « égalé, leur invincible cueur.... L'eschec, grand des « deux costés, fit rentrer les deux parties à remettre « sus le pourparler de composition interrompu le « jour précédent aux despens de la vie de plusieurs « braves hommes, qui auroient estés un jour bien « plus utiles ailleurs. »

Le 24, en effet, Montal ayant été averti que le feu pouvait être mis à la mine pratiquée sous le rempart de la porte Florion, considéra comme épuisés tous les moyens de défense et se résigna à capituler. Il n'attendait plus aucun secours du prince de Condé, qu'une fièvre quarte avait mis dans l'impossibilité d'agir, ce qui lui causa « un chagrin effroyable[1] ».

Dès qu'il fut informé des intentions de Montal, le roi, qui avait couché à Hans[2], fit savoir, le 25 novembre, qu'il consentirait à ce que le gouverneur et ses troupes sortissent avec armes et bagages. Il vint ensuite aux tranchées, alla jusqu'aux palissades de la ville sur le Vieil-Marché, visita les batteries et alla ensuite dîner à Bignipont, où se rendirent près de lui le marquis de Fors, le sieur de Mortagne et nombre d'officiers tant français qu'étrangers pour signer les articles de la capitulation. Cette formalité étant remplie, les soldats du roi prirent possession du bastion de la porte Florion, dans lequel ils couchèrent. La garnison passa la nuit dans les murs de la ville.

Le jeudi 27, les troupes du prince, qui, la veille à

1. Mlle de Montpensier, *Mémoires*.

2. Louis XIV avait alors quinze ans. Il était parti de Châlons le jeudi 24 novembre, « jour de St Chrisogon, avec grandes noblesses et gardes et cour. » (Le Folmarié).

huit heures du matin, avaient évacué la ville et s'étaient retirées au Château, commencèrent à en sortir vers dix heures du matin, enseignes déployées, tambours battants, mèches allumées, chaque régiment précédé d'un lourd et pesant bagage. Aussi emportèrent-ils tous les meilleurs et les plus précieux meubles de la ville, qu'ils traversèrent de la porte du Château à la porte des Prés, non sans grandes huées des femmes et du menu peuple, qui n'épargnaient, ni le mortier, ni les morceaux de briques sur les « ragaches[1] » et femmes des Allemands.

Ces troupes s'étaient engagées, aux termes de la capitulation, à se retirer sur Rocroi par le plus court chemin. Lorsque l'ennemi, encadré d'un double cordon des troupes royales et suivi de Montal, qui sortit le dernier, se trouva hors de la ville, le roi, accompagné du cardinal Mazarin, du duc d'York, du maréchal de Praslin et d'autres seigneurs, se donna le plaisir d'entrer par la brèche du bastion de la porte Florion, tenant un bâton de saule à la main[2].

Il fut harangué à son entrée en ville par Claude Privé, ancien échevin et avocat, qui reçut à cette occasion les félicitations de l'assistance et en parti-

---

1. Ital. *ragazza*, jeune fille.
2. Il est établi avec précision par les *Mémoires* d'Hippolyte Thibaut que la garnison ne sortit point par la porte Florion, comme le dit Claude Buirette. Cet historien paraît s'être appuyé sur le *Journal de la prise et reprise de Saincte Manehould*, qu'il s'abstient de citer, et qui fut rédigé quelque temps après le siège, dans le but spécial de prouver que l'épithète de *mutins*, donné aux habitants de cette ville, était en réalité pour eux un titre d'honneur. — Il résulte également des *Mémoires* d'Hippolyte Thibaut, témoin oculaire, que le roi n'assista pas au défilé.

culier du cardinal Mazarin. Le roi monta ensuite à l'église du Château, où furent chantés le *Domine salvum fac regem* et le *Te Deum*. Il examina après la cérémonie les ruines de cet édifice, dévasté par l'explosion des poudres, et fit le tour des fortifications du Château. Puis il remonta à cheval et alla coucher au château de Hans, d'où il retourna à Châlons le lendemain[1].

Le siège de 1653 est le dernier qu'ait subi la place de Sainte-Menehould. Le prince de Condé, dont l'inconscience et l'ambition démesurée avaient semé de ruines cette malheureuse ville, se souvint d'elle à ses derniers moments et légua, par testament, à l'hôtel-Dieu de Sainte-Menehould, une somme de dix mille livres, franche de toutes charges.

---

1. Nous nous sommes référé, pour le récit qui précède, aux *Antiquités de la ville de Sainte Manehould*, déjà signalées, au *Journal de la prise et reprise de Saincte Manehould ès années* 1652 *et* 1653, cité également, et en outre à deux mémoires sur les sièges de 1652 et 1653, dus à Hippolyte Thibaut, prêtre habitué, chapelain des Dames Religieuses et de la chapelle Saint-Jean-l'Évangéliste, régent de la grande école de Sainte-Menehould.

Ce brave homme, qui maniait le fusil aussi bien que la plume, se distingua pendant le siège de 1652, en remplaçant le frère Jacques Thérieur dans la manœuvre du canon du Châtelet. Le régent de la grande école était né à Bar-lez-Buzancy. Il mourut à Sainte-Menehould, le 16 septembre 1674.

L'un des mémoires qu'il a laissés se trouve aux Archives municipales de Vitry-le-François. Il forme treize pages manuscrites de format in-folio, et a été intégralement publié par M. Hérelle, en 1879, dans le *Cabinet historique*. L'autre récit, que publia Ed. de Barthélemy dans la *Revue de Champagne et de Brie*, est extrait d'un registre in-folio comprenant 687 pages et ayant appartenu au subdélégué J.-B. Mathieu, petit-neveu d'Hippolyte Thibaut. La partie qui s'étend de la page 524 à la page 552 contient la relation des sièges de Sainte-Menehould. Trente à trente-cinq pages sont en outre consacrées à la mention d'incidents contemporains. Le reste est une compilation sans intérêt sur des matières de théologie, de philosophie, de morale et d'histoire ancienne.

Les deux relations des sièges de Sainte-Menehould, par Hippolyte

7

C'était un faible dédommagement, et des larmes amères qu'il fit impitoyablement couler, et de l'état lamentable dans lequel il laissa toute la région comprise entre Vouziers, Châlons-sur-Marne et Vitry-le-François. La dette contractée par la ville de Sainte-Menehould se montait, en 1661, en principal et intérêts, à la somme énorme de 173132 livres[1].

Par arrêté du conseil du 11 janvier 1681, une indemnité annuelle de 36 livres fut attribuée aux Frères des Écoles chrétiennes, depuis peu installés dans la ville, et qui, avec la qualification de régents subalternes, étaient chargés de tenir, rue de Royon, ce qu'on appelait alors la petite école. Cette allocation fut confirmée par délibération du conseil général de la commune, le 30 avril 1790.

L'édit de Nantes avait, en 1598, fermé l'ère des guerres de religion en accordant aux protestants la liberté de conscience. Sa révocation fut dans la ville, en 1685, le signal de persécutions barbares. On ne peut mentionner, sans un sentiment de révolte, l'odieux martyre que subit Louis de Marolles, receveur des consignations à Sainte-Menehould[2].

Cet homme intègre, dont le seul crime était un inébranlable attachement aux doctrines de la Réforme, fut, pour avoir tenté d'émigrer, condamné aux galères à perpétuité. Il fut dirigé sur Marseille

---

Thibaut, ne sont pas, comme on pourrait le croire, la reproduction l'une de l'autre. Le manuscrit de Vitry-le-François est un mémorial tenu au jour le jour et fréquemment interrompu pour le service de la place. L'autre récit, sans affecter une forme littéraire, offre cependant une certaine unité et n'est pas dépourvu de quelque souci de composition.

1. *Archives de la Marne*, C. 689.

2. Il est cité en cette qualité en 1678 (*Archives de la Marne*, C. 79). — Cf. Claude Buirette, *Histoire de la ville de Sainte-Menehould*, l. V.

avec une chaîne du poids de trente livres rivée au cou, et là, enfermé dans un obscur cachot de la citadelle, privé de nourriture, vêtu de haillons qui pourrissaient sur son corps, il devint presque aveugle. Il mourut, au bout de six ans de tortures, le 17 juin 1692.

« Eh bien! dit à ce propos le regretté André Theu-« riet, voici ce que j'appelle la Némésis de l'his-« toire. Un peu moins d'un siècle après la mort de « Marolles, presque jour pour jour, l'arrière-petit-« fils de ce roi — qui ne voulait pas d'exceptions — « était reconnu par Drouet, dans la ville natale de « Louis de Marolles, puis arrêté à Varennes par « suite d'un retard d'une demi-heure[1], et ramené au « milieu d'une foule ameutée et hurlante dans ce « même Sainte-Menehould, qui fut pour lui la pre-« mière étape vers l'échafaud. On ne m'ôtera pas de « l'esprit que Louis XVI, à Varennes, a payé la dette « du grand roi[2]. »

L'élimination des protestants fut si complète qu'en 1788 il n'existait plus, dans toute l'élection de Sainte-Menehould, qu'une seule famille appartenant à la religion réformée, celle du sieur Béchet, seigneur de Villers-devant-Dun[3].

---

1. Louis de Marolles, arrêté sur les bords du Rhin, eut été sauvé s'il eut eu une avance d'une demi-heure.
2. A. Theuriet, *Sous bois*, p. 203.
3. *Archives de la Marne*, C. 2894. — Les biens des consistoires d'Epense et de Nettancourt furent, à la suite de la révocation de l'édit de Nantes, attribués à l'hôtel-Dieu de Sainte-Menehould. Une cense à La Neuville-au-Pont, provenant de Louis de Marolles, fut acquise par l'abbaye de Moiremont.

VIII

(De 1691 à 1788).

TOPOGRAPHIE DE LA VILLE AVANT L'INCENDIE DE 1719.

Une juridiction des Traites-Foraines fut établie à Sainte-Menehould en 1691. Elle comprenait les bureaux de Sainte-Menehould, La Neuville-au-Pont, Florent, Pont-aux-Vendanges, Triaucourt et Givry-en-Argonne.

Une charge de lieutenant de roi héréditaire y fut créée en février 1692. Son premier titulaire fut le sieur Guérapin de Vauréal[1].

La ville, d'abord siège d'une élection particulière dépendant de la généralité et de l'élection de Châlons-sur-Marne, en avait été détachée, en 1634, pour être érigée en élection en chef. Elle redevint le siège d'une élection particulière en 1662, et fut à nouveau promue au rang d'élection en chef en 1696[2]. La création de celle-ci avait été motivée par la trop grande étendue des élections de Châlons-sur-Marne et de Reims, lesquelles se prolongeaient, au nord-est, jusqu'à Gercourt, Dannevoux, Brieulles-sur-Meuse, Aincreville, Villers-devant-Dun, Halles, Beauclair, Vaux-en-Dieulet, Sommauthe et Oches.

La nouvelle circonscription, qui comprenait cent vingt paroisses, emprunta ces limites et les prolongea, vers l'ouest, par Saint-Pierremont, Harricourt, Boult-aux-Bois, Briquenay, Grandpré, Olizy, Brécy, Mouron, Senuc, Grand-Ham, Autry, Condé-

1. Jean Mathieu, *Élection de Sainte Manehould en* 1709.
2. *Archives de la Marne*, E. 1008.

lez-Autry, Cernay-en-Dormois, Massiges, Tahure, Minaucourt, Wargemoulin, Laval, Saint-Jean-sur-Tourbe, Somme-Tourbe, Auve, Herpont, Dommartin-sur-Yèvre et Varimont.

Au sud se trouvaient Remicourt et Givry-en-Argonne.

Au sud-est les points extrêmes furent Ante, Villers-en-Argonne, Châtrices, Beaulieu, Florent, Boureuilles, Baulny, Epinonville, Montfaucon et Cuisy[1].

L'administration centrale était représentée, dans cette circonscription, par un subdélégué de l'intendant de la province. Deux titulaires de cette charge, Jean et Jean-Baptiste Mathieu, jouèrent à Sainte-Menehould un rôle considérable.

Jean Mathieu, né en cette ville le 18 novembre 1687, appartenait à une famille bourgeoise originaire de Saint-Juvin[2]. Il exerça, à l'élection, les fonctions de procureur du roi et de conseiller, et, au bailliage, celle de lieutenant particulier et d'assesseur criminel. Il fut investi de la charge de subdélégué de l'intendant de Champagne, le 6 janvier 1709, succédant en cette qualité à Nicolas Dez, nommé en 1704. Jean Mathieu, conseiller du roi, fut en outre maire de la ville à partir de 1713. Il épousa Louise Rollet.

Ce magistrat était un érudit et un travailleur zélé, dont les notes innombrables ont été utiles à plusieurs. Il a laissé en manuscrits un *Mémoire concernant l'État présent de l'Élection de Sainte Manehould*, avec un recueil de titres et pièces anciennes concernant

1. On trouvera au paragraphe XIV le dénombrement complet des paroisses de l'Élection.

2. Canton de Grandpré (Ardennes).

le pays (1709), une *Carte générale de la Maréchaussée de Champagne, généralité de Chaalons, par brigades et lettres alphabétiques* (1720), et un *Procès-verbal concernant les mesures des paroisses de l'Élection de Sainte Manehould* (1734). Ces trois recueils, qui forment autant de registres in-quarto, ont été offerts aux Archives départementales de la Marne par un des descendants de l'auteur.

Jean-Baptiste Mathieu, son fils, naquit en 1718. Il remplaça son père, entre 1753 et 1755, dans ses fonctions de subdélégué, et fut nommé, le 14 mars 1768, président en l'élection de Sainte-Menehould, en remplacement de Nicolas Dubant[1]. Il eut pour successeur, dans sa charge de subdélégué, le sieur Mouton, qui était en fonctions en 1775[2], et dans celle de président, son neveu, Henri-Hippolyte Mathieu[3], qui le remplaça à sa mort, survenue en 1787.

Jean-Baptiste Mathieu épousa, le 17 mars 1750, Louise Dubant, dame en partie de Vienne-la-Ville, et prit dès lors le nom de ce fief, que se partageaient avec les parents de sa femme les familles Bonjour et Martinet, propriétaires d'autres parties de la seigneurie.

Jean Mathieu avait fait construire à Sainte-Menehould une belle habitation qui existe encore, et dont la première pierre fut posée le 9 août 1726. Cet hôtel, situé sur le côté ouest de la place de l'Hôtel-de-Ville, est précédé d'une petite cour que devait décorer un portique de style, portique qui ne fut pas exécuté et

1. *Archives de la Marne*, C. 2524 et 2392.
2. *Archives de la Marne*, C. 811 et 958.
3. *Archives de la Marne*, C. 2528 et 2393.

dont le plan est conservé aux Archives départementales de la Marne[1].

Jean-Baptiste Mathieu assembla une riche bibliothèque, dont les volumes portaient en *ex-libris* ses armoiries gravées : *D'azur au chevron d'argent, surmonté d'une étoile et de deux palmes de même ; en pointe une tête de reine de carnation, couronnée à l'antique*. L'écusson, timbré d'un casque de chevalier, a pour supports deux lions contournés. Au-dessus se lisent en exergue et en petites capitales le nom et la qualité du possesseur des livres : J. B. MATHIEU SUBDÉLÉGUÉ.

Cet *ex-libris*, de forme ovale, figure également sur quatorze registres manuscrits qu'il a laissés, et dont les matières se rapportent principalement à la statistique de la région et à l'inventaire des titres de toutes les juridictions existant à Sainte-Menehould. Ils offrent le même format et la même reliure que ceux du subdélégué Jean Mathieu, et figurent indistinctement avec ceux-ci aux Archives départementales de la Marne[2].

En 1712, un major de l'armée hollandaise, du nom de Growestein, se détacha des troupes qui assiégeaient Le Quesnoi et fit, à travers le nord-est de la France,

---

1. Par testament olographe en date du 8 août 1902, Mme Jeanne-Alexandrine Morel, veuve de M. Jacques-Édouard Viard, à laquelle appartenait en dernier lieu l'hôtel autrefois habité par la famille Mathieu, le légua à la ville de Sainte-Menehould pour en faire un musée. Elle lui légua en outre une rente annuelle de mille francs, destinée à l'entretien de cet immeuble, et un commencement de collection, que les circonstances ne lui permirent pas de spécifier. — Au décès de Mme Viard, qui eut lieu le 12 décembre 1907, cette généreuse donation fut acceptée conditionnellement par la ville, qui se propose d'installer dans cette maison sa bibliothèque.

2. C. 2088 à 2098.

une incursion des plus audacieuses. Il était accompagné de deux mille cavaliers, tant dragons que hussards.

Le 13 juin, il apparut à Chaudefontaine. A son approche, les bourgeois prirent les armes et barricadèrent la porte Florion, bien que la défense de la ville fut à peu près impossible, de nombreuses brèches existant dans les murailles.

Les sommations impérieuses de Growestein, qui exigeait une contribution de guerre ou la remise de deux otages pour la garantie du paiement ultérieur de celle-ci, firent réfléchir les habitants. Ils acceptèrent les conditions que leur dicta le commandant et consentirent à livrer passage à sa troupe, à condition que celle-ci rendrait les honneurs à la milice. Par compensation, il fut entendu que les bourgeois salueraient les cavaliers, ce qui s'effectua sans encombre et eut pour résultat de préserver la ville d'un pillage. Le détachement, après avoir fait halte hors des murs dans le quartier du Milanais, s'éloigna à midi dans la direction de Verrières, emmenant comme otages Legay, premier échevin, et Lendormi, conseiller de ville[1]. Les échevins reçurent, le 23 juin, une verte semonce du ministre de la guerre Voysin pour n'avoir pas su résister « à une troupe qui ne faisoit que traverser la province avec précipitation [2] ».

Dans la nuit du 7 au 8 août 1719, vers dix heures

---

1. *Journal de la course faite en la campagne* 1712 *par un détachement de cavallerie commandé par* S. E. *Monsieur de Growestein, tenu par le sieur Henri Messer, écuyer dudit général,* dans *Mémoires de l'Académie de Metz*, années 1869-1870.

2. *Archives de la Marne*, E. 1009.

du soir, un incendie se déclara, rue des Capucins, dans le grenier à foin d'un médecin du nom de Jean Nollet[1] et se communiqua au grenier de la maison de l'*Ecu*, qui y était attenant. Par suite d'un vent de nord-est qui soufflait avec violence, toute la partie de la ville qui se trouvait à l'ouest et au sud du couvent des Capucins et de celui des Dames Religieuses s'embrasa successivement et fut anéantie.

La halle, l'hôtel de ville, les maisons qui entouraient la Place, la rue de Royon, l'île d'Argers et tout le quartier qui s'étendait de là jusqu'au Châtelet et à la porte Florion furent la proie des flammes. Les cloches de l'hôpital fondirent, et il ne resta de l'église de cet établissement que le chœur et la grille qui fermait celui-ci. Le moulin d'Amilaville fut également détruit.

Toutes les maisons qui existaient alors à Sainte-Menehould étaient de bois, à l'exception de cinq ou six, dont les façades étaient de pierre. On estima à trois cent soixante-cinq le nombre de celles qui furent brûlées. Il ne resta, à peu près intactes, que neuf grandes maisons et trente petites, lesquelles se trouvaient à l'est de la rue Aubry-Millet et de l'intersection de la rue de la Côte-du-Château et de la rue de Royon[2].

Les couvents des Capucins et des Dames Religieuses, placés au-dessus du vent et protégés par

---

1. *Antiquités de la ville de Sainte Manehould.* — Ce Jean Nollet avait été, en 1709, contrôleur des tailles. Il l'était encore en 1713.

2. *Archives de la Marne*, C. 680. — On ne saurait trop déplorer la perte des archives de la ville, dont la destruction détermine, dans son histoire, des lacunes regrettables, que rien ne permet de combler.

des murs de pierre, ne subirent aucun dommage. Il en fut de même, à l'ouest, de la porte Florion, qui resta debout parmi les ruines. L'église et le Château, isolés sur leur rocher, ne furent pas atteints par les flammes. Il ne logeait au Château, dès 1652, que des familles peu aisées, « qui ne contribuent presque en rien aux frais dont les habitants de la ville sont sujets[1] ».

Les habitants portèrent ce qu'ils avaient pu sauver sur les remparts et dans les prés, où ils couchèrent pendant plusieurs jours à la belle étoile. Les villes de Châlons, de Reims, de Vitry-le-François et de Verdun se signalèrent par leur générosité et envoyèrent dès le lendemain de nombreuses voitures de pain, de farine et d'autres choses nécessaires à la vie. Les premiers secours officiels furent délivrés sur une somme de 71 160 livres, avancés sans intérêt à la ville par le receveur général des domaines et des bois de Champagne[2]. Pendant plusieurs années, un grand nombre d'habitants logea dans des baraques provisoires.

La ville ancienne, dont la configuration différait totalement de celle d'aujourd'hui[3], s'arrêtait à l'est, nous l'avons dit, à la porte des Bois, située à l'angle de la rue Chanzy et de la rue de l'Abreuvoir. Cette porte avait été établie, au XVe siècle, sous le nom de « Porte Neuve », car il y avait aussi, alors, une vieille porte des Bois. Entre les deux se trouvait une maison appartenant à Jeanne la Blondelette[4].

---

1. *Relation inédite des sièges de Sainte-Menehould.*
2. *Archives de la Marne*, C. 687.
3. Se reporter au plan annexé au présent volume.
4. Cartulaire de l'église de Sainte-Menehould.

Au delà de la porte des Bois s'étendaient, dans la direction de la place de l'Hôtel-de-Ville et de l'avenue Victor-Hugo, des jardins, des vergers et des terrains submergés lors des crues de la rivière.

De la porte des Bois à la Place, — la place d'Austerlitz actuelle, — la ville avait à peu près la même disposition que de nos jours. Les noms des rues seuls différaient. La rue Chanzy, dans sa partie est s'appelait rue de la Grande-Auche, dénomination due à ce qu'elle fût établie sur l'emplacement d'une grande pièce de terre entourée de haies ou de fossés, sorte d'enclos qu'on appelait *osche* dans la langue du moyen âge[1]. Un bail de maison, daté de 1328, appelait en effet cette voie la rue *en Lauche*[2], c'est-à-dire à travers l'*osche* ou l'enclos. Dans sa partie ouest, elle était dénommée, pour une raison analogue, rue de la Petite-Auche.

Postérieurement à la Révolution, ces deux tronçons réunis devinrent la Grande-Rue, et plus récemment la rue Chanzy, du nom du général célèbre, né à Buzancy (Ardennes), qui fit ses études au collège de Sainte-Menehould.

La rue Gaillot-Aubert, nom d'un bienfaiteur de la ville, était la rue des Capucins; l'extrémité de cette rue, près de l'Abreuvoir, était la rue de la Bombarde; la petite rue du Brémilais, la rue Aubry-Millet; la rue du Rempart, la rue Branlard; enfin la rue Zoé-Michel[3], la rue Lamotte.

La rue Lamotte, ou plus exactement rue La Motte,

1. Du Cange, *Glossarium*, v° *Olca*.
2. *Archives de la Marne*, C. 1009.
3. Les rues Zoé-Michel, Lherbette et Menut, ainsi que le quai Lherbette, portent le nom de bienfaiteurs de la ville ou de l'hôpital.

devait son nom à la butte ou motte du Château, sur le revers de laquelle elle est établie. Elle paraît s'être appelée jadis rue de Bovrelrue, de Bouvrerue ou de Bouverue, car on voit citée, dans le cartulaire de l'église de Sainte-Menehould et dans un bail de 1361[1], une rue de ce nom à la montée de la côte du Château, près de « la ruele par ou on vient de Lauche ou chastel ».

Entre la rue de l'Arquebuse, qui n'est pas très ancienne, et la promenade des Ormes s'étendaient à mi-côte les vastes jardins de la compagnie de l'Arquebuse. Cette compagnie, dont l'hôtel s'élevait à gauche de l'escalier actuel de la Côte-du-Château, avait succédé à celle des chevaliers de l'Arbalète, lesquels avaient eux-mêmes eu pour prédécesseurs les chevaliers de l'Arc.

Les arquebusiers, dont les statuts, approuvés par Pierre Beschefer[2], lieutenant particulier au bailliage, remontaient à 1612, avaient, dans les cérémonies, le pas sur la milice bourgeoise, Ils portaient, en dernier lieu, un habit, une veste et des culottes écarlates, un chapeau galonné d'or et des bas de soie blancs[3]. Généralement recrutés parmi les notables de la ville, ils avaient adopté cette devise :

Moins à Diane qu'à l'Amour
Croyez ces chasseurs redevables
De ce qui les rend tour à tour
Galants, adroits et redoutables.

1. *Archives de la Marne*, E. 1009.

2. Beschefer : *De sable à deux étoiles d'argent en chef et une rose d'or en pointe.* — Pierre Beschefer avait épousé Marie Hocart. Il mourut le 2 juin 1651.

3. C'était à peu près le costume des suisses de cathédrale, à part le chapeau, qui était à trois cornes.

Une députation de la compagnie de l'Arquebuse composée de Drouet, capitaine, Le Gay, trésorier, et des avocats Haussard, Buirette et Blanchin, chevaliers de cette compagnie, demanda, le 9 juillet 1790, à en déposer le drapeau à la voûte de l'église en présence du corps municipal, ce qui eut lieu le lundi suivant. Les ci-devant chevaliers de l'Arquebuse s'enrôlèrent dans la « milice nationale ».

La rue Camille-Margaine était alors la rue de Royon, ou la rue conduisant à Royon. Cette dénomination, antérieure à 1468, était, nous l'avons dit, celle d'un lieudit situé hors les murs. Le nom actuel rappelle un ancien député de l'arrondissement, Henri-Camille Margaine, qui appartenait à une vieille famille de la ville.

A l'intersection de la rue de Royon et de la rue de la Côte-du-Château, commençait la Place, laquelle occupait la partie sud-est de la place d'Austerlitz actuelle. Au centre de cet espace à peu près régulier avait été érigée, en 1335, une grande croix de pierre offerte par les tanneurs, les cordonniers et les savetiers, qui ne formaient alors qu'une seule corporation. Cette croix, qu'on appelait la croix des Tanneurs, fut démolie pour cause d'alignement en 1735.

La Place était limitée, au nord, par l'hôtel ou la maison de ville, dont la construction remontait, semble-t-il, au règne de Charles VIII ou à celui de Louis XII, si l'on en juge par les armes de France et de Bretagne qui figuraient dans la chambre du roi[1].

Derrière l'hôtel de ville se trouvait la halle, vaste construction en charpente, qui s'étendait jusqu'à la

---

1. *Antiquités de la ville de Sainte Manehould.* — *Annales.*

rue des Capucins. La voie carrossable, qui traverse la place d'Austerlitz, était alors bordée de maisons et s'appelait la rue de la Halle. Elle conduisait à la porte des Bois, au delà de laquelle fut bâti, en 1595, un moulin à eau dit le moulin des Prés. Le terrain, sur lequel s'élevait celui-ci, appartenait à l'hôpital, qui le concéda, moyennant vingt écus de censive, à Jean de La Moslière ou La Molière, marchand demeurant à Sainte-Menehould. Ce dernier, qui entreprit à ses frais la construction de l'usine, s'engagea à établir une retenue suffisante pour permettre, dès la Saint-Remy suivante, de remplir d'eau les fossés de la ville. Cette retenue devait remplacer d'anciennes digues situées un peu en amont, et qui se trouvaient hors de service. Il fut spécifié en outre que « ne pourra ledit La Molière faire aucune pile ou fouloir à écorce, lesquels avec leur bruit empêcheroient la garde de ladite ville ». En aval du moulin des Prés se rencontrait, sur le chemin de Moiremont, le Pont-des-Maures, dont le nom, suivant la tradition, était dû à une auberge voisine, appelée l'auberge des *Trois Maures*.

Sur le côté sud de la Place, vis-à-vis l'hôtel de ville, s'élevait l'auditoire de la justice, que dominait un beffroi appelé la tour de l'Horloge. Cette tour, de forme carrée, avait trois étages et était surmontée d'un clocheton.

Parmi les boutiques qui s'ouvraient sur la Place se remarquait, dès 1707, celle de l'imprimeur Gabriel Deliège[1], dont les locaux, après l'incendie, parais-

1. Nous avons eu sous les yeux un exemplaire de lettres patentes de Louis XIII portant cette mention : *A Sainte Manehould, de l'imprimerie de Gabriel De Liège, imprimeur, sur la Place*, 1707.

sent s'être trouvés sur l'emplacement de la maison qui fait le coin de la place d'Austerlitz et de la rue Camille-Margaine, du moins si l'on s'en rapporte à une inscription relatant cette particularité et qu'on découvrit, il y a quelques années, sur une pierre du soubassement de cet immeuble.

Gabriel Deliège, qui épousa Perrette Bastier et qui eut pour fils Claude Deliège, était un honnête homme, estimé de ses concitoyens. Il avait succédé, après interruption, à son ancien patron Nicolas Guéry, imprimeur de la ville, décédé dès avant 1700.

Deliège, qui avait imprudemment pris parti dans des controverses de théologie devenues matières politiques, se rallia aux opinions jansénistes. Au mépris d'une ordonnance royale du 10 mars 1728 défendant, sous les peines les plus rigoureuses, d'imprimer sans autorisation préalable des écrits relatifs aux disputes nées ou à naître en matière de religion ou tendant, soit à troubler la tranquillité de l'État, soit à corrompre les mœurs, il fit servir ses presses à la publication de plusieurs ouvrages clandestins, et nécessairement anonymes, parmi lesquels on croit pouvoir compter une *Relation de l'origine, des progrès et de la condamnation du Quiétisme*. Deliège tenait en outre en dépôt des livres non privilégiés, au nombre desquels se trouvaient des *Anecdotes sur l'état de la religion dans la Chine* et les *Lettres écrites par Louis de Montalte à un provincial de ses amis et aux RR. PP. Jésuites sur la morale et la politique de ces Pères*, avec des notes de G. Wendrock, pseudonyme de Nicole.

Le cardinal Fleury, qui désirait un exemple, fit, le 23 avril 1733, procéder à l'arrestation de Deliège, ainsi qu'à celle de son jeune fils et de quatre compagnons ou apprentis. Tous, dûment garrottés, furent dirigés sur la Bastille. La maison et les ateliers furent mis sous scellés.

Deliège, dont le procès s'introduisit devant une commission spéciale qui dédaigna de l'entendre, fut condamné, par sentence du 9 décembre 1733, en la peine du carcan et en celle de trois ans de bannissement du ressort du Parlement de Paris. Deux de ses ouvriers, Jean-Jacques Devaux et Claude Larcher, furent semblablement condamnés, mais, tandis qu'on ramenait les prisonniers à Sainte-Menehould, Larcher fut assez heureux pour s'évader lorsqu'on traversait Châlons-sur-Marne.

Deliège et Devaux subirent la peine du carcan, de midi à deux heures, le 16 décembre 1733, sur la place Royale, aujourd'hui place de l'Hôtel-de-Ville. Leurs concitoyens se donnèrent le mot pour ne point assister à ce châtiment ridicule, qui n'eut pour témoins que les agents chargés d'y prêter la main[1].

Gabriel Deliège avait eu pour confrère ou plutôt pour concurrent, à partir de 1717, Nicolas Regnault, lequel, après l'incendie, s'installa à côté du Pont-de-Pierre. On lit en effet à la suite d'une des publications de celui-ci cette mention : *Ste Menehould De l'imprimerie de Regnault libraire et imprimeur de la Ville près le Pont Neuf* MDCCXXVI.

Nicolas Regnault, qui était né à Sainte-Menehould en 1695, quitta cette ville en 1735. Il transporta ses

---

1. Cf. *L'Imprimerie à Sainte-Menehould*, 1629-1791, étude publiée dans la *Revue de la Marne*, en février et mars 1908.

presses à Châlons-sur-Marne, où il mourut le 8 août 1743[1].

Gabriel Deliège eut pour successeur Claude, son fils, qui continua à exercer la même profession jusqu'en 1739, date à laquelle les deux imprimeries de la ville furent supprimées. Claude Deliège fut nommé, en 1742, conseiller de ville et devint plus tard président des Traites-Foraines.

L'Aisne n'avait pas, avant l'incendie de 1719, le lit unique que l'on voit aujourd'hui. Elle formait, à gauche du Pont-de-Pierre actuel, deux bras dont l'un, à l'est, passait à peu près au point occupé par le *Café de Paris*, et dont l'autre, à l'ouest, coulait presque à l'endroit où passe la voie ferrée, le long des bâtiments de l'hôpital.

L'intervalle compris entre ces deux bras formait l'île d'Argers, dont le nom rappelait d'anciens propriétaires de ce coin de terre, les sires d'Argers ou d'Argiers, lesquels possédaient aussi le moulin d'Amilaville[2]. Les maisons de l'île encadraient, à gauche, une impasse dite : impasse de l'Ile, dont l'entrée correspondait à peu près à l'axe du cours actuel de l'Aisne et dont une partie existe encore. A droite de la rue, les constructions, alignées en bordure, couvraient même les deux bras de rivière. Tout ce quartier, bâti sur pilotis, avait été, jusqu'au Pont-Laval, celui des tanneurs, des drapiers et des sergers.

---

1. Amédée Lhote, *Liste des Imprimeurs, Libraires et Relieurs de la ville de Châlons-sur-Marne.*

2. Henrion d'Argiers, écuyer, y ayant construit un four qui faisait concurrence à ceux de l'abbaye de Moiremont, fut condamné, par sentence arbitrale du mois de mai 1310, à réduire son four à néant (Cartulaire de Moiremont, CLXXXIV).

Sur le bras occidental de l'Aisne fut établi en 1589, à proximité du rempart sud, le moulin des Arches, qui eut pour fondateurs Lescarnelot de Noyers[1] et Cochon, grenetier au grenier à sel. Ce moulin fut détruit un an après, en 1590, lors du siège de la ville par le duc de Lorraine. Il ne fut jamais reconstruit.

Attenant au deuxième pont qui suivait l'île, se trouvait, à gauche, près d'un abreuvoir, un immeuble appelé la cour de Saulx, emplacement de l'ancienne maison-forte habitée par la famille de ce nom.

Au delà s'élevaient des quartiers tout à fait différents de ceux d'aujourd'hui. Ils étaient séparés en deux sections par la rue du Ban-Saint-Pierre, laquelle faisait suite au tronçon de rue qui traversait l'île d'Argers.

A droite de la rue du Ban-Saint-Pierre se trouvait la tortueuse rue de Laval, conduisant au pont du même nom, et qui était à l'origine le pont d'Aval.

A gauche s'étendait le quartier Florion. La rue actuelle de ce nom n'était pas percée. On appelait alors rue de la Porte-Florion celle qui se nomme aujourd'hui rue de Verrières. Cette rue, qui commençait, au nord, à la rue du Ban-Saint-Pierre, aboutissait, au sud, à la porte Florion, laquelle s'élevait, nous l'avons dit, à l'angle de la rue de Verrières et de la rue de l'Ancien-Milanais. Cette porte avait été, sous la direction de l'ingénieur Desjardins, l'objet d'importants travaux, qui ne furent achevés qu'en 1642[2].

---

1. Lescarnelot : *De gueules à une molette d'or; au chef d'azur chargé de trois croix croisettées au pié fiché d'or.*

2. *Antiquités de la ville de Sainte Manehould. — Annales.*

Entre la rue de la Porte-Florion et le bras le plus rapproché de l'Aisne se trouvait l'hôpital avec son église. Il était avoisiné de plusieurs petites rues étroites, appelées rue de l'Hôpital, rue de Paradis et rue des Juifs. Cette dernière avait été, pendant des siècles, le *ghetto*, la « juiverie » de Sainte-Menehould. Là étaient relégués, comme gens sans aveu, les représentants d'une race persécutée.

Expulsés du royaume une fois de plus, en 1394, les israélites de la ville se retirèrent à Metz, emportant avec eux un numéraire que l'on crut considérable[1].

Dans l'église de l'hôpital étaient deux chapelles, consacrées l'une à saint André et l'autre à sainte Marguerite. Elles étaient antérieures à l'année 1405. Leurs biens furent réunis, en 1684, au domaine de l'hôpital, par sentence de M. de Vialart, évêque de Châlons[2].

Entre cette même rue de la Porte-Florion et la ruelle du Châtelet se dressait la butte du Châtelet, au delà de laquelle était le rempart ouest.

La route nationale de Paris à Metz n'existant pas, il fallait passer par la porte Florion pour gagner le chemin de France. Ce chemin, après avoir emprunté, hors les murs, la petite rue Sainte-Catherine, se prolongeait par le chemin des Six-Frères dans la direction de Valmy. Le pâté de maisons qui se trouvait sur la face ouest de la rue du Milanais, à l'angle de la rue Sainte-Catherine, était signalé par un immeuble appelé le *Grand-Louis*, qu'on suppose

1. *Antiquités de la ville de Sainte Manehould.*
2. *Archives de la Marne*, C. 1858.

avoir été une auberge. Dans le même massif était comprise une petite maison de la Renaissance, qui existe encore, et dans laquelle se remarquent, outre quelques voûtes, deux belles cheminées qui paraissent dater du commencement du XVIIe siècle.

Une autre voie, se dirigeant vers Châlons, passait par les Prâches, et s'ouvrait un peu plus loin sur le chemin de Gergeaux. Là, près de la rue Sainte-Catherine, avait été élevé, au XVIe siècle, un petit temple, ou prêche, où se réunissaient les calvinistes de la ville, et qui fut démoli, par ordre du roi, en 1685. Il était entouré d'un cimetière.

Au delà de la porte Florion se trouvait également le chemin de Bar-le-Duc. Celui-ci correspondait au faubourg de Verrières, ou rue Menut, et traversait, à la sortie de la ville, les deux bras de l'Auve au moyen de deux ponts, le premier appelé le pont d'Arche et le second le pont Matelot. Le chemin se poursuivait vers Bar-le-Duc par Verrières, Villers-en-Argonne, Brizeaux et Triaucourt[1]. L'entretien du pont d'Arche était à la charge des habitants de Verrières, qui, pour ce motif, étaient dispensés de payer le droit de tonlieu, lequel se percevait sur les forains les jours de foire[2].

Un peu en aval du pont d'Arche, sur le bras gauche de l'Auve, était l'antique moulin d'Amilaville, ou plus exactement d'*emmi-la-ville* (à l'intérieur de la ville).

Ce moulin, au sujet duquel Henrion, sire d'Argiers, transigea en 1299 avec l'abbaye de Saint-

1. *Archives de la Marne*, C. 1729.
2. *Antiquités de la ville de Sainte Manehould.*

Vanne de Verdun, et sur lequel Raoul d'Argiers, dit le Louvain, châtelain de Sainte-Menehould, accorda quelques privilèges, en 1351, au prieur de Chaudefontaine, fut donné aux jésuites de Reims, en 1688, par François de Cauchon, comte de Lhéry, gouverneur de cette ville[1]. Il fut dévoré par les flammes en 1719 et non rétabli.

Une imposition de 300000 livres, sur trois années consécutives, fut ordonnée sur les vingt généralités des pays d'élection pour être employée au rétablissement de la ville de Sainte-Menehould, laquelle, d'autre part, fut exemptée pour quinze ans du logement des gens de guerre[2].

Par ordre de Rouillé d'Orfeuil, intendant de Champagne, un plan général de reconstruction fut dressé par Philippe de la Force, ingénieur du roi pour la province, nommé en cette qualité en 1726.

D'après les lignes générales du projet, qui bouleversa la topographie de la vieille ville, la porte Florion était reportée sur le trajet de la rue actuelle du faubourg Florion; l'île d'Argers était supprimée, les deux bras de rivière qui l'entouraient étant remplacés par un canal unique avec un seul pont; l'hôtel de ville, la halle et les maisons voisines faisaient place à une belle esplanade rectangulaire, et, conception audacieuse, une cité nouvelle était projetée à l'est de la ville, hors les murs. Celle-ci devait comprendre une place Royale, un bel hôtel de ville, et des rues régulières tirées au cordeau.

Le plan en question comportait, non seulement le

1. *Archives de la Marne*, D. 129.
2. *Archives de la Marne*, C. 680 et 1311.

maintien des anciens remparts, mais la transformation du Château en citadelle par la construction de trois vastes casernes sur l'emplacement de ses rues. Il prévoyait en outre la création d'une nouvelle enceinte, munie de cinq bastions, et entourant à la fois le Château et la ville neuve. Le projet n'eut, sur ce point, aucune suite, car il fut décidé qu'on ferait dorénavant de Sainte-Menehould une ville ouverte.

Bien qu'on reconnut que la partie la plus saine de la ville était celle qui avoisinait le Châtelet, il fut interdit de reconstruire de ce côté. Des terrains furent concédés à tous les incendiés, au prorata de leurs pertes, dans des endroits dont le choix fut laissé à l'Administration. On considéra comme usurpation la reprise par d'anciens propriétaires, sans concession nouvelle, des emplacements qu'ils avaient occupés avant l'incendie[1].

Une même hauteur d'étages, des combles mansardés, un même style architectural et l'emploi exclusif de la pierre et de la brique rouge dans les façades donnèrent à l'ensemble de la ville un caractère particulier d'élégance et d'unité. Ces mesures, adoptées conformément aux dessins de l'ingénieur de la Force, furent rendues obligatoires par ordonnance de l'intendant et par arrêté du conseil de ville[2].

Pendant les travaux de réédification eut lieu, le 17 août 1725, le passage de Marie Leczinska, fille du roi de Pologne, future reine de France. Elle était

1. *Archives de la Marne*, C. 682.
2. *Archives de la Marne*, C. 681.

accompagnée de Mlle de Clermont et passa la nuit dans la maison du sieur de Vaux, « gentilhomme à Chaalons[1]. » Cette maison était située rue des Capucins.

On fit à la future reine mille politesses. Une chasse au cerf avait été organisée par le comte de Joyeuse, lieutenant général de Champagne, le long de la route des Islettes, au moment du passage des voitures. Un arc de triomphe décorait la porte des Bois.

Après l'arrivée de Sa Majesté, le grand-maître des cérémonies introduisit dans sa chambre les officiers des différentes juridictions de la ville, « *qui haranguèrent la reine à genoux, suivant la coutume*[2]. » Le soir, la reine fut servie à table par la maréchale de Boufflers, au milieu d'un grand concours de monde, admis à la voir à son petit couvert. Après le repas, un feu d'artifice « d'un effet merveilleux » fut tiré au Château, au bout d'une avenue de branchages, parsemée de « lamperons », qui partait de la chambre de la reine.

Le lendemain, à six heures, la future souveraine alla, avant son départ, entendre la messe dans la chapelle des Dames Religieuses, et sortit ensuite de la ville, escortée jusqu'à la distance d'une lieue par un escadron des dragons de Bonnelles. Elle s'arrêta à Poix pour y dîner et coucha la nuit suivante à Châlons.

---

1. *Antiquités de la ville de Sainte Manehould.* — Le même manus crit, à une autre page, dit que ce fut dans la maison du sieur Gargan, receveur du grenier à sel. Peut-être l'un était-il propriétaire de l'immeuble, et l'autre locataire.

2. Le chevalier Daudet de Nismes, ingénieur géographe de Leurs Majestés, qui publia une relation du voyage, enregistre ce détail avec sérénité.

Lorsque Mlle de Clermont, allant au-devant de la fiancée du roi, était passée à Sainte-Menehould, le 3 août précédent, elle fit son entrée au bruit des tambours et de l'artillerie et, au moment de son départ, reçut du sieur de Lescalopier une outarde, un chevreuil et un marcassin. Les capucins lui offrirent une corbeille de fleurs de leur jardin.

Le Pont-Neuf ou Pont-de-Pierre fut bâti de 1722 à 1724[1]. Tout près fut installée, en 1726, la boutique de Regnauld, libraire et imprimeur de la ville. En 1724, on construisit beaucoup au faubourg Florion et au faubourg des Prés. En 1726 fut commencée la place Royale ou place Louis XV, aujourd'hui place de l'Hôtel-de-Ville. Pour réunir la nouvelle ville à l'ancienne, les ingénieurs firent abattre la porte des Bois et combler le fossé qui régnait en avant de celle-ci.

La construction du nouvel hôtel de ville, qui fut élevé sur pilotis, coûta 107 026 livres[2]. La première pierre en fut solennellement posée, le 2 mai 1730, par le sieur de Lescalopier, conseiller au Parlement, fils aîné de l'intendant de Champagne. Le clergé assista à la cérémonie. Des violons jouèrent toute la nuit.

Ce bel édifice, en pierre et briques rouges disposés par lits alternés, se compose d'un grand corps de logis avec fronton central, ayant à chaque extrémité

1. Lors d'une réparation du Pont-de-Pierre, en mai 1869, on découvrit l'inscription suivante : D.O.M. LOVIS XV PAR LA GRACE DE DIEV ROY DE FRANCE ET DE NAVARRE FONDATEVR DV PONT DE Ste MENHOVLT EN L'ANEE 1724 CONDVIT PAR M. LOVIS DE GENNE INSPECTEVR DES TRAVAVX DV ROY ET PAR LE VÉNERABLE HOMME DE LA CHAVX ENTREPRENEVR EN CHEF SOVS L'APAREILLEVR N. OVDART P.O.R.

2. *Archives de la Marne*, C. 688.

une aile en retour d'équerre. Il est surmonté de combles brisés à la Mansard.

On y remarque au rez-de-chaussée, à droite, un beau salon du XVIIIe siècle, servant actuellement aux réunions du conseil municipal, et un autre salon réservé au maire de la ville. Ces deux pièces sont les restes de l'ancien appartement du roi, dans lequel logea, le 2 août 1744, Louis XV, se rendant à Metz. Comme au passage de Marie Leczinska, les bourgeois furent admis à voir le souverain à son petit couvert.

Au premier étage s'étendait, également à droite, la salle d'audience de bailliage, aujourd'hui occupée par le tribunal civil. La première audience du bailliage eut lieu, dans le nouveau palais, le 12 janvier 1734. Me Pellerin, avocat, plaida la première affaire[1].

Les plans de l'hôtel de ville sont dus à l'ingénieur Philippe de la Force, dont une rue voisine a conservé le nom[2].

Les premières maisons que l'on construisit alentour de la place Royale furent, sur le côté ouest, à partir de l'abreuvoir, les maisons ou hôtels d'Aincreville[3], Aubry, Waillon et Mathieu, ce dernier subdélégué. Après la ruelle s'élevèrent, dans la rue de la Force, les maisons Boileau, lieutenant général

1. *Antiquités de la ville de Sainte Manehould.* — La plus grande partie des détails qui précèdent sont tirés de ce manuscrit.

2. Cette rue s'est d'abord appelée rue de la Force. Pour bien préciser que cette dénomination était un hommage rendu à la mémoire de l'éminent ingénieur, la municipalité la remplaça, en 1908, par celle de : rue Philippe-de-la-Force.

3. L'hôtel d'Aincreville passa à la famille du Pin par le mariage de Lucie Vauchelet d'Aincreville avec Louis-Joseph du Pin (4 juin 1737).

au bailliage, Devont, conseiller au bailliage, Renart, conseiller au même siège, et de Gesne, receveur des tailles. L'immeuble occupé par le conseiller Renart passa dans la suite à Nicolas-Remy Le Sure, lieutenant général au bailliage, nommé, en 1789, député du tiers aux États-Généraux. Sur l'emplacement de la maison Aubry fut construit, au XIXe siècle, un hôtel qui, au début du second Empire, devint celui de la Sous-Préfecture. Daniel Aubry était, en 1727, président en la prévôté.

Du côté est de la place Royale furent bâties, à partir de la rue de la Porte-des-Bois, les maisons Picart, Buirette et Guiot. Dans la rue de la Porte-des-Bois, à la suite de l'hôtel actuel de la Caisse-d'Épargne, élevé sur l'emplacement d'un petit square, étaient les maisons Faciot et Pierret[1]. La maison de poste ne fut construite qu'en 1788.

Le première pierre du nouvel hôtel-Dieu fut posée le 25 juillet 1742. La chapelle date de 1748. Sur le fronton de celle-ci se remarquait un beau bas-relief exécuté par Jean Gosset, sculpteur à Rarécourt, et représentant la Charité, sous les traits d'une femme drapée à l'antique. Ce bas-relief fut détruit en 1793.

Il y avait, en dehors de l'hôtel-Dieu, une maison de charité, qui existait dès le XVIIe siècle et dont le personnel était chargé du soin des malades de la ville et de la distribution des secours à domicile. Cet établissement fut tenu, à partir de 1731, par des sœurs de Saint-Charles, qui, au nombre de trois,

---

1. Plan annoté de l'ingénieur de la Force.

furent appelées de Nancy à Sainte-Menehould. Les sœurs de Saint-Charles adjoignirent à la maison de charité, après la suppression du couvent des Dames Religieuses, un pensionnat de jeunes filles. Des religieuses de la même congrégation furent, en 1742, chargées du service de l'hôtel-Dieu.

En 1735 furent commencés les travaux de la route royale de Paris à Metz. Pour faciliter la traversée de la ville, on décida de percer en ligne droite, à travers le prolongement de la butte du Châtelet, une large voie qui fut appelée rue Florion et à l'extrémité de laquelle fut bâtie une nouvelle porte du même nom. Celle-ci fut démolie en 1746.

On avait réservé le lieu où s'étendit plus tard la place de Guise, et qu'on appelait alors les Mazures, pour la construction d'écuries destinées à la cavalerie de passage, mais le projet n'eut pas de suite[1]. Cette esplanade, aujourd'hui dénaturée, doit son nom au régiment de Guise-infanterie, alors en résidence à Sainte-Menehould, lequel prit une part active au nivellement du nouveau quartier Florion.

Les officiers de la garnison, pour occuper leurs loisirs, avaient installé un jeu de paume ou tripot presque en face du grenier à sel. On y accédait directement par la ruelle étroite du Tripot, qui existe encore, et qui est connue aujourd'hui sous le nom de passage de la Souricière. Du temps d'Hippolyte Thibaut, on appelait ce local le grand tripot de l'Auche.

Le Jard, qui occupe une partie de l'ancienne place

---

1. *Archives de la Marne*, C. 682

de la Halle, dite depuis place d'Austerlitz, fut planté en 1778.

Le dernier engagiste du domaine fut, en 1710, Roger Brulart, marquis de Puisieux. En 1775, les revenus de ces biens furent admodiés à Pierre Varroquier, avocat en Parlement, et, en 1785, à Louis Drouet, frère du conventionnel. Pierre Varroquier, à la qualité d'avocat, joignait le métier de marchand de grains. Il fut, à ce titre, chargé par entreprise de l'approvisionnement des magasins de l'État[1].

La municipalité avait coutume, suivant un usage anciennement établi, d'offrir chaque année quelques barils de dragées, soit aux personnes qui, à l'occasion, avaient rendu à la ville des services désintéressés, soit à des notables de marque, auxquels une considération particulière était due. Elle avait aussi coutume, au moment des étrennes, de faire présent d'un livre d'heures aux principaux officiers municipaux, ainsi qu'aux receveurs des trois administrations.

Conformément à cet usage, le conseil de ville crut pouvoir, en 1780, offrir au régent du collége, un « pot à oil » en argent massif, d'une valeur de 673 livres 17 sols. Cette dépense parut si exorbitante à l'intendant de Champagne, qu'il décida qu'à l'avenir la ville cesserait, non seulement de faire preuve d'une semblable munificence, mais de faire aucune espèce de présent[2].

En février 1784, dans la nuit du 26 au 27 février, eut lieu une si forte crue des eaux de la rivière que,

---

1. *Archives de la Marne*, C. 421.
2. *Archives de la Marne*, C. 689.

dans les parties basses de la ville, l'eau monta jusqu'à une hauteur de trois à quatre pieds, ce qui obligea un bon tiers des habitants à déménager. A sept heures du matin, le pont de la Porte-des-Bois fut rompu par les glaçons. Les dégâts, tant à Sainte-Menehould qu'à Lançon, se montèrent à 23.651 livres[1].

1. *Archives de la Marne*, C. 1982.

IX

(De 1789 à août 1792).

FUITE DE LOUIS XVI. — DROUET ET GUILLAUME

Les événements de 1789 bouleversèrent le traditionnel état de choses qu'avaient légué les siècles.

La ville devint, le 16 mars 1790, chef-lieu d'un district composé de quatre-vingt-cinq communes, qui furent divisées en neuf cantons. Ces cantons étaient ceux de Sainte-Menehould, Auve, La Neuville-au-Pont, Passavant, Saint-Mard-sur-le-Mont, Somme-Py, Verrières, Vienne-le-Château et Ville-sur-Tourbe [1].

Lors de la réorganisation départementale opérée en 1801, le nombre des communes de l'arrondissement se trouva réduit à quatre-vingts, par suite du rattachement de celles de Condé-lez-Autry et de Bouconville au département des Ardennes, et par l'annexion de Bellay à Tilloy, de Felcourt à la Chapelle, et de Melzicourt à Servon.

Le nombre des cantons fut réduit à trois : Sainte-Menehould, Dommartin-sur-Yèvre et Ville-sur-Tourbe.

La ville fut, le 21 juin 1791, le théâtre d'un événement qui fit date dans l'histoire.

La veille, 20 juin, un détachement de quarante hussards du 6e régiment, venu de Clermont, s'arrêta vers neuf heures du matin à l'auberge du *Soleil d'Or*, laquelle était située à l'angle de la place Royale et de

1. Le 8 octobre 1790 furent accordés par la municipalité, pour y établir les bureaux du directoire du district, « les locaux ci-devant occupés par MM. de l'Élection et par le bureau intermédiaire, à la réserve néanmoins de leur salle d'audience. »

la rue de la Porte-des-Bois, c'est-à-dire au coin de la place de l'Hôtel-de-Ville et de l'avenue Victor-Hugo actuelles. Ces cavaliers furent, par extraordinaire, hébergés aux frais de leur commandant. Requis par la municipalité de déclarer quel était l'objet de sa mission, celui-ci présenta des ordres signés Bouillé, portant que le détachement était chargé d'aller au devant d'un trésor destiné aux troupes de la frontière et qu'il serait remplacé le lendemain à Sainte-Menehould par un détachement de dragons, qui devait recevoir le trésor sur la route de Châlons.

Le 21, une heure après le départ des hussards, qui eut lieu entre sept et huit heures du matin, trente dragons du 1er régiment, commandés par deux officiers, le capitaine d'Andoins et le lieutenant de Lacour, se présentèrent à la même auberge du *Soleil d'Or* et s'y logèrent également aux frais de leur commandant.

Les deux officiers, qui paraissaient soucieux, s'avancèrent à pied sur la route de Châlons, assez loin de la ville, revinrent sur leurs pas et recommencèrent leur promenade, ce qui ne manqua pas d'attirer l'attention. Aucun trésor n'apparut sur la route.

Le soir, vers sept heures et demie, pénétra au trot par le faubourg Florion une grande berline à caisse peinte en vert et à roues jaune citron. L'intérieur en était tendu de velours blanc. Ce véhicule, qui de nos jours eut fait l'effet d'un monument, ne paraissait pas alors « autrement remarquable [1] » et n'excédait pas les dimensions habituelles des voitures de grands

1. Procès-verbaux de la municipalité. — Ces documents, qui servent de base principale à notre récit, sont reproduits *in extenso* au paragraphe XVI du présent volume.

seigneurs. Il était surmonté de deux coffres plats recouverts de cuir et d'une certaine quantité de cartons, que recouvrait une bâche. Par derrière étaient attachées deux malles. On sut depuis qu'une partie de ces caisses étaient vides.

La berline était attelée de six chevaux et précédée d'un cabriolet occupé par deux dames. Trois postillons étaient montés sur les chevaux de main. Deux valets, vêtus de vestes chamois dans lesquelles on reconnut la livrée de Condé, accompagnaient les voyageurs. L'un était assis sur le siège du cocher, tandis que l'autre, à cheval, suivait la voiture. Un courrier à même livrée, arrivé dix minutes auparavant, avait annoncé cet équipage et, en traversant la place, s'était maladroitement engagé dans la rue de la Force [1], au lieu de prendre à droite la direction du relai.

Les voitures s'arrêtèrent à la poste aux chevaux, qui occupait, rue de la Porte-des-Bois [2], une maison dans laquelle est aujourd'hui installée la gendarmerie. Cette maison, qui appartenait à la famille Drouet, avait été construite en 1788, ainsi que l'attestent de grands chiffres arabes en fer forgé, qui tracent ce millésime sur la façade. Une grande cour et un vaste jardin potager, qui ont subsisté, s'étendaient par derrière jusqu'à la rue des Rondes. On lit

---

1. Aujourd'hui rue Philippe-de-la-Force.

2. On appelait de ce nom, depuis la transformation de la ville après l'incendie de 1719, la partie de l'avenue Victor-Hugo actuelle, qui s'étend de la place de l'Hôtel-de-Ville au Pont-Rouge.

Près de ce pont était la nouvelle entrée de la ville faisant face à la forêt et qui, comme l'ancienne entrée, placée ci-devant à l'extrémité de la rue de la Grande-Auche, reçut le nom de porte des Bois. On l'appelait aussi la porte de Verdun.

encore, au-dessus de la porte cochère, le mot POSTE. Il était autrefois suivi de la qualification ROYALE, qui a été grattée.

Tandis que, au milieu d'un groupe inévitable de curieux, on amenait huit chevaux pour les voitures et qu'on en faisait avancer trois autres pour les cavaliers, le capitaine d'Andoins s'approcha de la berline, et, écartant plusieurs habitants et quelques dragons, dit à mi-voix quelques mots, non pas à la dame à laquelle semblait appartenir le véhicule et qu'on avait annoncée comme étant la baronne de Korff, se rendant à Francfort, mais au premier valet de chambre de celle-ci, gros homme à vue courte, ayant le nez long et aquilin et le visage bourgeonné [1]. Ce serviteur privilégié se mit du reste sans façon à la portière et ne parut attacher aucune importance à se laisser voir.

Le maître de poste, Jean-Baptiste Drouet, jeta un coup d'œil sur les voyageurs et remarqua le gros homme assis dans le fond de la voiture à gauche. Bien que celui-ci fut habillé d'un frac et d'un gilet bruns très simples et coiffé d'un chapeau rond, Drouet fut « frappé de la ressemblance de sa physio« nomie avec l'effigie d'un assignat de cinquante « livres », effigie qui était celle de Louis XVI. Il resta perplexe. « Craignant », — ajouta Drouet trois jours plus tard à la barre de l'Assemblée législative, — « d'exciter de fausses alarmes, étant tout seul, ne « pouvant consulter personne, je laissai partir les « voitures. »

Informé par le bruit public que des personnages

1. Louis XVI avait alors trente-sept ans.

suspects venaient de s'arrêter à la poste, Farcy, officier municipal[1], se détacha de ses collègues, alors réunis à l'hôtel de ville à l'occasion de la présence des dragons, et se rendit chez Drouet pour s'enquérir de ce qu'il avait pu remarquer d'extraordinaire concernant ces voyageurs. Drouet, dont les soupçons commençaient à se changer en certitude, répondit que l'un de ceux-ci lui avait paru être le roi, dépeignant à Farcy son nez long et aquilin, sa vue courte et son visage bourgeonné.

L'officier municipal, qui avait vu Louis XVI à Versailles, reconnut que Sa Majesté avait en effet le nez et la vue tels qu'il les décrivait, mais fit observer cependant qu'il n'avait jamais remarqué de boutons sur son visage. Drouet, qui se proposait, au moment de l'arrivée de Farcy, d'aller faire part de ses soupçons à la municipalité, fut encouragé dans cette idée par les assistants. Il suivit son interlocuteur à l'hôtel de ville et le chargea de transmettre au conseil la communication qu'il venait de lui faire.

Les officiers municipaux, quelque grande que fut leur surprise, n'eurent pas un instant d'hésitation. « Il n'y eut qu'une voix pour faire courir après le « carosse et le faire arrêter », non pas que les honnêtes royalistes qui composaient cette assemblée eussent même la pensée de suspecter la bonne foi de leur souverain, mais parce qu'ils considéraient celui-ci, en la circonstance présente, comme l'inconsciente victime de machinations ourdies par le général de Bouillé avec la connivence de l'étranger. Le départ

1. Jean-Charles-Edme Farcy fut nommé maire de Sainte-Menehould en 1791.

du roi ne pouvait être à leurs yeux que le prélude de la guerre et de l'invasion.

Le Conseil proposa au maître de poste lui-même la périlleuse mission de se lancer, le long d'une route sillonnée de détachements suspects, à la poursuite des fugitifs, mission que bon nombre de nos contemporains n'eussent vraisemblablement pas manqué de décliner. Drouet, avec la réconfortante conviction qu'il se rendait utile à la patrie, accepta sans hésiter cette lourde tâche.

Plusieurs jeunes gens s'offrirent pour accompagner Drouet[1], mais, comme il ne restait dans ses écuries que deux chevaux, le maître de poste dut se restreindre à ne prendre qu'un seul auxiliaire. Il fit choix d'un de ses amis, nommé Guillaume, employé dans les bureaux du directoire du district, et qu'il savait très bon cavalier.

Jean-Chrysostôme Guillaume, ancien dragon de la Reine, était alors âgé de vingt-deux ans. A peine rentré du service et encore célibataire, il lui eut été difficile, comme on le répète communément, de tenir une petite auberge où se serait vue sur l'enseigne une hure de sanglier, ce qui lui aurait valu le surnom de Guillaume la Hure ou de la Hure. L'honnête expéditionnaire était fils de Jean Guillaume, marchand traiteur, et de Jeanne Cottrez, qui précisément exploitaient à cette époque une auberge très achalandée, l'auberge de la *Hure*, située à l'entrée de la rue Florion, près du Pont-de-Pierre[2].

1. Claude Buirette, *op. cit.* — Neveu-Lemaire, *Arrestation de Louis XVI*.
2. Cette maison faisait le coin de la rue Florion et du quai Valmy actuel.

C'était donc Guillaume père, et non le commis du district, qui avait mérité le surnom en question. Si celui-ci fut quelquefois donné au fils, ce ne fut qu'accidentellement et par extension.

Un peu avant neuf heures du soir, c'est-à-dire une heure environ après le départ des voitures, le maître de poste et son compagnon partirent au galop dans la direction de Clermont. Ces citoyens dévoués, qu'animait une flamme patriotique et qu'accompagnaient les vœux du conseil de la commune, n'étaient munis d'aucune arme apparente. Il n'est pas inutile d'ajouter qu'ils ne songèrent pas un instant à faire sonner le tocsin, ce qui eut été superflu, et ce qui, du reste, ne rentrait pas dans leurs attributions.

Quelques instants avant le départ de Drouet, le capitaine de dragons, inquiet de la tournure que prenaient les événements, avait fait distribuer quelques vivres aux cavaliers. Il confia, par précaution, son portefeuille au maréchal des logis chef, nommé Lagache, et, devant l'agitation croissante du public, donna l'ordre de seller les chevaux. Un peloton de gardes nationaux qui entourait l'auberge ayant tenté de s'opposer à cette mesure, Lagache, qui se tenait à cheval sous la porte cochère, mit en joue l'officier de la garde nationale, au moment où celui-ci saisissait la bride de sa monture, et se précipita brusquement dans la rue.

Prenant au galop la route de Verdun, Lagache tira en l'air un coup de pistolet, soit par bravade, soit pour essayer de rallier les dragons encore arrêtés dans la cour de l'auberge. Cette démonstration intempestive ne produisit sur ceux-ci aucun effet, car personne ne bougea, mais elle eut pour résultat immédiat d'exaspérer la population, laquelle considéra comme un attentat contre sa sécurité le malencontreux coup de feu[1]. Six dragons, qui se trouvaient au faubourg Florion, ayant essayé de rejoindre leurs camarades, se virent barrer le passage du Pont-de-Pierre par un seul garde national, nommé Fenaux, ancien fourrier au régiment de Limousin.

En présence des réclamations de la foule, qui exigeait des armes pour se défendre, la municipalité, qui n'avait pas quitté l'hôtel de ville, y fit venir le capitaine d'Andoins. Cet officier, sommé de donner des explications sur l'objet réel de sa présence dans la ville, exhiba des ordres du général de Bouillé lui enjoignant d'attendre à Sainte-Menehould un convoi d'argent, qui devait arriver par la route de Châlons.

Ces ordres étaient ainsi conçus :

« De par le Roy

« François Claude Amour de Bouillé, lieutenant « général des armées du Roy, chevalier de ses « ordres, commandant et général de l'armée sur le « Rhin, la Meurthe, la Moselle, la Meuse, et pays « adjacens, frontières du Palatinat et du Luxembourg.

« Il est ordonné à un capitaine du 1er reg^{t} de Dra-

---

1. Lagache, après l'événement de Varennes, se réfugia à Commercy, où il resta caché. Il adressa, le 28 juin, à la municipalité de Sainte-Menehould, une lettre éplorée dans laquelle il exposait que, né de parents respectables et ayant servi pendant seize ans avec honneur, il faisait appel aux sentiments d'humanité du Conseil « pour le délivrer de la malheureuse position ou il se trouve » en raison d'une « démarche imprudente et naturelle à l'homme qui craint pour ses jours ». Il n'a, dit-il, commandé à ses hommes de monter à cheval que par les ordres du commandant du détachement. (*Archives municipales de Sainte Menehould.*)

« gons de partir avec quarente hommes dud. Régi-
« ment, le 19 de Clermont pour se rendre à Ste Méné-
« hould où il attendra le 20 où le 21 un convoy d'ar-
« gent qui lui sera remis par un Détachement du
« 6e Régiment de hussards, venant de pont de Somme-
« yesle, route de Châlons. Les Dragons et les che-
« vaux seront logés de gré à gré dans les auberges.
« Les frais pour la nourriture des chevaux seront
« remboursés au commandant du Détachement, et
« il sera donné à chaque Dragon 15 sols en outre de
« sa paie pour lui tenir lieu d'étape.

« Metz, le 14 juin 1791.

« Bouillé. »

La municipalité fit observer à d'Andoins que le délai que les hussards mettaient à revenir avec le trésor donnait de l'inquiétude et qu'il était indispensable que cet officier déclarât à l'instant s'il était vrai qu'il fut venu dans le seul dessein d'attendre ce trésor. D'Andoins répondit qu'il n'avait pas d'autre mission.

Par mesure de prudence, le Conseil demanda au commandant le désarmement des dragons, seul moyen, croyait-il, de ramener la tranquillité dans la ville. D'Andoins n'y consentit qu'à condition d'en être sommé par écrit. Cette formalité remplie, il ne fit aucune difficulté pour déposer à l'hôtel de ville les fusils, pistolets et sabres des cavaliers, ainsi que le harnachement des chevaux.

Le Conseil, ayant lieu de craindre que, malgré ces preuves de bonne volonté, il ne fut exercé des violences tant contre d'Andoins que contre de Lacour, décida de faire conduire ces deux officiers à la maison d'arrêt, laquelle était contiguë à l'hôtel de ville[1].

On apprit peu après à la mairie, par un exprès envoyé de La Neuville-au-Pont, que soixante à quatre-vingts hussards, arrivant de Champagne, venaient de passer en cette commune et qu'ils se faisaient conduire à Varennes. On ne douta pas que ce ne fussent les cavaliers qui devaient repasser par Sainte-Menehould et, dans la crainte d'une attaque, on fit barricader avec des charrettes les issues de la ville. Ordre fut également donné de mettre des lumières aux fenêtres, pour parer à toute éventualité.

Vers dix heures, l'inquiétude s'étant emparée de la population au sujet du sort du maître de poste et de son compagnon, trois habitants furent autorisés à se porter à cheval au secours de ceux-ci. C'étaient le sieur Legay, ancien contrôleur au grenier à sel, et deux gendarmes, nommés Lepointe et Collet. Ce dernier était originaire de Villers-en-Argonne.

---

1. D'Andoins, réintégré dans son grade par l'Assemblée Nationale, écrivit de Paris, le 20 septembre, pour réclamer, ainsi que fit de son côté le lieutenant de Lacour, son sabre qui avait été déposé sur le bureau de l'hôtel de ville.

Ayant cru pouvoir, en tête de sa lettre, rappeler aux officiers municipaux que ceux-ci « réunirent sur sa tête plus d'un genre de vexations », il s'adressa de la part du conseil de la commune la verte réplique qui suit :

« Vous avez, Monsieur, très mauvaise grâce de nous accuser de vexation à votre égard. Vous feignez d'oublier sans doute que vous ne devez la conservation de vos jours qu'au péril où nous avons exposé les nôtres. Nous aimons à croire que vous ne vous êtes servi de cette expression impropre, que pour nous donner occasion de vous rappeler le danger que vous auriez couru sans les sages précautions que nous avons prises et pour lesquelles nous aurions du attendre de votre part, sinon de la reconnaissance, au moins des réflexions dictées par la prudence et par la vérité ». (*Archives municipales de Sainte-Menehould.*)

Par un fatal oubli, le peloton de gardes nationaux placé à la sortie de la ville, près du Pont-Rouge, ne fut point avisé de cette décision. Apercevant, dans la demi-obscurité, des cavaliers qui s'avançaient sur eux à bride abattue, les hommes de garde les prirent pour des dragons qui cherchaient à fuir et firent une décharge générale. Collet tomba de cheval, mortellement frappé d'une balle à la tempe. Legay eut deux doigts emportés et Lepointe eut son chapeau troué par deux balles. Dans la bagarre un garde national, nommé Veyrat, eut la jambe cassée par un projectile[1]. De tous côtés s'élevèrent les cris : «Aux armes ! Nous sommes trahis ! »

Le directoire du district, dont les membres s'étaient mis à la disposition de la municipalité, fit distribuer à la population des fusils qui lui avaient été envoyés, deux jours auparavant, pour les répartir entre les gardes nationales de la circonscription. Le conseil de la commune, de son côté, dans le but d'avertir les municipalités voisines de l'imminence du péril, donna l'ordre de sonner le tocsin. Le reste de la nuit se passa à distribuer des munitions et à faire cuire du pain, en prévision de l'affluence qui, avant peu d'heures, ne pouvait manquer de se produire.

L'hôtel de ville regorgeait de citoyens armés. Vers minuit arriva en voiture, à l'entrée du faubourg Flo-

---

1. Cet incident dramatique se passa, non pas, comme on l'a dit, sur la place de l'Hôtel-de-Ville, car les gardes nationaux qui étaient en faction près de l'auberge du *Soleil d'Or* savaient mieux que personne qu'aucun dragon n'en était sorti, mais dans la rue de la Porte-des-Bois. Les coups de feu, partis du Pont-Rouge, furent tirés dans l'axe de cette rue et dans la direction de la place de l'Hôtel-de-Ville.

rion, un voyageur qui, escorté par les gardes nationaux, fut amené à la mairie. Ce voyageur fut reconnu pour être le sieur Viet, maître de poste à Châlons, précédant le sieur Bayon, commandant du bataillon de Saint-Germain pour M. de Lafayette. Celui-ci, envoyé par l'Assemblée Nationale à la poursuite du roi, avait craint, par suite d'un excès de fatigue, de ne pouvoir arriver à temps à Sainte-Menehould. Viet était porteur d'un décret de l'Assemblée ordonnant à tout bon citoyen de faire arrêter une berline à six chevaux, dans laquelle on soupçonnait être le roi, la reine, Madame Élisabeth, le dauphin et Madame Royale.

Bayon, accompagné de Romeuf, arriva lui-même quelques instants après. Mis au courant des événements de la soirée, il se contenta de faire viser son passeport et se dirigea sans retard sur Clermont. Il ignorait, comme tout le monde, la direction définitive qu'avait prise la voiture.

Le même soir, vers onze heures, Drouet et Guillaume, après une course à toute bride, se trouvaient à Varennes. Ils avaient appris, entre les Islettes et Clermont, par les postillons qui, après avoir relayé, revenaient à Sainte-Menehould, que la berline signalée avait quitté la route de Verdun, pour prendre, à gauche, celle de Varennes. Grâce à des chemins de traverse inconnus, qui leur permirent d'éviter Clermont [1], ils arrivèrent à Varennes presque aussitôt que celle-ci et la côtoyèrent lorsqu'elle était arrêtée à l'entrée de la petite ville, en face d'une maison

1. On suppose qu'ils passèrent par le lieu dit le Pas-de-Vache et que, de là, ils gagnèrent Lochères.

alors habitée par Jean-Baptiste-Louis de Bigault de Préfontaine, capitaine d'artillerie en retraite, maison qui porte actuellement le n° 319 de la rue de l'Hôtel-de-Ville. En passant près de la berline, Drouet et son compagnon, qui avaient ralenti le pas pour ne pas éveiller les soupçons, causèrent entre eux comme s'ils étaient des marchands de chevaux allant à la foire de Grandpré [1].

Drouet, quelques pas plus loin, aperçut de la lumière à l'auberge du *Bras d'Or* [2]. Il tira l'hôtelier à l'écart et lui demanda s'il était bon patriote. Celui-ci répondit : « N'en doutez pas. » — « Eh bien ! « répliqua Drouet, le roi est en haut de Varennes, « il va passer. Courez vite et rassemblez tout ce que « vous connaissez de bons citoyens pour l'en empê- « cher. » — « Nous avions envie, mon camarade « et moi, écrivit plus tard dans le *Journal des Clubs* « le maître de poste de Sainte-Menehould, de sonner « l'alarme, mais nous réfléchîmes que, si nous le « faisions, le roi pourrait retourner au galop avant « qu'il y eut personne en état de s'y opposer, et par « là nous échapper; nous allâmes au pont, seul « endroit par où il pouvait passer, nous y trou- « vâmes fort à propos une voiture chargée de vieux « meubles ; nous nous en servîmes pour barrer le « pont ainsi que d'autres voitures que nous prîmes « aux environs ; tout cela fut fait en moins de temps « qu'il n'en faut pour le raconter... Ensuite nous « courûmes chez le maire et le commandant de la « garde nationale ; en moins de cinq minutes ils

1. *Journal des Clubs*.
2. Cette auberge, qui n'existe plus, était attenante à la tour de l'Horloge et immédiatement à la suite de celle-ci.

« furent réunis à huit ou dix personnes armées...
« Nous allâmes tous au devant de la voiture qui
« descendait la rue; on la fit arrêter. »

Nous ne raconterons pas — ces faits étant étrangers à l'histoire de Sainte-Menehould — comment les voyageurs de la berline, arrêtés près de l'auberge du *Bras d'Or*, furent invités par Sauce, procureur de la commune de Varennes, à présenter leurs passeports; comment ces voyageurs furent conduits dans le modeste logis de Sauce, qui leur offrit l'hospitalité; comment enfin ces personnages étranges, sur lesquels ne planaient jusque-là que des soupçons, furent reconnus pour être le roi, la reine, le dauphin, Madame Royale, sœur de celui-ci, et Madame Élisabeth.

Le passeport collectif dont ils étaient munis avait été délivré au nom de Mme de Korff, veuve du baron de Korff, ancien colonel au service de la Russie. Avec celle-ci, que représentait Mme de Tourzel, voyageaient les deux enfants de la baronne, Amélie et Aglaé (le dauphin étant déguisé en fillette); — la gouvernante des enfants, Mme Rochet (la reine); — une demoiselle de compagnie, Mlle Rosalie (Madame Élisabeth); — un valet de chambre, Durand (le roi); et trois domestiques: François (de Valory), Saint-Jean (de Malden) et Melchoir (de Moustier)[1]. Ces trois derniers étaient d'anciens gardes du corps, vêtus pour la circonstance de défroques provenant de la livrée de Condé. Les deux dames qui occupaient le cabriolet étaient des femmes de service (Mmes de Neuville et Brunier). De Valory remplissait

1. Relations de la duchesse d'Angoulême et de Mme de Tourzel.

entre Châlons et Varennes le rôle de courrier; de Moustier se tenait sur le siège du cocher; de Malden escortait la voiture.

La principale cause de l'arrestation du roi, on pourrait dire la seule, puisque jusque-là les fugitifs avaient évité tous les obstacles, fut le cri malencontreux : « Route de Varennes! » lancé par de Moustier, lorsqu'on quitta Clermont, au conducteur du cabriolet qui précédait la berline.

Cet ordre, qui eut pu se donner avec quelques précautions, fut entendu par les postillons qui venaient de relayer et qui allaient repartir pour Sainte-Menehould. Rencontrant en route Drouet et Guillaume, qui se disposaient à prendre la route de Verdun, ils avertirent ceux-ci du changement de direction opéré par le véhicule et déterminèrent ainsi sa capture. Il serait du reste à peine croyable que le maître de poste et son compagnon, montés sur des chevaux déjà fatigués et suivant, la nuit, à travers bois, des chemins détournés, aient pu gagner du terrain sur six chevaux de poste frais, trottant sur la grande route, s'il n'était établi que les fugitifs, ignorant où se trouvait le relai et ne découvrant personne qui put les renseigner à ce sujet, perdirent un temps précieux à l'entrée de Varennes[1].

Drouet et Guillaume, dès que l'arrestation du roi fut assurée, reprirent le chemin de Sainte-Menehould. Ils reparurent dans leur ville natale à quatre

1. Des chevaux les attendaient au delà du pont, à l'auberge du *Grand Monarque*. Ceux-ci étaient gardés par deux jeunes officiers, les s^rs de Bouillé fils et de Raigecourt, qui attendaient vainement depuis quatorze heures l'arrivée du courrier précédant la voiture royale.

heures du matin, apportant au conseil de la commune la nouvelle impatiemment attendue de l'heureux résultat de leur mission.

Le même jour, 22 juin, la famille royale, après divers incidents qui attirèrent à Varennes un nombre considérable de citoyens armés, fut ramenée à Sainte-Menehould, escortée d'environ quatre mille gardes nationaux, des dragons de Clermont et d'une foule de plus en plus houleuse à mesure qu'on avançait. Les trois gardes du corps, couverts de poussière, étaient assis sur le siège de la berline.

La voiture s'arrêta à la porte des Bois, près du Pont-Rouge [1], lieu où les souverains durent subir deux harangues, prononcées, l'une par le maire Dupin de Dommartin, et l'autre par le premier officier municipal Deliège. Ceux-ci les félicitèrent de leur retour et exposèrent au roi « les alarmes qu'il venait « de causer à l'empire par une absence sollicitée « par des conseillers indignes de son estime comme « de celle de la nation et que condamnait son propre « cœur ».

On conduisit ensuite les souverains à l'hôtel de ville où, vers une heure et demie, la municipalité leur fit servir, non un repas plantureux qu'il eut été extraordinaire de trouver tout prêt, mais un simple « rafraîchissement » et quelques gâteaux. Le roi, suivant une tradition de famille, prit dans une écuelle d'argent [2] un peu de bouillon qu'on alla chercher au *Soleil d'Or* chez la dame Faillette. Le mari de

---

1. C'était alors un simple pont de bois qui, en 1908, a été remplacé par un pont en pierre et fer.

2. Cette écuelle, munie de deux ailes plates permettant de la prendre sans se brûler, est actuellement en la possession de

celle-ci, Louis Faillette, que le séjour des dragons avait rendu suspect, avait été, sans qu'aucune instruction judiciaire eût été ouverte contre lui, incarcéré, ainsi que d'Andoins et de Lacour, à la prison du district. Il ne fut relaxé qu'au bout d'un mois et demi, à la suite de démarches pressantes faites par la municipalité près de l'Assemblée Nationale[1].

Madame Royale mangea quelques cerises, que le cavalier de la maréchaussée Lepointe était allé chercher. Le vin qui figura sur la table du roi fut livré par le sieur Drouet-Legay, dont le mémoire pour cette fourniture s'éleva à 73 livres[2].

Après ce semblant de déjeuner, qui eut lieu dans le grand salon du rez-de-chaussée, le roi, pour satisfaire aux exigences du peuple, se laissa conduire au premier étage et parut à la fenêtre qui surmonte la porte d'entrée. La reine l'accompagna, tenant le dauphin par la main. On salua les souverains par ces cris jadis inconnus : « Vive la Nation ! vivent les Patriotes ! »

Sur la place Royale et dans toutes les rues adjacentes se pressait une foule compacte, composée en grande partie de gardes nationaux, et qu'on évalua à quinze mille personnes. Beaucoup de spectateurs étaient armés de fusils. D'autres avaient des piques, des haches, des fourches et même des faulx. On entendait à chaque instant les cris : « Voilà Bouillé qui arrive ! En voiture ! En voiture ! »

Mme Vve Colson-Brouchot. Faillette fit graver sur ce récipient cette inscription : *A Sainte Menehould Louis XVI ramené prisonnier a pris un bouillon dans cette écuelle le* 21 *juin* 1791. La date 21 a été mise pour 22.

1. Délibération du 3 août 1791.

2. *Archives municipales de Sainte-Menehould.*

Ces injonctions devenant de plus en plus menaçantes, on décida, par prudence, de faire repartir les fugitifs. Il était alors à peu près trois heures. En traversant une salle de l'hôtel de ville, salle qui sert actuellement d'antichambre au salon du Conseil et dans laquelle s'ouvrait alors un guichet donnant sur la chapelle de la prison, la reine remarqua à cette étroite ouverture des individus qui regardaient. Ayant appris que c'était des prisonniers, elle leur fit distribuer cinq louis, auxquels le roi en ajouta dix autres.

Au moment où la voiture se mit en marche, un gentilhomme des environs de Sainte-Menehould, Anne-Elzéar Duval, comte de Dampierre, baron de Hans [1], qui était à cheval et muni d'un fusil de chasse, se trouvait posté à l'angle de la rue de l'Abreuvoir. Il salua la famille royale en présentant son arme. Le comte, ancien officier, était âgé de quarante-huit ans. Il portait ce jour-là une redingote grise, un chapeau galonné et des bottes à revers [2]. La croix de Saint-Louis était attachée à la boutonnière de son habit. Deux pistolets étaient passés à sa ceinture.

Étant parvenu, par la rue des Capucins, à rejoindre une deuxième fois la voiture près de la place de la Halle, aujourd'hui place d'Austerlitz, le cavalier renouvela son salut en déclinant cette fois son nom et sa qualité. Malgré le conseil officieux qu'on lui donna de ne pas provoquer plus longtemps l'effer-

---

1. Du Val de Dampierre : *De gueules à la tête de licorne d'argent.* — Elzéar de Dampierre était un descendant direct de Duval de Mondreville, gouverneur de Sainte-Menehould en 1580. Le nom patronymique de cette famille, qui remonte à Étienne Duval, riche bourgeois de Caen, anobli en 1548, s'est écrit indifféremment Duval, du Val et même du Walck.

2. Neveu-Lemaire, *op. cit.*

vescence populaire, celui-ci s'obstina à escorter la voiture royale.

A deux kilomètres de la ville, au delà de la côte de la Grèverie, s'étend l'ancienne carpière du Ru, alors occupée par un pré marais[1]. Arrivé en cet endroit, que signale au nord et à une dizaine de mètres de la route un saule isolé dans un petit pré, le comte de Dampierre fut violemment repoussé par des paysans, qui le forcèrent à s'écarter de la voiture. Il quitta la grande route comme à regret et, après avoir, suivant Claude Buirette, témoin oculaire, tiré en l'air un coup de fusil, mit son cheval au galop sur la levée d'un fossé peu profond qui bordait l'ancien étang et qui conduisait à la rivière d'Auve le trop-plein des fontaines de Tourasson.

Le comte était, dit un autre spectateur, Jean-François Thoury, « monté sur un cheval en état de « faire deux lieues en une heure, mais il n'allait « qu'au pas et semblait s'éloigner à regret. A peine « eut-il fait deux cents pas dans les terres qu'on « entendit les coups de fusil partir sur lui de tous « côtés; mais il ne tombait pas et n'en allait pas plus « vite ; alors je vis un jeune homme nommé Gallois « et plusieurs autres courir sur lui le sabre à la « main[2]; ce Gallois l'attaqua le premier et lui porta

---

1. Cette carpière, qui appartenait aux Jésuites de Chaudefontaine, existait encore en 1737, date à laquelle on en répara le pont. (*Archives de la Marne*, C. 1569.)

2. Neveu-Lemaire dit que ce paysan était monté sur un cheval de hussard qu'il avait pris la veille près de Varennes. Excité par les cris de ses camarades, il s'élança à la poursuite du comte et lui brisa les reins d'un coup de fusil. Le comte chancela et retomba en arrière, tandis que son cheval se cabrait et s'arrêtait. Le paysan se précipita le sabre nu et désarçonna le comte de Dampierre, qui en vain demanda grâce à genoux.

« un coup de sabre sur la tête. Le comte retira un « mouchoir blanc, qu'il tint sur sa blessure avec les « deux mains; mais le scélérat lui porta un second « coup qui lui coupa les deux mains sur la tête, et « alors je le vis tomber près d'un fossé. Le roi et la « reine virent tout cela de leur voiture[1]; mais que « pouvaient-ils faire? Après la chûte du comte, ces « misérables tirèrent plus de vingt coups de fusil sur « son cadavre[2] ».

On retrouva dans les poches de la victime un étui contenant cinquante louis d'or, ce qui permet de croire que les assassins, s'ils firent preuve d'une sauvagerie inouïe, n'étaient cependant pas des voleurs. Les pistolets étaient restés chargés. Le fusil seul disparut.

Les restes de l'ancien officier furent inhumés dans le cimetière de Chaudefontaine, commune sur le territoire de laquelle le drame s'était passé. Ils furent exhumés, le 17 octobre 1821, en présence de quatre anciens serviteurs du comte, qui avaient procédé à sa toilette funèbre et l'avaient enseveli. On trouva, dit le procès-verbal, un cercueil de bois de chêne presque entièrement pourri. Ce cercueil renfermait des ossements sur lesquels Pierre-Ponce Bouqueau, officier de santé à Valmy, releva plusieurs fractures au pariétal gauche et à l'occiput, causées par des coups de feu, une autre fracture à la mâchoire inférieure, et d'autres encore au sternum, aux omoplates et aux côtes.

Les témoins ayant rapporté que la montre du

1. Du moins le narrateur le supposa.
2. J.-F. Thoury, *Mémoires*, publiés par Charles Bloy. — Cf. Buirette, *Histoire de la ville de Sainte-Menehould*, liv. VII.

comte de Dampierre avait été brisée sur lui par une balle, on retrouva à la hanche gauche un petit morceau de cuivre qui en provenait.

Les restes du comte de Dampierre, mis dans un cercueil neuf en bois de peuplier, furent transportés le lendemain dans l'église de Hans et déposés dans le caveau de sa famille. Leur présence y est signalée par une dalle portant l'inscription qui suit :

SOUVENEZ-VOUS DANS VOS PRIÈRES DE MESSIRE ANNE ELZÉAR DUVAL COMTE DE DAMPIERRE BARON DE HANS MORT VICTIME DE SA FIDÉLITÉ SOUS LES YEUX DU ROI LOUIS XVI A SON RETOUR DE VARENNES LE 22 JUIN 1791 ET QUI EST INHUMÉ DANS CETTE ÉGLISE TOMBEAU DE SES ANCÊTRES.

Une enquête judiciaire fut ouverte au sujet de la scène tragique dont nous venons de relater les détails. Les auteurs qui, suivant Claude Buirette et Neveu-Lemaire, habitaient les communes de Passavant, La Neuville-au-Pont, Somme-Yèvre, Hans et Braux-Sainte-Cohière, en furent rapidement découverts, mais ils bénéficièrent d'un décret d'amnistie rendu en faveur de tous ceux qui avaient pu se rendre coupables de crimes ou de délits à l'occasion de l'arrestation du roi. Les documents relatifs à l'instruction de cette affaire furent brûlés, en 1793, par ordre du comité de surveillance du district de Sainte-Menehould.

Le lendemain, 23 juin, vers six heures du matin, un homme, qui était accompagné d'un gendarme inconnu, arriva au galop et trempé de sueur sur un cheval de poste et se présenta à l'hôtel de ville. Il annonça que Varennes était au pillage et que les

Autrichiens faisaient un terrible carnage de ses habitants.

La municipalité rassembla immédiatement la garde nationale, fit sonner le tocsin et détacha plusieurs courriers sur Clermont et sur Varennes.

Elle apprit, quelques heures plus tard, que tout était tranquille dans ces deux petites villes et qu'elle avait été trompée par un imposteur. Ce triste personnage ne borna pas à Sainte-Menehould le théâtre de ses exploits. Colportant ou faisant colporter jusqu'à Rethel et à Reims de sinistres nouvelles, il détermina la mise en marche des gardes nationales de ces deux villes. On dut faire rétrograder les détachements et renvoyer, avec des témoignages de gratitude, les secours en hommes et en vivres qui affluaient de toutes parts.

Jean-Baptiste Drouet, qui avait six pieds de haut et qui, — disait son antagoniste le comte de Fersen, — « serait assez bien de figure s'il n'était pas un si « grand scélérat », n'avait que vingt-huit ans en 1791. Il était né à Sainte-Menehould, le 8 janvier 1763, de Joachim-Nicolas Drouet[1], marchand de bois, et de Marguerite Raulin. Le mariage de ceux-ci avait eu lieu le 21 juin 1746.

Joachim Drouet avait deux frères, Claude et Jean-Baptiste. Il mourut en 1770, laissant quatre enfants en bas âge; deux fils, Louis et Jean-Baptiste, et deux filles, dont l'une, Catherine-Félicité, épousa Jean-Baptiste Vauthier[2]; l'autre devint religieuse de Saint-Charles à Nancy.

1. Ce nom s'écrivait alors avec un tréma sur l'u : Droüet.
2. Leur fils Joachim Vauthier, officier supérieur en retraite, officier de la Légion d'honneur, mourut le 15 septembre 1853.

Après la mort de Joachim Drouet, sa veuve sollicita et obtint le brevet de maîtresse de poste à Sainte-Menehould. Louis, son fils aîné, était un honnête bourgeois de la ville et y jouissait de la considération générale. Avec la caution de sa mère, il se rendit adjudicataire pour neuf années, à partir du 1er septembre 1785, des revenus du domaine de la seigneurie, moyennant 962 livres 13 sols de fermage annuel[1].

Il se passa à la poste de Sainte-Menehould, le 26 août 1781, un incident demi-tragique dont le futur auteur de l'arrestation du roi, alors âgé de dix-huit ans, fut, non le héros, mais la victime, incident dont l'intendant des Postes, Rigoley d'Ogny, fit à l'intendant de Champagne, Rouillé d'Orfeuil, le rapport qui suit :

« Paris le 17 aoust 1781.

« Monsieur,

« La vve Drouet maîtresse de poste de Ste Mene-
« houldt représente que le 26 du mois der il est
« passé à sa poste un équipage appartenant à M. le
« baron de Linden et à M. le vicomte de Belloy. Cet
« équipage étoit composé d'une berline à 6 che-
« veaux, d'un à 4 et d'un cabriolet précédé d'un avant
« courrier. Pendant que son fils donnait des ordres,
« et s'employait à rélayer et faire relayer, il fut
« assally par quatre nègres de ces Messieurs qui le
« prirent au collet avec fureur dans le moment où
« l'on atteloit le dernier cheval, il leur observa qu'il
« ne pouvoit aller plus vite, et qu'il n'étoit pas fait
« pour essuyer leurs mauvais traitements. Ils

---

1. *Archives de la Marne*, C. 3003.

« levèrent sur lui la canne, et les sabres dont ils « étoient armés, il ne put éviter ces indignités qu'en « se sauvant dans une auberge voisine[1], ou l'un « d'eux le suivit, et lui donna un grand coup de « sabre dont il a été grièvement blessé; au moment « ou ce coup fut porté, ces seigneurs sortirent de « leur voiture, en criant avec fureur, où est cet « homme que je lui brûle la cervelle, et comme cha- « cun étoit armé d'un pistolet et d'un sabre, son fils « a été exposé à perdre la vie. Elle a fait dresser « procès verbal de ces faits par un commissaire de « police, elle joint celui du chirurgien qui a visitté « son fils, qui constate qu'il a reçu au bras un coup « qui lui a causé une contusion considérable; cette « maîtresse de poste ajoute que ces MM. étoient au « nombre de onze et cinq postillons, et n'ont payé « que 14 chevaux au lieu de 16. Elle demande les « 5 ᵗᵗ qui lui reviennent: voulés vous bien, Monsieur, « faire vériffier cette plainte, afin que je puisse pro- « curer à cette maîtresse de poste la justice qu'elle « demande.

« Je suis avec un sincère et respectueux atta- « chement

« Monsieur

« Votre très humble et très obéissant ser- « viteur.

« Rigoley d'Ogny.

« M. Rouillé d'Orfeuil. »

La plainte adressée au conseil des Postes par la veuve Drouet fut transmise par l'intendant de Cham-

1. Au *Soleil d'Or*.

pagne au subdélégué Mouton, qui procéda à une information. Il fut reconnu « que pendant que le « s^{r} Drouët, fils de la maîtresse de poste, donnoit des « ordres pour relayer et qu'on atteloit le dernier che- « val, quatre nègres de cet équipage ont fait mine de « battre un postillon; que le s^{r} Drouët fils leur ayant « représenté qu'ils ne le devoient pas, ils se sont « jettés sur lui, l'ont pris au collet, et l'ont maltraité « à coups de canne et de couteaux de chasse; que, « s'étant sauvé dans une auberge voisine, un des « nègres l'y a suivi et lui a porté un coup de sabre « sur le bras gauche; qu'ensuite les deux seigneurs, « qu'il ne connaissoit pas de noms, sont sortis de « leurs voitures en criant « où est cet homme que je « lui brûle la cervelle »; que l'un d'eux, qui a une « cicatrice considérable au bas de la joue, a couru « sur led. Drouët, son pistolet à la main; qu'ils ont « été empêché par la femme et les filles de l'auberge; « que malgré ce secours, un des nègres a cherché « de nouveau led. Drouët, disant qu'il voulait lui en « donner encore; qu'il ne leur avoit pas paru mériter « ces mauvais traitements, parceque l'esclandre est « arrivée au moment où on mettoit le dernier cheval; « que cependant led. Drouët s'étoit annoncé comme « fils de la maîtresse de poste, et donnant des ordres « pour la promptitude du service, et que cette affaire « avait excité une telle rumeur dans la ville que le « commissaire de police avoit du verbalisé ».

« Il seroit, — ajoutait le subdélégué, — d'une dan- « gereuse conséquence de laisser de pareils excès « impunis : le service des maîtres de poste seroit « bien dur s'ils étoient exposés aux vivacités des « voyageurs.

« Le s[r] Drouët auquel j'ai communiqué mon pro-
« cès verbal a conclu au bas d'iceluy à ce que ces
« seigneurs fussent condamnés à payer 7# 10[s] pour
« les deux chevaux non payés, et en 100# de dom-
« mages intérêts aplicables à l'hôtel Dieu.

« Quant à ce qu'il repete pour les chevaux, en
« ayant fourni la quantité qu'il prétend, il paroit
« juste que les 7# 10[s] lui soient rendus[1] : en ce qui
« touche les dommages intérêts, la somme me paroit
« forte : il n'a été que quelques jours privé de l'usage
« du bras sur lequel il a reçu le coup de sabre; et
« quand il auroit suporté quelques frais de panse-
« ment, ils ne pourroient jamais monter à 100#;
« d'ailleurs, comme il en consent l'aplication à
« l'hôtel Dieu, on peut les diminuer; ainsi j'estime
« qu'il y a lieu d'opiner par M. l'Intendant à ce que
« M. le baron de Linden et M. le vicomte de Belloy
« soyent condamnés à payer à la v[ve] Drouët maî-
« tresse de poste en cette ville la somme de 7# 10[s]
« pour la course des deux chevaux réclamée et en
« cinquante livres de dommages intérêts, aplicables,
« de son consentement, à l'hôtel Dieu de Ste Mane-
« hould.

« A Ste Manehould le 24 7bre 1781.

« Mouton[2]. »

Jean-Baptiste Drouet, après avoir servi dans les dragons de Condé, épousa à Bar-le-Duc, le 15 janvier 1789, Jeanne Le Bel, dont il eut trois fils, Claude-

---

1. La première réclamation ne portait par erreur que sur 5 livres.
2. *Archives de la Marne*, série C. Ces documents sont entièrements inédits.

François[1], né le 23 octobre suivant, Louis, né le 22 mai 1792, et Victor-Auguste, né le 13 ventôse an VII (3 mars 1799). Aucun d'eux ne laissa de postérité.

Drouet eut en outre une fille, Marie-Anne, née le 18 janvier 1791. Celle-ci épousa, le 27 mars 1813, Nicolas-Antoine-Benjamin Charinet, chevalier de l'Empire, membre de la Légion d'honneur, ancien capitaine de cavalerie demeurant à Valmy, où il était né le 23 décembre 1785. Leurs descendants sont encore existants.

L'arrestation du roi, dont le récit se propagea comme une traînée de poudre, donna en un instant à Drouet une célébrité européenne.

Dès le soir du 24 juin, il se trouvait à Paris avec Guillaume. Mis en rapport avec le conseil général de la commune, il fut présenté par l'intermédiaire de celui-ci à l'Assemblée Nationale et demanda à faire le récit de ce dont il avait été témoin et de ce qu'il avait fait au cours de l'arrestion du roi. Le prétendu paysan, sans verbiage déplacé et sans embarras, donna, sur le rôle qu'il avait joué dans cette nuit historique, toutes les explications qui étaient de nature à intéresser ses auditeurs.

Une société patriotique et littéraire avait été fondée à Sainte-Menehould le 25 janvier 1791. Dans une séance qu'elle tint le 28 juin, il fut décidé, sur

1. Claude-François fut capitaine de gendarmerie et chevalier de la Légion d'honneur. — Jeanne Le Bel était fille de défunts Pierre Le Bel et d'Anne Doublat. Une de ses sœurs épousa Jean-Baptiste Arnould, dernier greffier de la Chambre des Comptes du Barrois. (Recherches de M. Vigo.)

la proposition de l'abbé Buirette, qui en était membre, que, pour honorer le courage et le patriotisme des deux héros de Varennes, la rue de la Porte-des-Bois, dans laquelle se trouvait la maison de poste, recevrait le nom de rue Drouet, et que la rue Florion, où demeurait son compagnon, s'appellerait rue Guillaume. Des tables de marbre, portant leurs noms en lettres d'or, devaient en outre être apposées aux murs de leur habitation.

Le 8 juillet, à l'occasion des préparatifs de la fête de la Fédération, il fut décidé « qu'une oréole seroit « élevée au-dessus de l'autel auguste qui doit rece- « voir nos serments. Sur cette oréole seroient écrits « d'un côté ces mots : *Ici deux citoyens ont sauvé « leur patrie*, et de l'autre côté ceux-ci : *Soyons unis « et nous serons invincibles* ».

L'autel de la Patrie était dressé sur la place d'Armes[1]. Ce monument, qui coûta 294 livres 10 sols, portait sur ses quatre faces autant d'inscriptions, dues à l'imagination féconde des membres de la société patriotique et littéraire. On lisait au midi : *In perpetuum repertæ libertati consecratum ;* au levant : *Surgit nunc gloria Gentis ;* au nord : *Victrix causa Plebis Deo placuit*, et enfin au couchant cette devise beaucoup plus claire : *Vive la nation, la loi et le roi !*

Le 28 août, l'Assemblée, sur le rapport du citoyen Varin, attribua à Drouet, à titre de récompense nationale, une somme de 30.000 livres. Elle vota 10.000 livres à Guillaume ; des indemnités de 12.000 livres au s^r Veyrat et au s^r Legay ; une récompense de 6.000 livres à Fenaux, garde natio-

1. Depuis place d'Austerlitz.

nal, et une indemnité de 3.000 livres à Lepointe, gendarme.

La municipalité avait, le 27 août, demandé deux pièces de canon, un drapeau et des armes pour la garde nationale ; l'emplacement du couvent des Capucins, alors passé au domaine national, pour y établir une caserne de cavalerie ; et une somme de 24.797 livres, représentant le prix du rachat des offices municipaux, empruntée à cet effet par la ville en 1775. Il fut fait don à celle-ci d'une pièce de quatre, montée sur affût, et de cinq cents fusils « ancien modèle », destinés tant à l'armement de sa garde nationale qu'à celui des corps similaires du district. Ce matériel provenait de l'arsenal de Metz.

L'Assemblée ayant omis de fournir des munitions, il fut demandé par la municipalité, le 21 février 1792, au commandant de la place de Verdun, « un quintal « de poudre à canon, cent boulets de calibre, cinq « cents pesant de balles de fusil pour tenir lieu de « mitraille, et cinq mèches, aux offres d'acquitter « l'objet de cet envoi. »

Le 10 décembre suivant, la ville reçut du ministère de l'Intérieur une subvention de 20.000 livres pour être employée en achat de subsistances, subvention dont la répartition ne se fit pas sans de sérieuses difficultés. Malgré de pressantes démarches faites à Paris par le citoyen Legay, dont le voyage coûta à la ville la somme de 548 livres, il ne fut pris aucune décision concernant la cession du couvent des Capucins et de celui des Dames Religieuses, pour l'établissement d'un corps de caserne.

Le 20 novembre 1791, Drouet et Guillaume avaient comparu de nouveau à la barre de l'Assemblée et rappelé qu'ils avaient sollicité des places dans la gendarmerie de leur département. L'Assemblée leur accorda les honneurs de la séance et renvoya au pouvoir exécutif leur réclamation, à laquelle du reste il ne fut pas donné suite. Drouet fut, peu après, nommé lieutenant-colonel de la garde nationale de Sainte-Menehould.

Élu député de la Marne à la Convention, Drouet vota, le 17 janvier 1793, la mort du roi sans sursis. Étant, le jour du scrutin, malade et alité, il eut certainement fait acte de sagesse en s'en rapportant au verdict de ses collègues et en s'abstenant de juger un homme dont il avait déterminé l'arrestation. Mais alors tout était confondu, l'injuste et le juste, la passion et l'équité. Il est vraisemblable que l'ancien maître de poste crut, cette fois encore, contribuer au salut de la patrie.

Le député de Sainte-Menehould n'affectait, du reste, contre le souverain déchu, aucune haine personnelle. Au cours des incidents qui accompagnèrent l'arrestation de Louis XVI, Drouet n'eut aucun rapport direct avec le roi, qu'il ne fit qu'entrevoir. Dans la suite, — il le déclare lui-même, — il ne se permit à son égard aucune marque de grossièreté ou même d'irrespect. Lorsque, en qualité de membre du comité de sûreté générale, il se rendit, le 1er novembre 1792, avec ses collègues Chabot, Dubois-Crancé, Duprat et plusieurs autres, à la tour du Temple pour visiter la famille royale, il se comporta d'une façon strictement convenable. Le fidèle Cléry, homme de bonnes manières, parut surtout choqué de ce que Drouet, peu au courant des usages de l'ancienne cour, eût cru pouvoir, ainsi que son collègue Chabot le fit après lui, prendre un siège devant la reine sans en avoir reçu l'invitation[1].

Envoyé en mission à l'armée du Nord, en 1793, en qualité de commissaire représentant du peuple, Drouet, enfermé dans Maubeuge avec des troupes en détresse, tenta, le 2 octobre, à la tête seulement de vingt-cinq dragons, de franchir de nuit les lignes autrichiennes. Découvert par l'ennemi, qui fit feu dans l'obscurité, Drouet tomba accidentellement de cheval et fut fait prisonnier.

Loin de dissimuler son identité, le héros de Varennes déclara avec jactance « qu'il était ce même « homme qui avait arrêté Louis le Déserteur dans sa « fuite et déconcerté les projets contre-révolution- « naires de la cour ». Après avoir indignement maltraité le prisonnier et l'avoir, sur une charrette, donné en spectacle à l'armée, on lui attacha par une chaîne le pied droit avec la main gauche et on le transféra en cet état à Bruxelles, puis à Luxembourg, où il fut jeté sur la paille d'un cachot fétide. Il eut à subir en route, non seulement les outrages de ses vainqueurs, mais ceux de la cohue des émigrés[2].

Drouet fut enfin dirigé sur la forteresse du Spielberg, près de Brünn en Moravie, prison que rendit célèbre dans la suite la détention de Silvio Pellico. Là le représentant du peuple français fut enfin traité avec quelques égards, bien qu'il fut au secret, sans pouvoir ni parler ni écrire.

Ici les aventures de Drouet prennent une tournure

1. Cléry, *Journal de ce qui s'est passé à la tour du Temple.*
2. Rapport de Drouet au Conseil des Cinq-Cents. (*Moniteur universel*, 9 et 10 ventôse an IV.)

si romanesque que nous le laisserons lui-même en faire le pittoresque récit :

« Ma chambre contenait un espace d'environ vingt « pieds carrés; les murailles étaient d'une épaisse « maçonnerie de briques. Il y avait au nord une porte « solide, fermée à trois serrures, et gardée en dehors « par deux sentinelles; au midi, deux fenêtres fer- « mées chacune par un grillage de fer incrusté dans « la muraille et attaché solidement par huit cram- « pons. Les fenêtres donnaient sur une terrasse qui « entourait la forteresse, élevée au dessus du niveau « de la terre d'environ deux cents pieds. Au bas de « cette forteresse coule la rivière Schwartz, qui va « non loin de là se jeter dans le Danube.

« Je passai tranquillement l'hiver et le printemps « dans mon ennuyeuse captivité. La satisfaction de « souffrir pour avoir essayé de rendre service à ma « patrie enivrait mon âme d'un sentiment délicieux. « L'espoir de tirer un jour une réparation éclatante « de tous les outrages dont on m'avait accablé occu- « pait sans cesse mon esprit, et me forçait à chercher « les moyens de rendre ma vengeance complète « pour moi et glorieuse pour ma nation... Je résolus « de conquérir ma liberté ou de mourir en combat- « tant pour elle.

« La résolution chez moi est ordinairement bien- « tôt suivie d'exécution. Je mis incontinent la main « à l'ouvrage; et après deux mois de peines et de « fatigues je parvins à forcer ma prison. Reprenons « ici d'un peu plus haut.

« Je n'avais dans ma chambre aucun instrument, « pas même une épingle ni une fourchette; mais on « avait mis à mes fenêtres des rideaux pour me

« garantir des ardeurs du soleil. Ils étaient supportés « par des tringles de fer attachées dans la muraille. « Je démontai une des tringles sans qu'on s'en aper- « çut; et je m'en servis pour arracher deux grands « crampons de fer qu'on avait ajoutés depuis peu à « ma grille, en vue d'en augmenter la solidité. Avec « ces deux morceaux de fer, longs d'un pied et demi, « et d'un pouce d'épaisseur, j'aurais détruit, en très « peu de temps, toute la forteresse, si l'on m'en eût « laissé la faculté. Je démolis donc facilement la « maçonnerie dans laquelle était scellé chaque cram- « pon de la grille. Je les cassais à fleur de muraille, « puis je rétablissais le tout sans qu'on put s'en « apercevoir, ayant soin de blanchir chaque jour ma « maçonnerie avec de la poudre. Assuré une fois de « la possibilité de forcer ma prison, je cherchai les « moyens de sortir de la forteresse : elle était assise « sur la croupe d'un rocher, et élevée, comme je l'ai « dit, de près de deux cents pieds au dessus de terre; « elle était revêtue de hautes murailles, pour sou- « tenir la terrasse dont j'ai parlé. Au bas de la ter- « rasse, on avait placé des sentinelles à deux cents « pas de distance. Ainsi il n'était pas possible de « descendre avec des cordes, quand même j'aurais « pu m'en procurer d'assez longues. Il fallait se « précipiter du rempart sur la terre; ce fut le seul « expédient qui se présentât à mon esprit.

« La nécessité fut toujours la mère des arts et de « l'industrie; elle me suggéra l'idée de me faire des « ailes d'une invention tout à fait neuve. Dans mon « enfance, j'avais souvent remarqué la résistance « que présentait un cerf-volant lancé dans les airs.

« Je pensais que, si je parvenais à construire une

« machine à peu près semblable, je pourrais, en la
« tenant fortement par la main, balancer la pesan-
« teur qui m'entraînerait vers la terre, et me soute-
« nir dans ma chûte. J'espérais encore que les sen-
« tinelles, effrayées, dans l'obscurité de la nuit, par
« l'appareil de ma machine, et le bruit que je ferais
« en tombant du haut des airs, fuiraient et me
« laisseraient tranquillement achever mon entre-
« prise.

« Arrivé au bas de la rivière, je devais me jeter
« dans un petit batelet que j'apercevais depuis long-
« temps, m'abandonner au gré des flots rapides du
« Danube, gagner la Turquie, et me rendre à Con-
« stantinople.

« L'exécution suivit de près mes réflexions. Je
« n'avais ni fil, ni aiguille, ni ciseaux : pour me pro-
« curer du fil, je déchirai plusieurs paires de bas et
« bonnets de coton à mon usage ; avec des débris je
« fabriquai de petits cordages. J'avais une mouchette
« de fer, j'aiguisai la lame sur une brique, et je me
« fis un couteau. Enfin je me servis d'une arête de
« carpe en place d'alène, pour coudre mes divers
« matériaux. Je parvins de cette manière à cons-
« truire ma machine aérienne, qui ne me fut guère
« d'un plus grand secours que ne le furent jadis à
« Icare les ailes dont il se servit.

« J'avais employé à cette construction les draps
« de mon lit et plusieurs brins de bois arrachés de
« ma prison.

« Je remettais chaque jour à sa place chaque
« pièce que je préparais ; et je le faisais avec tant
« d'art que, malgré la vigilance de mes gardes, qui
« entraient trois fois par jour dans ma prison pour

« en faire l'inspection, il leur était impossible de « rien apercevoir.

« Tout étant préparé vers le 18 juin 1794, je remis « mon expédition au 21, jour mémorable où j'avais « vu le succès couronner glorieusement une entre- « prise pour le moins aussi périlleuse que celle que « je méditais. Une maladie qui me survint à cette « époque, occasionnée par les travaux auxquels je « m'étais livré, retarda mon dessein de quelques « jours; et ce ne fut que le 6 juillet suivant que je « conquis pour un instant ma liberté.

« J'avais déjà essayé plusieurs fois ma machine « dans ma chambre, en sautant à bas d'une corniche « élevée de près de 8 pieds. Je n'éprouvais aucun « mal en arrivant à terre, et je pensais que, si dans « un espace de huit pieds mon parachute trouvait « assez de résistance pour me soutenir, il résisterait « encore mieux en plein air.

« Satisfait de cette découverte, plein de l'espérance « d'échapper aux mains de nos ennemis, je réfléchis « un instant sur ce qu'il me resterait à faire lorsque « je serais libre. Que devais-je devenir, me disais-je, « sur une terre inhospitalière, dans un pays dont je « ne connais pas la langue, sans vivres et sans res- « sources? Je ne pourrai exister qu'en arrachant la « vie au premier Autrichien que je rencontrerai. « Tous mes sens frémirent à cette pensée. Non, « non, m'écriai-je, je ne tremperai pas ma main, « encore pure, dans le sang d'un homme sans « défense, et je ne veux pas devoir ma liberté au « meurtre d'un de mes semblables, qui peut-être en « secret est mon ami!

« Il me vint dans l'esprit d'emporter avec moi

« plusieurs hardes que j'avais dans ma chambre, « pour les vendre. Je me fis aussi une petite provi- « sion de pain, de fruits et d'autres subsistances; je « composai un paquet qui pouvait peser vingt-cinq « à trente livres. Insensé que j'étais! j'aurais dû « calculer que ce poids, ajouté à ma pesanteur natu- « relle, était capable de rendre nulle la résistance « de mon parachute. J'aurais pu jeter ce ballot « avant de sauter; mais je craignais que les senti- « nelles, averties par le bruit, ne donnassent l'alerte; « ce qui dérangeait mon plan. Je me décidai donc à « le prendre avec moi.

« Je choisis la nuit du 5 au 6 juillet pour mon « évasion : je rassemblai promptement toutes mes « pièces; je construisis ma machine, et j'arrachai ma « grille qui ne tenait plus qu'en apparence; je me « jette sur la terrasse, et me dispose à me précipiter « en bas de la forteresse. Deux fois j'avais déjà « essayé de m'élancer dans les airs, deux fois une « puissance invisible semblait me retenir; et la « nature, aux approches de ma destruction, répu- « gnait à suivre les mouvements de mon cœur. Enfin « je recule quelques pas; puis, m'avançant à grande « course, et fermant les yeux, je me précipite dans « l'abîme profond.

« A peine avais-je quitté le haut du parapet, que « je me sentis entraîner rapidement. Ah! je suis « mort! m'écriai-je. Je me trompais cependant : « j'éprouvai une forte commotion, dont j'eus le pied « gauche fracassé. Je réfléchis alors, mais trop tard, « que c'était mon ballot qui avait occasionné la « rapidité de ma chûte. Je l'arrachai de dessus mes « épaules, et j'essayai de me relever pour sauter

« encore une seconde muraille qui restait avant « d'arriver sur le bord de la rivière. Mes efforts « furent inutiles ; mon pied me refusa son secours ; « et je sentis alors une douleur si violente, que je « fus forcé malgré moi de pousser des cris aigus.

« Les sentinelles, ainsi que je l'avais prévu, « avaient été tellement effrayées par ma chûte, « qu'elles s'étaient sauvées au corps de garde ; et « malgré les cris douloureux que je poussais, la « garde n'osa reparaître qu'au lever du soleil : alors « on me reporta dans ma prison ; on me jeta sur le « plancher, où je restai étendu sans secours pendant « près de huit heures. Les Autrichiens pensaient « qu'il était impossible qu'ayant fait une pareille « chute je pusse en revenir, et attendaient ma « mort à chaque instant ; cependant, voyant que je « ne mourais pas, on fit venir un chirurgien qui, « trouvant ma jambe enflée considérablement, ne « put faire qu'une opération imparfaite. Je restai « trois mois au lit, souffrant des douleurs cruelles ; « après quoi je commençai à me lever et à marcher « avec le secours de deux béquilles. Je ne les quittai « qu'au commencement du mois de mai 1795, vingt « mois après ma captivité, époque à laquelle je « reçus pour la première fois des nouvelles de ma « femme et de mes enfants, et où j'acquis la certi- « tude que la république s'élevait avec éclat au « dessus de tous ses ennemis.

« Une pareille nouvelle fit circuler dans mon sang « un baume délicieux, plus salutaire que toute la « pharmacie d'Autriche. Ma santé se rétablissait, à « mesure que j'apprenais des nouvelles favorables « pour la république. Elles allaient toujours crois-

« sant, lorsqu'enfin j'en appris une qui, si elle ne lui « était pas d'une grande utilité, allait du moins lui « rendre d'ardents amis, victimes de la tyrannie, « que la satisfaction d'avoir toujours rempli leur « mission avec zèle et honneur consolait dans leur « captivité, et auxquels elle faisait supporter les « outrages dont on les accablait, avec une fermeté « héroïque qui étonnait nos propres geoliers.

« Le 3 novembre [1] je sortis de prison pour venir à « Fribourg en Brisgau avec mes collègues Lamar- « que et Quinette, qui étaient enfermés dans la « même forteresse. Jusque-là je n'en avais pas « encore entendu parler [2]. »

Avant de tenter son audacieuse évasion, Drouet avait pris la précaution d'écrire sur une planche, avec du jus de cerises, la déclaration qu'on va lire :

Drouet, à ceux qui liront la déclaration suivante, salut.

« J'ai été fait prisonnier de guerre le 2 octobre « 1793, en qualité de représentant du peuple près « les armées du Nord de la république, en passant, « à main armée, pendant la nuit, au milieu des « troupes impériales qui assiégeaient Maubeuge. Je « ne me suis point rendu comme un lâche ; je me « suis battu jusqu'à la dernière extrémité, et n'ai « succombé que par accident après avoir eu deux « chevaux renversés sous moi.

« Chez une nation qui aurait connu le droit des « gens, et su estimer le courage et les vertus guer-

---

1. 1795.
2. *Moniteur universel*, n°s des 11 et 12 ventôse an IV (mars 1796).

« rières, j'eusse été respecté dans mon malheur, on « m'aurait traité avec humanité. Bien loin de là, « sans égard pour le caractère sublime dont j'étais « revêtu, on m'a chargé de chaînes et traîné indi- « gnement de cachot en cachot, jusque dans cette « forteresse dont j'ignore le nom, où je suis con- « damné au plus grand secret, comme si j'étais un « criminel.

« Si l'on m'y avait enfermé comme prisonnier de « guerre, sur ma parole d'honneur de n'en pas sor- « tir, plutôt que de manquer à mes engagements, je « me serais cassé la jambe, qui, la première, malgré « moi, aurait fait un pas en avant pour fuir : mais « la manière barbare avec laquelle on m'a traité « légitime tous mes efforts, et je ne crois pas man- « quer à l'honneur en me sauvant. L'auteur de la « nature, en me donnant l'existence, m'a aussi confié « le soin de la défendre et de la protéger autant « qu'il était en moi. Je crois, en m'échappant de ma « prison, remplir ce devoir sacré imposé à tout être « vivant.

« Je prie qu'on n'inquiète personne à mon égard, « Je n'ai eu besoin de personne. Les ressources de « mon génie et de mes forces naturelles m'ont suffi « pour forcer ma prison.

« Je remercie les généraux et officiers de l'armée « impériale qui, en remplissant envers moi, quoi- « que strictement, les devoirs dont ils étaient char- « gés, n'y ont cependant apporté de leur part ni « passion, ni aigreur.

« Quant à ceux qui ont eu la lâcheté de m'outra- « ger, et même de me frapper lorsque j'étais sans « défense et enchainé, je les méprise trop pour

« m'occuper d'eux en ce moment, peut-être le der-
« nier de ma vie.

« Je remets à des temps plus prospères le soin de « ma vengeance. Au reste le nombre de ces lâches « est petit; c'est une justice que j'aime à rendre à la « nation allemande, chez qui j'ai trouvé parfois plus « de générosité que je ne m'y étais attendu.

« Mon entreprise est difficile, je le sais; j'ai peu « d'espérance d'y réussir; il est très possible que « tout à l'heure je me mette en pièces, en sautant en « bas des remparts; mais au moins je mourrai « libre et content. C'est pourquoi je recommande « mon âme à Dieu, ma femme et mes enfants à mes « parents et amis, et ma mémoire aux hommes qui « chérissent l'honneur et la liberté; et je pars.

« DROUET. »

Drouet, réintégré dans la forteresse du Spielberg, n'en sortit, le 3 novembre 1795, que pour être échangé, ainsi que Beurnonville, ancien ministre de la guerre, et les conventionnels Camus, Lamarque et Bancal, contre Madame Royale, fille de Louis XVI.

Compris de plein droit, en raison de sa captivité, au nombre des conventionnels qui firent partie du Conseil des Cinq-Cents[1], Drouet, alors âgé de trente-deux ans, s'installa à Paris, rue Saint-Honoré n° 93, près la place Vendôme, vis-à-vis les Feuillants, où il occupait en garni, chez les époux Mangin, parfumeurs, deux pièces à l'entresol.

Le 24 pluviôse an IV (13 février 1796), le Conseil, « considérant qu'il importe à l'honneur de la nation

1. Le Conseil des Cinq-Cents avait succédé à la Convention le 5 brumaire an IV (27 octobre 1795).

« d'encourager la vertu, de consoler le malheur et « de signaler les forfaits de la tyrannie, » décida à l'unanimité, sur le rapport du citoyen Jean Debry, que le représentant du peuple Drouet avait dignement rempli la mission dont la Convention l'avait chargé et que le Directoire exécutif serait tenu de lui faire remettre un cheval équipé, en échange de celui que lui avaient enlevé les Autrichiens quand il fut fait prisonnier.

Drouet, auquel pesait l'inaction, devint l'espoir d'une poignée de factieux, qui méditaient de mettre en pratique les théories sociales et philanthropiques de Gracchus Babeuf. Ce réformateur utopiste, qui, depuis l'an II, préconisait dans le *Tribun du Peuple* l'égalité absolue entre les citoyens, la suppression de la propriété individuelle et le partage de toutes les richesses, procéda par intimidation : « Drouet, — « écrivait-il le 17 germinal an IV, — nous sommes « entourés de nouveaux Tarquins; l'instant est venu « de les faire disparaître. Les tyrannicides te somment de les aider, ou ils te comptent parmi les « adhérents des traîtres[1]. »

L'ancien conventionnel, et cela, semble-t-il, assez malgré lui, se trouva bientôt engagé dans une ténébreuse conjuration, dont les affidés firent tout pour le compromettre. Un faux-frère ayant dénoncé le complot, Drouet fut surpris avec cinq conspirateurs, le 21 floréal an IV, dans une maison de la rue Papillon (faubourg Poissonnière, nº 331) et préventivement incarcéré à l'Abbaye. Déféré, par décret du 26 thermidor, devant la Haute-Cour de Justice, le

1. *Moniteur universel*, 16 prairial an IV.

ci-devant détenu du Spielberg résolut de ne pas en attendre le verdict et prit ses mesures pour s'évader.

Il raconta lui-même, dans une lettre adressée dès le lendemain au *Journal des Hommes Libres*[1], comment s'opéra cette fuite extraordinaire, dont le Directoire attribua le succès à la corruption. Dans le cachot de l'Abbaye où Drouet fut interné se trouvait une assez large cheminée, dans laquelle il pénétra. Le conduit en était bouché par une grille de fer, mais sur cette grille le prisonnier trouva, — on ignore si ce fut par hasard, — un paquet de cordes, une scie à couper le fer et quelques autres instruments dont il se servit pour dégager le passage. Il monta ensuite sur le toit et, grâce à la corde dont il était muni, descendit dans la rue.

Drouet, condamné par contumace, mena pendant près d'un an une vie errante, au cours de laquelle il ne rencontra que l'infortune : « En conséquence, » — exposait-il au Conseil des Anciens le 24 thermidor an VI[2], — « j'ai abandonné ma patrie et ma famille « pour aller terminer une vie malheureuse et inutile, « au milieu des sables brûlants des Indes Orientales.

« Je me suis embarqué à Brest le 18 floréal an V « sous le nom de Martiney, me disant suisse d'origine, « à bord de la corvette la *Mutine*, expédiée par le gou« vernement pour Batavia. Nous étions déjà à la hau« teur des Iles Canaries, lorsque les Anglais s'empa« rèrent de la corvette qui était mouillée devant la « rade de Sainte-Croix de Ténériffe en Afrique. Le « 9 prairial suivant, les Anglais m'ont tout pris, pen-

1. N° du 3 fructidor an IV.
2. *Moniteur universel.*

« dant que j'étais allé visité le fameux pic de Téné-
« riffe et m'ont laissé sans ressources sur les rochers « au milieu d'une nation dont je n'entendais pas le « langage, il m'eut été impossible de me procurer « mon existence.

« Le citoyen Clerget, consul de France aux îles « Canaries, par un mouvement de générosité naturel « à tout bon Français, me procura les moyens de « repasser en Europe ; je débarquai à Amsterdam le « 1er vendémiaire an VI ; je vins trouver le citoyen « Treilhard, commissaire plénipotentiaire à Lille, « qui me fournit des secours pour retourner au sein « de ma famille. »

Sur le rapport d'Izos, le Conseil adopta, le 8 vendémiaire an VI, un projet accordant au citoyen Drouet, ex-député, une indemnité de 26.807 fr. destinée à le dédommager des pertes qu'il avait subies.

Deux ans plus tard, le 9 germinal an VIII, l'ancien représentant du peuple fut nommé sous-préfet de sa ville natale. Il y habitait alors une maison dont il était propriétaire, maison située rue de la Grande-Auche (actuellement rue Chanzy, nº 73). Il vendit cet immeuble, le 24 fructidor an XI, au sr Claude Buirette, ex-receveur particulier à Sainte-Menehould, et alla s'installer dans un hôtel acquis par le département pour en faire la Sous-Préfecture. Cet hôtel porte aujourd'hui le nº 21 de la place d'Austerlitz. En juillet 1807, Bonaparte, devenu empereur, visita, sous la conduite de Drouet, le champ de bataille de Valmy. Il le créa, peu après, chevalier de la Légion d'honneur[1].

1. Le brevet de Drouet porte le nº 17,701.

Pour le malheur du célèbre « régicide », dénomination qui devint à la mode en 1814, et que Drouet ne méritait pas plus particulièrement que 386 de ses collègues de la Convention, survint le retour inattendu des Bourbons. Ceux-ci, après l'avoir destitué, en 1814, comme agent de l'Empire, le traquèrent après 1815 comme une véritable bête fauve, alors qu'ils laissaient vaquer à leurs paisibles occupations les vingt honorables officiers municipaux ou notables qui, vingt-trois ans auparavant, l'avaient, d'un cœur léger, envoyé sur la route de Clermont à la poursuite de Louis XVI.

Une adresse, envoyée au roi par le corps municipal le 5 juillet 1792, « à l'occasion des attentats com-« mis dans sa personne le vingt juin dernier », ne laisse du reste aucun doute sur les généreuses intentions qui animaient le conseil de la commune, lors de la fuite à Varennes :

« Sire, c'est avec le sentiment d'une profonde dou-« leur, que nous avons appris les attentats commis « le vingt juin dernier contre la loi sacrée de votre « inviolabilité.

« Ah! Sire, ce crime n'est point celui de la nation : « auroit-elle repris sa liberté pour devenir féroce et « barbare ? Non, la nation n'est point une multitude « bruiante et sédicieuse, qui, au mépris des lois et « des autorités se précipite en tumulte et porte les « violances jusque sur le palais sacré de nos roys.

« Elle repousse, elle déteste un forfait qui impri-« meroit sur son front un opprobre ineffaçable, si il « étoit le sien.

« La commune de Ste-Menehould en particulier, « pleine de vénération pour votre dignité suprême

« et touchée de ce noble courage que vous avez ma-
« nifesté dans ce moment d'effroi, offre à votre ma-
« jesté l'hommage du plus respectueux dévouement.

« Mais en même temps, Sire, plein de confiance dans
« vos vertus civiques et dans votre fidélité à vos ser-
« ments réitérés, elle ose espérer que par une con-
« duite franche et digne du roy des françois, vous
« vous montrerez l'invincible appui d'une constitu-
« tion que vous avez acceptée et sur laquelle repose
« la liberté publique et la prospérité nationale[1]. »

Les amis de Drouet, pour dépister les recherches de la police royale, firent pleuvoir une nuée de fausses dénonciations, qui mirent sur les dents la force publique. On le chercha dans les caves de la Côte-le-Roi[2], dans les souterrains de l'ancienne abbaye de Beaulieu, dans les futaies les plus reculées de la forêt d'Argonne, et chez bon nombre de suspects des arrondissements de Sainte-Menehould, de Verdun et de Bar-le-Duc, notamment à Rambluzin, chez l'ex-conventionnel Courtois. La police, désireuse d'en finir avec l'insaisissable « Jacobin », déclara avoir reçu de sa sœur, religieuse à Nancy, l'aveu que Drouet était mort à Sainte-Menehould en 1815 et qu'on l'avait secrètement enterré dans une cave. L'affaire, dès lors, fut classée.

---

1. La ville avait alors pour maire Dupin de Dommartin, ex-maître particulier des Eaux-et-Forêts, royaliste avéré.

La famille du Pin possédait, dès avant 1642, la seigneurie de la Gérinière. Elle acquit en cette même année, d'Étienne Duval, comte de Dampierre, celle de Dommartin-sous-Hans.

Un de ses représentants, Jérôme du Pin, était, en 1668, lieutenant de roi à Sainte-Menehould. Cette famille avait pour armes : *De sable à la fasce d'or, à l'orbe de six roses de mesme.*

2. Où la légende rapporte qu'il resta caché pendant trois mois.

L'ancien sous-préfet avait pu se réfugier pendant quelques jours aux Islettes. De là, plus habile que Louis XVI, il parvint à gagner Paris sans être remarqué. Il put, dans la capitale, se procurer les papiers d'un certain Nicolas-Séverin Maergesse, qui avait exercé la profession de mécanicien[1].

Après avoir servi comme valet d'écurie chez un entrepreneur de convois militaires, Drouet s'engagea, en qualité de maître-guêtrier, dans la légion des Hautes-Alpes, alors en formation à Briançon. La légion ayant été, en janvier 1817, envoyée à Mâcon, Drouet, par mesure d'économie, fut mis en réforme.

Il décida de se fixer dans cette dernière ville, où il vivait en compagnie d'une dame Christine Maker[2], née à Creuznach en 1772, de parents allemands. Celle-ci avait épousé le sieur Denis-Claude-Auguste-Alexandre Normand, officier de santé à Sainte-Menehould, né à Courtisols le 28 février 1772[3]. Le divorce avait été prononcé entre les deux époux au profit du mari, « pour cause d'incompatibilité d'humeur et de caractère », le 10 pluviôse an XII. Drouet, à cette date, était veuf depuis deux ans, Jeanne Le Bel étant décédée le 29 prairial an X. Sous le nom de Mme Maergesse, l'ancien sous-préfet fit passer à Mâcon Christine Maker comme sa femme légitime.

Drouet, en mars 1817, tenta à Charnay une entre-

1. Maergesse n'était pas, ainsi qu'on l'a dit, originaire de Sainte-Menehould. Son nom ne figure pas sur les registres de l'état civil de cette ville.

2. Et non Mencke, comme on l'a écrit. Elle était fille de Pierre Maker et d'Élizabeth Maker, demeurant à Creuznach.

3. Courtisols, canton de Marson (Marne). — Normand était fils de Claude Normand, officier de santé, et d'Élizabeth Machet.

prise de distillation d'eau-de-vie, de concert avec un sieur Dumoulin. Cette entreprise n'ayant pas donné de résultats satisfaisants, Drouet rentra à Mâcon. Il s'y occupa de mécanique et inventa notamment une machine propre à simplifier le creusement des canaux, laquelle resta à l'état de projet. Il vivait très à l'écart, à l'aide surtout de subsides que lui faisaient secrètement parvenir des amis dévoués.

Étant tombé malade en février 1824, l'ancien conventionnel mourut à Mâcon le 11 avril suivant. A ses derniers moments, il recommanda à Christine Maker de révéler son identité véritable à l'officier de l'état civil. Celui-ci, se conformant strictement à la prononciation défectueuse de Mme Maergesse, enregistra le décès de Jean-Baptiste *Troué*, natif de *Menoue*[1].

Tandis que Drouet avait reçu et accepté de l'Assemblée Constituante, le 18 août 1791, une récompense de 30.000 livres, son camarade Guillaume, auquel une récompense avait été semblablement votée, ne crut pas devoir, malgré sa situation plus que modeste, bénéficier des 10.000 livres qui lui étaient offerts.

Dans la séance de l'Assemblée Législative du 3 janvier 1792, « un de MM. les secrétaires lut en « effet une lettre de M. Guillaume, citoyen de Sainte-« Menehould, qui renvoie à l'Assemblée pour la dis-

1. Parmi les auteurs qui ont écrit sur l'arrestation de Louis XVI et sur Drouet, on peut citer notamment : Claude Buirette, *Histoire de la ville de Sainte Menehould*, liv. VII. — G. Neveu-Lemaire, *Arrestation de Louis XVI*. — Alexandre Dumas, *La Route de Varennes*. — Ancelon, *La vérité sur la fuite de Louis XVI*. — Ernest Beauguitte, L'*Ame meusienne*. — G. Lenôtre, *Le Drame de Varennes*. — Albert Vast, *Sur le chemin de Varennes*.

« tribuer à l'hôtel des Invalides la somme qu'il « avait acceptée du corps constituant. »

Guillaume, qui, nous l'avons dit, avait demandé ainsi que Drouet à entrer dans la gendarmerie départementale, fut investi du grade d'officier de cavalerie, affecté au 11e régiment de dragons et détaché aux bureaux de la guerre, où il se trouvait lors de son mariage, qui eut lieu à Sainte-Menehould le 23 nivôse an II. Le ci-devant commis du district, alors âgé de vingt-quatre ans, épousa « la citoyenne Marie-Anne Fenauld » ou plus exactement Fenaux, fille de Nicolas Fenaux, marchand de fer et de Madeleine-Louise Jacquot.

La commune de Paris lui avait décerné, peu après l'événement de Varennes, et en souvenir de la visite qu'il avait faite au conseil général en compagnie de Drouet, une épée d'honneur sur la coquille dorée de laquelle elle fit graver en lettres capitales cette inscription : LA COMMUNE DE PARIS AU CIVISME A LA PRUDENCE ET AU COURAGE DE J. C. GUILLAUME LE 24 JUIN 1791. La garde de cette épée, dont le pommeau est coiffé d'un bonnet phrygien, est adaptée à une lame triangulaire bronzée et dorée, portant cette marque de fabrique : *Liger, fourbisseur du Roy et des Princes Rue Coquillière à Paris*[1].

Le compagnon de Drouet, après sa sortie du régiment, subit quelques revers de fortune, à la suite desquels il se retira dans son pays natal. Il y occupa, à la mort de ses parents, la maison de ceux-ci, ancienne auberge de la *Hure*, et hérita en outre d'un

---

1. Cette arme appartient à M. le capitaine Frédéric Thiéry, arrière-petit-fils de Guillaume.

ardin verger, situé à un demi-kilomètre au nord de la ville, sur le chemin de Florent. Cette petite propriété, qui se trouvait au sommet de la Côte-le-Roi, faisait partie de la contrée appelée Montcroupion. On y construisit, dans les dernières années du XIXe siècle, une villa qui fut baptisée *Mon Caprice*.

Il y avait, sous les arbres, une maisonnette qui a disparu et dont Guillaume finit par faire, pour ainsi dire, sa demeure. Entouré de quelques pigeons et d'une petite basse-cour, il y vivait très retiré, non par nécessité, mais par goût : « Et voulez-vous, — « écrivait en 1842 Neveu-Lemaire, — connaître le « *fatal Jacobin*, le *cruel émissaire*[1] ; c'est un homme « simple, bon, courageux ami de la liberté, un « homme du tiers-état, noble et pauvre, qui refusa « le prix de son dévouement, n'agit que par convic- « tion, et vivait encore, il y a à peine deux ans, retiré « dans une petite maisonnette sur une colline, à cent « mètres de Sainte-Menehould, avec la longue barbe « et les mœurs d'un ermite. »

Guillaume, à cette époque, portait, non pas précisément une longue barbe d'ermite, mais une barbe à l'américaine, c'est-à-dire sans moustaches. Elle avait été blonde et était restée très frisée. Cette coupe de barbe, jointe à un nez droit, à des sourcils arqués et à des traits réguliers, donnait à l'ancien officier de dragons l'aspect d'un digne *quaker*.

Tandis que, à l'âge de soixante-dix ans, Guillaume passait, un soir d'hiver, près d'un tonneau défoncé placé sous la gouttière de sa maisonnette, l'honnête vieillard fit une chute dans l'eau glacée et, pris de

1. Qualifications infligées à Guillaume par l'historien de Lacretelle.

congestion, ne put se relever. Il fut trouvé mort, le 28 février 1840, à neuf heures du soir.

Son acte de décès est ainsi conçu :

« L'an mil huit cent quarante, le vingt-neuf février, « les dix heures du matin. Pardevant nous Louis « Julien Virot adjoint délégué par le maire pour « remplir les fonctions d'officier d'Etat-Civil de la « ville de Sainte-Menehould, canton et arrondisse- « ment de Sainte-Menehould, département de la « Marne, sont comparus à la Mairie les sieurs Nicolas « Fenaux, âgé de soixante-quatre ans, beau-frère du « décédé ci après nommé, et Jean-Baptiste Thiéry, « âgé de quarante-deux ans, gendre dudit décédé, « tous deux négocians demeurans à Sainte-Mene- « hould, lesquels nous ont déclaré que le sieur Jean « Chrisostome Guillaume, âgé de soixante-dix ans, « propriétaire demeurant en cette ville, où il est né, « époux de dame Marie-Anne Fenaux, âgé de « soixante-quatre ans, est décédé subitement le jour « d'hier à neuf heures du soir dans sa maisonnette, « sise à la Côte Leroy, territoire de Sainte-Mene- « hould, duquel décès nous nous sommes assurés et « ont les déclarans signé avec nous le présent acte « après lecture faite. (*Signé :*) Thiéry-Guillaume, « Fenaux, Virot. »

Il fut fait, après le décès de l'ami de Drouet, un dessin de ses traits, qui a été conservé par sa famille et qui le représente dans son lit, la tête reposant sur un oreiller et coiffé d'un bonnet de coton. Une petite croix est placée sur sa poitrine, tandis que, sur une table voisine, une branchette de buis est posée dans une coupe. Ce portrait, exécuté au crayon et à la sépia, est dû à H. Paroisse, alors professeur de dessin à Sainte-Menehould, lequel occupait, en qualité de locataire, un appartement dans la maison où s'était trouvée autrefois l'auberge de la *Hure*.

Du mariage de Guillaume avec Marie-Anne Fenaux étaient nés un fils et deux filles. Le fils, Félix Guillaume, né en 1795 et décédé en 1867, fut comptable à la prison de Fontevrault. Il se retira à Sainte-Menehould et, comme les trois fils de Drouet, resta célibataire. L'aînée des filles, Jeanne Guillaume, née en 1796, morte en 1866, épousa Nicolas Berthellemy. Anne, la seconde fille, naquit en 1798. Elle épousa Jean-Baptiste Thiéry et mourut en 1880. Leurs descendants, desquels nous tenons quelques-uns des détails qui précèdent, existent encore.

X

(De septembre 1792 à 1814).

Le 29 août 1792, Dumouriez, commandant en chef de l'armée du Nord, donna, de Mézières, l'ordre au lieutenant-colonel Galbaud, qu'il nomma maréchal de camp, de se porter avec le 17e régiment d'infanterie, le 2e bataillon de Saône-et-Loire et quatre pièces de canon, au secours de Verdun, menacé par les armées prussienne et autrichienne. Il enjoignit en même temps au général Arthur Dillon de gagner les Islettes par Varennes et, à travers bois, d'aller se poster sur la côte de Biesme[1], tandis que lui-même, avec le gros de l'armée, occuperait Grandpré et prendrait les mesures nécessaires pour faire, des défilés de l'Argonne, « les Thermopyles de la France. »

Dumouriez quitta Sedan le 2 septembre et, le 3, arriva à Grandpré où il établit son quartier-général. Galbaud, n'ayant pu réussir à se jeter dans Verdun, se replia sur Sainte-Menehould, et, le 31 août, prit position à la côte de Biesme. Il y apprit, le soir du 2 septembre, la capitulation de Verdun.

Le lendemain, les bataillons de Mayenne-et-Loire, de l'Allier, de la Charente-Inférieure et d'Eure-et-

1. Territoire de Sainte-Menehould. — Il y fut installé plus tard un poste de télégraphe Chappe. Ce poste correspondait avec celui de Chaudefontaine. Les postes suivants, jusqu'à Châlons, étaient ceux de Valmy, La Croix-en-Champagne, Tilloy et L'Épine.

Loir, qui formaient la garnison de cette ville, apparurent en désordre sur la route de Clermont, criant à la trahison et n'obéissant plus à leurs officiers, Galbaud parvint à grand'peine à retenir près de lui les bataillons de la Charente-Inférieure et d'Eure-et-Loir, mais ne put arrêter dans sa retraite précipitée le bataillon de l'Allier qui, se prétendant tenu, aux termes de la capitulation, de se retirer sur Reims, continua sa marche sur Sainte-Menehould et y donna, à son passage, le spectacle de la plus complète anarchie.

Le 1er bataillon de Mayenne-et-Loire amenait sur un fourgon d'artillerie le corps de son lieutenant-colonel, Nicolas-Joseph Beaurepaire[1], qui, nommé depuis peu commandant de la place et désespéré de voir le conseil de guerre résolu de rendre Verdun sans combat, avait préféré se faire sauter la cervelle plutôt que de signer la capitulation.

Le corps de l'héroïque officier fut inhumé au cimetière de Sainte-Menehould, au pied même de l'église paroissiale.

L'acte mortuaire fut ainsi conçu :

« Le deux septembre [1792] est decédé à Verdun
« Nicolas Baurepaire, comandant du premier
« bataillon de volontaires de Maÿenne et Loire,
« et commandant militaire de la ville citadelle de
« Verdun, âgé de cinquante trois ans, et le lende-
« main son corp a été inhumé au cimetière de cette
« paroisse par moi curé soussigné en présence de
« Louis le moine lieutenant colonel dudit bataillon

---

1. Beaurepaire était né à Coulommiers, le 7 janvier 1740. Cette ville lui a élevé une statue.

« et d'Augustin Pehu capitaine audit bataillon qui « ont signé avec nous.

(*Signé* :) « Gambet, curé. Salmon, L. Lemoine « c^dant^ en second, Péhu capitaine. »

L'Assemblée Nationale décréta à l'unanimité, le 12 septembre, que les restes de Beaurepaire seraient transportés au Panthéon, ce qui, en raison des circonstances, ne put être exécuté. L'inscription suivante devait être mise sur la pierre tumulaire : IL AIMA MIEUX SE DONNER LA MORT QUE DE CAPITULER AVEC LES TYRANS[1].

Les municipalités, qui, depuis lors, se succédèrent à Sainte-Menehould, négligèrent si complètement le tombeau de Beaurepaire que le lieu exact de sa sépulture est aujourd'hui inconnu.

On suppose, d'après le témoignage d'une veuve Guillaumet, qui assista à la cérémonie funèbre et en fit le récit au docteur Nidart, que le stoïque officier fut enterré « au dessous de la première ou de la seconde fenêtre de la chapelle Sainte-Catherine », laquelle occupait à cette époque les deux premières travées à droite du petit portail nord, ainsi qu'en atteste un plan détaillé de l'église et du cimetière, conservé dans les bureaux de la mairie[2].

---

1. *Moniteur universel*. Rapport fait à l'Assemblée Nationale.

2. En septembre 1872, quelques notabilités de la ville songèrent à faire élever à Beaurepaire un monument funèbre, dont la maquette en plâtre fut esquissée par le sculpteur rémois Saint-Marceaux. Cette maquette, qui appartient aujourd'hui à M. Georges Duval, représente Beaurepaire en uniforme, étendu sur une civière soutenue par deux faisceaux de lances, et reposant sur un drapeau dont un pli voile sa tête fracassée. La main droite, repliée sur la poitrine, presse dans un suprême effort les clefs de Verdun.

Jules Simon, alors ministre de l'Instruction publique et des Beaux-

Le rapport présenté à l'Assemblée Nationale au sujet de la mort de Beaurepaire fit rejaillir sur le bataillon de Mayenne-et-Loire une partie de la gloire dont s'était couvert son chef : « Les volontaires qu'il « commandait, dit cette relation officielle, ont cru « que les cendres d'un ami de la liberté s'indigne- « raient d'être ensevelies dans une terre souillée « par les despotes étrangers ; ils ont porté ses restes « à Sainte-Menehould, et ils ont juré de le venger. »

L'Assemblée fut, hélas ! sur ce dernier point indignement trompée. Le bataillon de Mayenne-et-Loire, après avoir rendu les derniers honneurs à son commandant, refusa obstinément de faire face à l'ennemi et, comme l'avait fait le bataillon de l'Allier, prit la route de Châlons. Galbaud, indigné, vit pour comble de malheur ses propres hommes, démoralisés par l'exemple, devenir la proie d'une terreur panique et disposés à prendre la fuite.

Le maréchal de camp, la mort dans l'âme, se résigna à abandonner son poste. Il se trouvait déjà à Auve, en pleine retraite, quand, le 4 septembre, il reçut du général Dillon une note lui annonçant que celui-ci, alors à Varennes, accourait à son aide avec 6.000 hommes. Arrivé le même jour à La Chalade, Dillon y apprit des officiers municipaux le désarroi de la défense. Croyant Galbaud débordé par l'ennemi, Dillon gagna Sainte-Menehould par Vienne-le-Château et, le 5 septembre, se rallia à son collègue revenu à la côte de Biesme.

Arts, s'associa à la généreuse initiative des habitants de Sainte-Menehould et promit de fournir le marbre nécessaire à l'exécution du travail. La chute de cet homme d'État entraîna, en 1873, la ruine du projet.

Le même jour, les troupes de Dillon et de Galbaud, immédiatement réorganisées, étendaient leurs lignes le long du ravin de la Biesme, de La Chalade, au nord, à Villers-en-Argonne, Passavant et Beaulieu, au sud.

Le chef d'état-major Gobert avait fait barrer tous les chemins au moyen d'arbres renversés. Il éleva à la côte de Biesme un retranchement défendu par deux petites redoutes et y fit placer en batterie vingt-cinq pièces de canon, que l'on hissa à force de bras au sommet de celle-ci et sur les deux côtés de la route. La position de la côte de Biesme fut considérée comme infranchissable.

Le 7 septembre, le roi de Prusse et le duc de Brunswick, partis de Verdun en reconnaissance, se rendirent à Clermont, et, du haut d'un coteau, examinèrent les travaux de défense. Se rendant compte de l'inutilité d'une attaque, ils décidèrent de tourner la position en forçant l'un des autres passages gardés par Dumouriez : Grandpré, Le Chêne-Populeux ou La Croix-aux-Bois. Les troupes du landgrave de Hesse et le corps autrichien de Hohenlohe-Kirchberg, composé de six bataillons et quatorze escadrons, eurent pour consigne d'observer Les Islettes, tandis que les Prussiens, qui formaient le gros de l'armée, marcheraient sur Grandpré, que la cavalerie des émigrés se dirigerait sur Le Chêne-Populeux, et que les Autrichiens de Clerfayt tenteraient de forcer le passage de La Croix-aux-Bois.

Le 12 septembre, dix jours après la reddition de Verdun, les Autrichiens s'étant emparés presque sans coup férir de ce dernier défilé, que l'on avait malencontreusement dégarni de troupes et que le général Chazot ne put reconquérir, Dumouriez craignit d'être cerné à Grandpré et décida de se replier sur Sainte-Menehould. Il établit son corps d'armée à l'ouest de cette ville, sur le plateau qui s'étend entre Maffrécourt, Chaudefontaine et Sainte-Menehould. Le général faisait face à Paris, ayant derrière lui l'Argonne, que défendait à l'est l'avant-garde commandée par Dillon.

Le 19 septembre, ces forces s'accrurent du corps d'armée du général Beurnonville, venu de Châlons-sur-Marne, et de celui du général Kellermann, arrivant de Metz par Vitry-le-François, Le Fresne et Dampierre-le-Château.

Ce n'est pas ici le lieu — puisque cette étude n'a trait qu'à l'histoire de Sainte-Menehould — de relater les péripéties de la glorieuse journée du 20 septembre, au cours de laquelle Kellermann, surpris sur le plateau du moulin de Valmy par l'apparition inopinée des Prussiens, arrivés près de la ferme de Maigneux par Grandpré, Cernay-en-Dormois et Somme-Bionne, défendit brillamment cette position à l'aide de troupes qui n'avaient jamais combattu et qui, pour la première fois, entendaient le bruit du canon.

Dillon, ou plus exactement Galbaud, contenait pendant ce temps les Hessois et les Autrichiens à la côte de Biesme. Très chaudement secondés par les bourgeois et les paysans des alentours, ces chefs de corps furent desservis par bon nombre de gentilshommes verriers, parents d'émigrés.

Le général en chef fit écrouer à la prison de Sainte-Menehould, le 6 septembre, « les sieurs Louis Bigaud, Simon Duhoux, J. B^{te} Brossart, Pierre

« Bonnet, Louis Brossart et François Julliot, m[es] de « verreries », qui furent transférés à Châlons le 27 septembre, et, le 8, fit déposer dans la même maison d'arrêt « quatre personnes nommé Louis françois « dorlodot dessart de la plaquardele, charles alexan- « dre dorlodot dessart, françois charles dorlodot « dargicourt, et andré loüis Bonnet Malbert, tous « trois de la haraze[1] ». Ces derniers furent élargis le 22 septembre.

Le 27 août avait été pillée par les volontaires du 2e bataillon du département de la Côte-d'Or, par ceux des Ardennes et par un détachement des 1er et 6e régiments d'artillerie, la verrerie de la Vignette, appartenant « aux sieurs Bonnay (Claude-Ferdinand), Duhoux et Davocourt[2] ».

Les Hessois occupaient Clermont et les Autrichiens Neuvilly. Le matin du 17 septembre, douze compagnies d'infanterie, six escadrons, deux pièces de canons et deux obusiers s'avancèrent sur la route de Clermont aux Islettes. Les pièces, mises en batterie, lancèrent plusieurs volées dans la direction de

---

1. Registres d'écrou.

2. Registre des délibérations du conseil de la commune de Sainte-Menehould (29 août 1792). — Nous avons conservé aux noms cités l'orthographe de l'époque. Ceux-ci doivent être ainsi rectifiés : de Bigault, du Houx, de Brossard, Dorlodot d'Essart, Dorlodot d'Argicourt, de Bonnay et de Bigault d'Avocourt.

ARMES : De Bigault : *D'azur à trois furets d'argent, surmontant chacun une étoile de cinq rais d'or.* — Du Houx : *D'azur à trois bandes d'argent accompagnées de quatre billettes d'or posées en barre.* — De Brossard : *D'azur à la main gantelée d'or, posée en fasce soutenant un épervier d'argent et accompagnée de trois fleurs de lys d'or, chacune soutenue d'une moucheture d'hermine d'argent.* — Dorlodot d'Essart : *D'azur à trois étoiles d'argent, deux et une, au croissant de même en cœur.* — De Bonnay : *D'argent à trois hures de sanglier de sable, défendues du champ.*

la côte de Biesme, tandis que Hohenlohe, le landgrave et l'archiduc Charles opéraient une reconnaissance. La position fut reconnue si forte que toute l'action se borna à cette démonstration inoffensive.

Le 20, le corps d'armée du landgrave de Hesse tenta une nouvelle reconnaissance. Reçue par une grêle de boulets, cette troupe s'arrêta devant la Biesme débordée et retourna presque aussitôt sur ses pas. Ce furent là toutes les opérations militaires qui eurent lieu à la côte de Biesme, dont la défense, quoique sans effusion de sang, contribua pour une part considérable au succès de la journée de Valmy[1].

En octobre 1793, la ville dont nous esquissons l'histoire perdit son second nom, — vestige, suivant le mot du temps, de la superstition et de l'Ancien Régime, — et en reçut un troisième, qui n'eut qu'une durée éphémère, celui de Montagne-sur-Aisne, lequel ne fut plus employé à partir du 12 germinal an III.

Sur l'initiative d'un comité de vigilance, composé des citoyens Léger, Garnier, Macquart, Maujean, Mathieu, Blanchin, Dolard, Mercier et Thiéry, furent arrêtés comme suspects, en exécution de la loi du 17 septembre 1793 :

Le 7 octobre, Gabriel Colin[2], demeurant à Crèvecœur ; Jean-Baptiste Langlois, prêtre ; François-Auguste Marquet, homme de loi ; Jean-François Thiéry, ci-devant directeur des Aides ; Ferdinand de Bonnay de Nonancourt ; Pierre Langlois, prêtre ; la femme

1. Arthur Chuquet, *Valmy*. — Cet ouvrage très documenté présente, en ce qui concerne la campagne d'Argonne, un intérêt de premier ordre.
2. Ci-devant lieutenant en la maîtrise des Eaux-et-Forêts.

de Jean Lahaute, celui-ci cultivateur; Catherine Morin; la veuve Garnier; la « fille Durand, dite Pélagie », agente de la maison de charité; la dame Montrosé-Nidart, marchande; Nicolas-Remy Lesure, juge de paix, ex-constituant[1], tous demeurant à Sainte-Menehould; la dame de Bonnay-Bouvrelle, Louis du Houx, Louise de Bonnay, épouse de Finance, ces derniers demeurant à La Vignette;

Le 11 octobre, la d^elle^ Alexis Bernier et Nicolas Etienne, celui-ci chez le citoyen Defrance, huissier à Sainte-Menehould;

Le 14 octobre, Louis de Bigault d'Avocourt, demeurant à La Vignette;

Le 16, Jean-Georges Taillefer; Charles-César-Auguste Mangot, apothicaire; Jean-Charles Maucler; Marguerite Faillette, femme du citoyen Nicolas Chaalons, marchand de chevaux; la d^elle^ Anne Colin; Marguerite-Adélaïde Marguet, épouse du citoyen Boulland, médecin; Marie-Gabrielle Mengeot, ci-devant religieuse, tous demeurant à Sainte-Menehould;

Le 17 octobre, Christophe-Athanase-Philémon de Mauraige et Gaspard Simarmonne, ce dernier élargi le 13 du 2e mois de l'an II, sous la responsabilité personnelle du citoyen Soustremestre, directeur de la verrerie de La Vignette;

Le 21 frimaire an II, François Thoury;

---

1. Nicolas-Remy Le Sure, ancien lieutenant général au bailliage de Sainte-Menehould, avait été, aux États Généraux, un des représentants pour le tiers état du bailliage principal de Vitry. On sait que les États Généraux prirent, le 9 juillet 1789, le nom d'Assemblée Constituante.

Lors de l'établissement du nouvel ordre judiciaire, Le Sure, alors député, fut élu juge de paix du canton de Sainte-Menehould par l'assemblée des électeurs du district.

Enfin, le 15 ventôse suivant, Mathieu Mathieu, notaire, et Claude-Marie Robinet, receveur du district de Montagne-sur-Aisne. Ceux-ci furent, le 2 floréal an II, transférés à la maison de justice de Châlons-sur-Marne[1].

La chapelle de l'hôpital, mise à la disposition du peuple pour les assemblées civiques, fut affectée par la municipalité aux fêtes décadaires. Elle ne fut rendue à sa destination primitive qu'après le Concordat.

Nous avons dit ailleurs que Drouet fut nommé sous-préfet de sa ville natale, le 9 germinal an VIII. Il eut à recevoir, le 26 juillet 1807, l'empereur Napoléon, qui, en sa compagnie et en celle de Murat, visita le champ de bataille de Valmy.

En 1814, la crainte d'une nouvelle invasion fit songer aux ressources que le Château pouvait encore offrir pour la défense. On tenta d'en refaire l'enceinte au moyen de palissades, placées dans les endroits les plus découverts, et on entreprit de rétablir une porte à mi-côte, à peu près à l'endroit où était l'ancienne. Ces travaux hâtifs, qui devaient être complétés par un retranchement élevé en avant de la forêt, à la côte de Biesme, ne furent d'aucune utilité.

Drouet, animé d'une ardeur juvénile, se multipliait pour faire face à la coalition. Il lança de Passavant, le 17 mars, cette proclamation caractéristique :

« Le chevalier Drouet, sous-préfet et commandant
« en chef de l'arrondissement de Sainte-Menehould,
« aux maires et habitants des communes.

1. La plupart de ces arrestations ne furent pas maintenues.
On trouvera plus loin, paragraphe XVII, le texte de deux délibérations du conseil de la commune, relatives à la liste des émigrés.

« Les troupes victorieuses de l'Empereur sont « entrées hier à Châlons, l'ennemi est en déroute. « Dans leur retraite, ces hordes sauvages méditent « de détruire les habitations dans tous les lieux de « leur passage.

« Aux armes, mes amis ! Levons-nous en masse « pour écarter de nos foyers ces fléaux dévastateurs, « armez-vous de fusils, prenons des bâtons avec des « pointes de fer ou des fouanes[1] à moisson, en un « mot tout ce qui peut porter la mort et la terreur « dans les rangs de nos ennemis. Prenez des vivres « avec vous pour deux jours et venez me trouver « partout où je serai. Je vais me porter avec un corps « d'observation le long de la lisière des forêts jusque « sur la route des Romains[2], pour exterminer ou « repousser les brigands épars qui voudraient rava- « ger vos habitations.

« Passavant, le 17 mars 1814,

« Droüet[3]. »

---

1. Sorte de fourches en fer à trois dents.
2. Route de Reims à Bar-le-Duc.
3. Document inédit dont nous possédons un original. Cette proclamation, dictée à la hâte, fut envoyée en manuscrit aux communes intéressées.

XI

(De 1814 à nos jours).

Avec 1814 finirent les temps héroïques de Sainte-Menehould. La ville reçut, le 8 juin 1831, la visite de Louis-Philippe, qui, étant encore duc de Chartres, avait combattu à Valmy sous les ordres de Kellermann, et qui tint à revoir, à trente-neuf ans d'intervalle, le champ de bataille sur lequel il avait fait ses premières armes.

Le roi se rendit en voiture de Châlons à Gizaucourt. Arrivé près de cette commune, il monta à cheval avec son escorte et se rendit d'abord à Dampierre-sur-Auve, où il fut reconnu par le propriétaire de la maison où il avait logé en 1792. Il se dirigea ensuite vers Valmy, monta sur la colline et examina longuement l'emplacement des batteries qu'il avait commandées en avant et à l'ouest du moulin. Pendant ce temps les artilleurs de la garde nationale de Châlons simulaient les mouvements de l'artillerie française au cours de la bataille et dirigeaient leur feu sur le plateau de la Lune.

Après avoir décoré un survivant des combattants de 1792, le roi prit le chemin de Dommartin-la-Planchette, où il alla visiter la maison dans laquelle il avait couché pendant la nuit du 21 au 22 septembre. Il y retrouva sur les épaules du propriétaire un habit qu'il avait emprunté à celui-ci pendant que le sien séchait devant le foyer.

A Sainte-Menehould, il y eut revue sur la place

d'Austerlitz et bal à l'hôtel de ville. Les régents du collège avaient inscrit ce distique sur un transparent qui décorait leur demeure :

O Rex, Gentis amor, proles tu digna parentis !
Huc properate boni : vestra beate datur.

Un ami des lettres fit de son côté tracer le quatrain suivant sur un arc de triomphe élevé au faubourg Florion :

Soldat français, aux plaines de Valmy
Nous l'avons vu signaler sa vaillance.
Roi citoyen, contre tout ennemi
Il saura défendre la France ![1].

La princesse Hélène de Mecklembourg, fiancée du duc d'Orléans, s'arrêta également à Sainte-Menehould en 1837. Elle eut pour escorte d'honneur la garde nationale à cheval, qui l'accompagna sur le champ de bataille de Valmy. En mémoire de cette circonstance, et sur la demande de M. Pelletier, lieutenant, Louis-Philippe fit don à la compagnie d'un étendard sur lequel était inscrit, d'un côté : *Liberté, ordre public*, et de l'autre : *Le Roi à la garde nationale à cheval de Sainte-Menehould* [2].

On vit descendre moins pompeusement de la diligence, le 24 juillet 1838, Victor Hugo en route pour le Rhin.

---

1. *Voyage du roi dans le département de la Marne.*
2. La garde nationale se composait, en 1841, d'une compagnie de grenadiers, 86 hommes, capitaine Mélinette ; d'une 1re compagnie de chasseurs, 112 hommes, capitaine Rollot ; d'une 2e compagnie de chasseurs, 155 hommes, capitaine Adam ; d'une compagnie de voltigeurs, 62 hommes, capitaine Jacquesson ; d'une compagnie de pompiers, 38 hommes, lieutenant Bridier ; et enfin d'une compagnie de gardes à cheval, 28 hommes, sous-lieutenant Pelletier. Le corps avait pour commandant le chef de bataillon en retraite Buirette.

Le grand poète s'arrêta à l'*Hôtel de Metz*, où, séduit par l'aspect engageant de l'antique cuisine, il fit de celle-ci une description charmante :

« Sainte-Menehould, dit-il, est une assez pitto-
« resque petite ville, répandue à plaisir sur la pente[1]
« d'une colline fort verte, surmontée de grands
« arbres.

« J'ai vu à Sainte-Menehould une belle chose.
« C'est la cuisine de l'*hôtel de Metz*. C'est là une
« vraie cuisine. Une salle immense. Un des murs
« occupé par les cuivres, l'autre par les faïences. Au
« milieu, en face des fenêtres, la cheminée, énorme
« caverne qu'emplit un feu splendide. Au plafond,
« un noir réseau de poutres magnifiquement enfu-
« mées, auxquelles pendent toutes sortes de choses
« joyeuses, des paniers, des lampes, un garde-man-
« ger, et au centre une large nasse à claire-voie où
« s'étalent de vastes trapèzes de lard... L'âtre flam-
« boyant envoie des rayons dans tous les coins,
« découpe de grandes ombres sur le plafond, jette
« une fraîche teinte rose sur les faïences bleues et
« fait resplendir l'édifice fantastique des casseroles
« comme une muraille de braise. Si j'étais Homère
« ou Rabelais, je dirais : cette cuisine est un monde,
« dont cette cheminée est le soleil... »

La ville de Sainte-Menehould, en reconnaissance du bon souvenir qu'avait gardé d'elle l'illustre auteur d'*Hernani,* décida, après la mort de celui-ci, de donner à la rue du Bois, qui conduit à la gare, le nom d'avenue Victor-Hugo.

---

1. Ou plus exactement : au pied.

Tout le monde connaît, du moins de réputation, les célèbres pieds de porc à la Sainte-Menehould.

Cette préparation avait, lors de l'arrestation de Louis XVI, motivé une humoristique réflexion de Camille Desmoulins, qu'il serait regrettable de laisser tomber dans l'oubli :

« A quoi tiennent les grands évènements? A « Sainte-Menehould. Ce nom rappelle à notre Sancho « Panza couronné les fameux pieds de cochon. Il ne « sera pas dit qu'il aura relayé à Sainte-Menehould « sans avoir mangé sur les lieux des pieds de « cochon. Il ne se souvient plus du proverbe : *Plures « occidit gula quam gladius*[1]. Le délai pour les « apprêter lui fut fatal[2]. »

La tradition en attribue la découverte, d'ailleurs fortuite, à une ancienne hôtesse du *Soleil d'Or*, de cette même auberge où, en 1791, logèrent les hussards et les dragons chargés de protéger la fuite de Louis XVI. Cet hôtel ne remontant pas au delà de 1726, époque de la création de la place Royale, on peut en conclure que l'origine de la célèbre spécialité culinaire date vraisemblablement du milieu du XVIIIe siècle.

On raconte que l'hôtesse, ayant eu à s'absenter, oublia sur le feu une marmite contenant des pieds de porc, qu'elle eut la surprise, à son retour, de trouver cuits à point, et si tendres qu'on en put extraire la moelle. Pendant son absence, une personne de service avait, par mégarde, mêlé à ces pieds, d'une saveur inconnue, des ingrédients qui ne leur étaient

1. La bouche tue plus de monde que le glaive.
2. Journal *Les Révolutions de France*.

pas destinés. La recette ne fut pas divulguée. Elle resta la propriété des hôteliers chez lesquels elle fut découverte et, dans la suite, fut transmise plus ou moins indirectement à des maisons similaires.

En janvier 1841 fut fondé, par l'imprimeur Poignée-Darnauld[1], le journal *La Revue de la Marne*, première publication de ce genre qui eût été créée dans l'arrondissement. Ce périodique, d'abord exclusivement littéraire, agricole et commercial, paraissait à l'origine une fois par semaine. Il devint ensuite bihebdomadaire et, à partir de 1848, put, sans cautionnement, insérer des articles politiques. *La Revue de la Marne*, qui, en dernier lieu, était la propriété d'une société anonyme et paraissait trois fois par semaine, a cessé sa publication le 31 décembre 1908.

Sainte-Menehould vit, en 1850, le passage de Louis-Napoléon Bonaparte, qu'on appelait alors le Prince-Président, et, en juillet 1856, celui, plus désintéressé, d'Alexandre Dumas père, qui venait se documenter sur place pour son livre : *La Route de Varennes*.

---

1. Claude Poignée, qui épousa en 1819, Anne Darnauld, de Bar-le-Duc, était né à Vignory (Haute-Marne). Il établit une imprimerie à Sainte-Menehould en 1820. Parmi les plus intéressantes publications qui sortirent de ses presses, on peut citer l'*Histoire de la ville de Sainte-Menehould* par Claude Buirette (1837), les *Souvenirs de Sainte-Menehould* (1844), et les *Chroniques Lorraines*, de Th. Coursiers (1844). Claude Poignée mourut à Paris en 1868.

Il eut pour successeur son gendre Duval-Poignée, né à Bar-le-Duc en 1818, mort à Sainte-Menehould en 1873, lequel publia une *Relation inédite des sièges de Sainte-Menehould ès années* 1652 *et* 1653 (1865), les *Annales de la ville de Sainte-Menehould* (1868), des *Notes historiques et religieuses sur Vignory*, par l'abbé Maupris (1869), et les *Idylles* de Gessner et les *Odes* d'Horace, traduites par le commandant Delacroix. Ce dernier, originaire d'Ante, était l'oncle du peintre Eugène Delacroix.

L'auteur des *Trois Mousquetaires*, accompagné du contrôleur des contributions directes Horguelin et des répartiteurs de la commune, qu'il trouva réunis à la mairie, visita lui aussi le champ de bataille de Valmy.

Un événement contribua, sous le second Empire, à transformer la physionomie jusque-là patriarcale de la petite ville qui fait l'objet de cette étude. Ce fut la création, en 1863, du chemin de fer de Châlons à Metz, avec station à Sainte-Menehould. Une seconde gare fut établie, en 1882, avec le nom de Sainte-Menehould-Guise, sur la ligne transversale d'Amagne à Revigny. Le conseil municipal avait, en 1841, voté un crédit de 25 000 fr. pour l'exécution du chemin de fer de Paris à Strasbourg par la vallée de la Marne.

Peu après la fatale guerre de 1870 furent établies sur la côte de Crèvecœur d'immenses casernes, successivement occupées par les 7e, 8e et 6e régiments de cuirassiers.

En 1881, M. Huot de Saint-Albin, archiprêtre, pour donner satisfaction aux désirs exprimés par un certain nombre d'habitants de la ville basse, décida de construire dans la rue des Capucins, dite aujourd'hui rue Gaillot-Aubert, une nouvelle église de vastes proportions, pour laquelle fut adopté le style néo-roman. Cet édifice, dont il ne fut bâti que l'abside et le transept, est resté inachevé et n'a jamais été livré au culte.

On construisit depuis, sur la place de l'Hôtel-de-Ville, un bel hôtel de la Caisse d'Épargne et une salle des Fêtes. En 1907 fut creusé, sur le chemin de Florent, un puits artésien destiné à alimenter la ville d'eau potable. L'eau, provenant de couches aquifères inférieures aux sables verts, fut reconnue exempte de toute espèce de microbes pathogènes ou putrides. La réglementation des concessions fut établie par délibération du conseil municipal du 21 mars 1908.

XII

CÉLÉBRITÉS

La ville de Sainte-Menehould, dont, ainsi qu'on a pu le voir, le rôle historique fut vraiment glorieux, n'a cependant donné le jour à aucun homme illustre.

On cite, au XVIIe siècle, comme personnalité remarquable, Pierre Pérignon, né en 1638, mort le 14 septembre 1715 à Hautvillers, près Épernay.

Entré dans l'ordre des Bénédictins, dom Pérignon fut chargé pendant quarante-sept ans, en qualité de cellérier de l'abbaye d'Hautvillers, du soin des vignobles qui dépendaient de cette maison. L'abbaye de Saint-Pierre d'Hautvillers, qui avait été fondée, dit-on, en 680 par saint Nivard, archevêque de Reims, appartint successivement à la congrégation de Saint-Vanne et à celle de Saint-Maur et de Saint-Hydulfe. Elle faisait exploiter, au XVIIe siècle, de soixante-dix à quatre-vingts arpents de vignes, les meilleures du territoire. Leurs produits, dès cette époque, étaient retenus à l'avance par les plus grandes familles et les maisons souveraines de France, des Pays-Bas, d'Allemagne et d'Angleterre[1].

Doué d'une extrême finesse de goût, Pérignon savait distinguer, sans erreur, les raisins des différents crus, et eut l'idée, après avoir découvert le moyen de transformer en vins blancs d'une limpidité parfaite les produits des coteaux, auparavant gris ou

1. Chalette, *Statistique du canton d'Ay*.

paillés, de es combiner en de savantes proportions pour améliorer, à un degré inconnu jusque-là, leurs qualités natives.

L'apparition des vins mousseux date, semble-t-il, de 1695, et la coïncidence de l'invention de la mousse avec les recherches assidues de dom Pérignon, fait présumer qu'il est l'auteur de cette découverte. Sa réputation était si universellement établie que le maréchal de Montesquiou écrivait, le 9 novembre 1715 : « M. de Puisieulx m'a dit que le père « Pérignon étoit mort, qui a très fait parler de lui « pendant sa vie. Sur les premiers vins de cette « abbaye[1], pensez à moi, car franchement ce sont « les meilleurs. »

L'estimable bénédictin est du reste célèbre à plus d'un titre, car c'est également à lui qu'on doit le mode actuel de bouchage des bouteilles au moyen de bouchons de liège. Antérieurement au XVIIIe siècle — détail peu connu — on fermait celles-ci à l'aide d'un tampon de chanvre imbibé d'huile.

La pierre tombale de dom Pérignon existe encore dans l'église d'Hautvillers, qui fut celle de l'abbaye. On vénérait dans ce sanctuaire les prétendus ossements de sainte Hélène, mère de l'empereur Constantin, ossements qui, après mille vicissitudes, finirent par échouer, en 1820, derrière le maître-autel de l'église Saint-Leu, à Paris.

On nomme au même siècle et au même titre un graveur, Louis de Châtillon, né en 1659, mort en 1731.

---

1. C'est-à-dire : « En ce qui concerne les premiers vins que cette abbaye mettra en vente. »

Il fut graveur en titre de l'Académie des Sciences et collabora, avec Robert et Abraham Bosse, à la reproduction du recueil des plantes peintes sur vélin par Robert, conservé à la Bibliothèque Royale. Cette publication, qui comportait trois volumes in-folio, parut sous le titre de *Recueil d'estampes pour servir à l'histoire des plantes*. On signale de Louis de Châtillon deux pièces d'un caractère artistique : *Les Parques filant la destinée de Marie de Médicis*, d'après Rubens, et les *Les Sept Sacrements*, d'après Le Poussin.

Le XVIIIe siècle vit naître Pierre-Nicolas Berryer, jurisconsulte, né à Sainte-Menehould le 22 mars 1757, mort à Paris le 25 juin 1841. Reçu avocat au Parlement en 1780, il compta, pendant près d'un demi-siècle, au nombre des membres les plus distingués du barreau de Paris. Parmi les causes remarquables dont il fut chargé figurent la défense devant la Cour d'assises de Bruxelles du maire d'Anvers, accusé de malversations, la défense, de concert avec Dupin aîné, du maréchal Ney devant la Chambre des Pairs en 1815, et, l'année suivante, celle de Fauche-Borel, ancien agent des Bourbons sous la République et sous l'Empire, contre Perlet, ancien agent de police et journaliste.

Pierre-Nicolas Berryer, plus connu sous la dénomination de Berryer père, laquelle servait à le distiguer de son fils, également avocat, était moins un orateur de grande envergure qu'un jurisconsulte consommé. Aussi excellait-il dans l'exposé des affaires civiles et particulièrement des affaires commerciales. Il projeta un *Traité de Droit commercial de terre et de mer tel qu'il est observé en France et dans les pays étrangers*, traité qui ne fut jamais publié. Pierre-Nicolas Berryer laissa trois fils : Antoine-Pierre Berryer, l'illustre orateur parlementaire, Ludovic Berryer, et Hippolyte-Nicolas Berryer, qui devint général de brigade.

Antoine-Pierre Berryer, porte-parole attitré du parti légitimiste sous la monarchie de Juillet, fut un des représentants les plus éminents de l'éloquence française. Doué d'une vive intelligence qui lui permettait en quelques minutes de s'assimiler les matières les plus ardues, maître d'une imagination brillante qui mettait sans effort à son service toutes les ressources de l'art oratoire, il lui était pénible de consacrer ses veilles à l'étude d'affaires serrées et précises comme le sont en général les contestations civiles et commerciales. Aussi fut-il essentiellement orateur et surtout orateur parlementaire.

Antoine-Pierre Berryer aimait le faste. Il passait ses vacances en sa terre d'Augerville (Loiret), où il menait une vie princière. La fréquentation continue de notabilités des vieux partis, un amour inné des pompes dont aima de tout temps à s'entourer la monarchie traditionnelle, donnèrent à cette personnalité d'élite le léger travers de s'illusionner volontiers sur ses très honorables, mais modestes origines. Berryer avait fait graver sur les *ex-libris* de sa bibliothèque ce décoratif écusson : *D'argent au chevron de gueules, accompagné en chef de deux quintefeuilles d'azur et en pointe d'un aigle de même.*

Ces armoiries étaient celles d'une vieille famille du nom de Berryer, qui posséda au XVIIe et au XVIIIe siècle les fiefs de la Ferrière, près Domfront et de Ravenoville près Valognes, et dont une des représentantes, Marie-Élisabeth Berryer, épousa, le 9 avril 1758, Charles-François de Lamoignon, marquis de Bâville, président à mortier au Parlement de Paris et garde des sceaux sous Louis XVI. Un certain René-Michel Berryer, inconnu à La Chesnaye des Bois, serait né en 1697 de Jean-Louis Berryer, comte de la Ferrière, et, à la suite des revers, se serait fixé en Champagne. Il aurait eu un fils qui passa en Hollande, où il germanisa son nom, et un autre fils Pierre-Michel Berryer, qui serait venu se fixer à Sainte-Menehould et y aurait exercé la noble profession de verrier. Ce Pierre-Michel serait le père de Pierre-Nicolas Berryer, avocat, et le grand-père de l'illustre Berryer.

Les origines de l'éminent orateur, d'après les registres paroissiaux de Sainte-Menehould, d'abord, et ceux de Sarreguemines, ensuite, sont tout autres.

Son père Pierre-Nicolas Berryer, né à Sainte-Menehould le 22 mars 1757, était fils de Pierre Bichel Berryer « marchand fayancier en cette ville » et d'Anne-Françoise Varroquier, de Givry-en-Argonne [1].

Pierre Bichel Berryer, marchand faïencier, était lui-même fils de Jean-Pierre Bichel Berrier, bourgeois de Sarreguemines, et d'Anne-Marie Lamy.

Enfin Jean-Pierre Bichel Berrier, bourgeois de Sarreguemines, était fils de François-Jacques Bichelberger, de cette ville, et d'Anne-Catherine. Son acte de naissance est daté du 2 avril 1678.

Il est donc authentiquement démontré que l'existence de Pierre-Michel Berryer est un mythe, et que c'est le nom allemand de Bichelberger qui s'est

---

1. Arrondissement de Sainte-Menehould.

transformé en Berryer, et non celui de Berryer, qui s'est germanisé, soit en Hollande, soit ailleurs[1].

Pierre Bichel Berrier, marchand de faïences, avait, dit-on, son magasin rue de Royon, aujourd'hui rue Camille-Margaine.

Au nombre des personnes à la générosité desquelles l'administration préfectorale crut, en 1843, pouvoir faire appel pour la fondation d'une Caisse d'Épargne à Sainte-Menehould, se trouvait Antoine-Pierre Berryer. L'illustre orateur, alors député de la Haute-Loire, adressa à cette occasion au sous-préfet de cette ville la lettre suivante :

« Monsieur,

« Je vous remercie d'avoir bien voulu vous rappe-
« ler que mon père est né à Sainte-Menehould ; il
« garda toute sa vie un grand attachement pour son
« pays natal, et moi, par respect et tendresse pour la
« mémoire de mon père, je suis heureux de trouver
« une occasion de concourir à une chose utile pour
« les habitants de Sainte-Menehould. Mon offrande
« est modeste, mais c'est de grand cœur et avec
« empressement que je vous l'envoie.

« Berryer. »

A cette lettre était jointe une souscription de deux cents francs.

---

1. Cf. Pol de Courcy, *Les origines de Berryer et de Victor Hugo* dans *Revue de Champagne et de Brie*, 1886.

XIII

DÉPENDANCES DE LA VILLE. — ANCIEN DOYENNÉ.

Sainte-Menehould, avec ses annexes, compte aujourd'hui 4990 habitants.

En 1752, il en comportait, d'après un dénombrement officiel, 2776 se décomposant ainsi[1] :

	Habitants.	Ménages,
Château.	278	86
Ville entre les deux rivières[2].	1339	259
Faubourg Florion.	677	155
Faubourg des Prés.	326	82
Faubourg des Bois.	33	10
Fermes et écarts.	123	29
	2776	621

En 1806 la population était de 3565 habitants.

De nombreux écarts dépendaient de la ville de Sainte-Menehould, dont le territoire actuel comprend 5711 hectares.

Le plus important, La Grange-aux-Bois, existait dès l'an 1300. La seigneurie en appartenait, en 1633, à Marie de Maupartie, veuve de Germain Godet, et, en 1738, à la famille Chaux. Ce hameau forestier, peu à peu devenu village, fut érigé en paroisse en 1690[3].

---

1. *Archives de la Marne*, E. 1009.
2. C'est-à-dire entre le Pont-de-Pierre et le Pont-Rouge.
3. *Archives de la Marne*, C. 2538 et 2541, et E. 1008.

La Grangette-aux-Bois, située à 1 km. 1/2 de La Grange-aux-Bois, semble être à peu près de la même époque.

Le long de la Biesme, au nord-est du territoire, se trouvait la cense de la Maison-Dieu-en-Biesme, ancienne maladrerie instituée pour le traitement des lépreux, et qui fut l'objet de la bienveillance du comte Thibaut V. Le domaine en fut réuni plus tard à celui de l'hôtel-Dieu de Sainte-Menehould.

A peu de distance de la Maison-Dieu était le domaine du Bois-d'Epense, que créa Claude Toignel d'Epense[1], gouverneur de Sainte-Menehould de 1514 à 1533, et pour la seigneurie duquel hommage fut rendu, le 9 novembre 1663, par Sanson Deu[2].

Au XVIIIe et au commencement du XIXe siècle existait au Bois-d'Epense une célèbre faïencerie, dite faïencerie des Islettes. Elle était dirigée par le décorateur Bernard, dont la maison d'habitation, décrite par André Theuriet dans *Le Filleul d'un Marquis*, est aujourd'hui occupée par les héritiers du général Mayran, tué à Sébastopol. Les ateliers et les fours ont disparu.

Le hameau de La Vignette, voisin du Bois-d'Epense, est également attenant au canal de Biesme. Il y fut établi une verrerie, qui était en activité pendant la période révolutionnaire.

En deçà de La Grange-aux-Bois sont ou étaient

1. Claude Toignel, deuxième du nom, seigneur d'Epense, Bettancourt, Vroïl, L'Aulnoy-Regnault en Brie, Maubué et Noirlieu, avait épousé Yolande Jouvenel des Ursins.

2. *Archives de la Marne*, C. 2538. — Deu : *D'argent au chevron d'azur accompagné de trois pattes de griffon de sable posées deux et une.*

disséminés la maison de Beauregard, la ferme de l'Alléval ou de Lalléval, aujourd'hui détruites[1], le hameau des Chalaides et le manoir de Crèvecœur. Cette dernière habitation, que décorent quatre tourelles, paraît, par son style, dater du commencement du XVIIIe siècle, et doit, dit-on, son nom à un gentilhomme verrier qui la fit construire. On a prétendu — pure légende basée sur un jeu de mots — que là fut tué par une flèche « lancée du Château » et qui lui perça le cœur, Arnould, évêque de Verdun, qui assiégea la ville ou plus exactement qui tenta de la délivrer de son redoutable tyran, Albert dit Pichot, en 1181. Nous avons vu qu'Arnould fut frappé à la tête, ce qui dispense de tout commentaire.

Sur le chemin de Florent étaient les fermes maintenant disparues, à gauche, de la Malassise et, à droite, de l'Hermitage. La Malassise avait été acquise moyennant sept mille livres, en 1698, par l'hôtel-Dieu de Sainte-Menehould, sur les deniers provenant du legs du prince de Condé. Près de la cense de l'Hermitage, qui appartenait au même établissement et dont il est fait mention, ainsi que du Mont-l'Hermite, dans le cartulaire de l'église paroissiale, s'élevait une petite chapelle dédiée à saint Roch, patron des pestiférés. Entre le Pont-Rouge et le bas de la côte de Crèvecœur s'étendait la Débaillerie, qui appartenait à l'hôtel-Dieu dès avant 1343.

Au nord de la ville se trouvait, et se voit encore,

1. Sur les terrains de l'Alléval se remarque un petit bois d'agrément créé par Arthur Géraudel et gracieusement mis à la disposition du public. Arthur Géraudel, né en 1841 à Bellefontaine, c[e] de Futeau (Meuse), inventa, vers 1876, à Sainte-Menehould, où il exerçait la profession de pharmacien, les célèbres pastilles qui portent son nom. Il mourut en cette ville en 1906.

la ferme de la Hocarderie, créée en 1629 par Guillaume Hocart[1], écuyer, conseiller du roi, greffier en la prévôté. Il était fils de Louis Hocart et de Louise Chaalons. Un peu plus près de la ville étaient la Vallée-Colletet et le Jauvinat, ce dernier lieu rendu célèbre par un vieux *Noël*, dont il sera parlé plus loin, et qui en fit un nouveau Bethléem vers lequel accoururent toutes les paroisses du doyenné.

A l'ouest se remarquaient, sur le sommet d'un coteau, la maison de la Côte-Carraut ou la Haute-Maison, remplaçant une maladrerie détruite en 1589 pendant les guerres civiles, et, sur la rive gauche de l'Auve, la ferme des Marécages, toutes deux propriétés de l'hôtel-Dieu. Sur un bras de la même rivière s'élevait le moulin de Gergeaux, qui existe encore, transformé aujourd'hui en talonnerie. Le fief de Gergeaux appartenait, en 1614, à Anne Laschet, veuve de Sanson Collet; en 1718, à la veuve Aubertin et, en 1741, à Claude Maujean[2]. Les fermes de Gergeaux et de Bignipont devaient l'une et l'autre, « de temps immémorial, » chaque année, le lundi gras, une oie ou un canard à la « jeunesse » de Sainte-Menehould, qui allait, en armes, les chercher et ensuite les tirait en forme de prix[3]. La ferme de la Sous-Préfecture, plus récente, fut la propriété de Drouet, alors sous-préfet, et est restée celle de ses descendants. La culture de la betterave à sucre, qu'il pratiqua avec succès, lui valut en 1812 une médaille d'argent de la Société d'Agriculture de la Marne.

Au sud se trouvaient, à droite de la route de Vitry,

---

1. Hocart : *De gueules à trois roses d'argent.*
2. *Archives de la Marne*, C. 2655 et 2515.
3. *Archives de la Marne*, C. 689.

la Cense-Brusley ou la Cense-Brûlée, et, à gauche de la même route, la Camuterie, fondée par un sieur Camus et où fut pendant quelque temps une verrerie; la Cense-Laschet, non loin de la sucrerie actuelle; le Pavillon, qui fut, dit-on, la maison de campagne d'un des gouverneurs; les Houis, où exista, à l'époque gallo-romaine, une verrerie d'art, et enfin Norval, autre ferme détruite, située au sud-est de la ville et dominant la rivière l'Aisne.

Au mois de septembre 1551, Henri II accorda à Sébastien de Neufchastel, écuyer, seigneur de Cernay-en-Dormois, un petit bois appelé Forêt, contenant 440 arpents, moyennant 7 sols tournois par arpent, à charge de l'essarter et de n'y pouvoir bâtir château ni forteresse[1]. Plusieurs fermes, notamment la Cense-Brusley et la Camuterie, se partagent l'emplacement de ce bois défriché. On voit dans l'église de Cernay une très belle pierre tombale portant cette inscription : *Cy gist Jacques de Nevfchastel, en son vivant seignevr de Plancy et de Cernay, qui décéda en l'an mil Vc et XVIII, et dame Anne de Rabvtin dicte desperit qvi décéda l'an mil Vc et XII, père et mère de Messire Sébastien de Nevfchastel levr filz : prions Diev levr donner pardon.*

Mentionnons ici que les mesures agraires en usage à Sainte-Menehould avant la Révolution étaient les suivantes :

La verge, comprenant 20 pieds de 12 pouces, ou 240 pouces, et valant 42 centiares;

La danrée, comprenant 12 verges et demie, équivalant un 8e d'arpent, et valant 5 ares 28 centiares;

---

1. *Antiquités de la ville de Sainte Manehould. — Annales.*

Enfin l'arpent, comprenant 100 verges, et valant 42 ares 21 centiares.

L'arpent de Sainte-Menehould était donc inférieur à l'arpent royal ou arpent des Eaux-et-Forêts, lequel valait 51 ares 07 centiares.

Sainte-Menehould était, sous l'Ancien Régime, chef-lieu d'un doyenné qui comprenait, — outre l'abbaye de Moiremont, de l'ordre de Saint-Benoît, l'abbaye de Châtrices, de l'ordre des chanoines réguliers de Saint-Augustin, et le prieuré de Saint-Laurent de Chaudefontaine, qui appartenait aux Jésuites de Reims, — les paroisses ou annexes de :

Argers.
Auve.
Braux-Sainte-Cohière.
Braux-Saint-Remy.
Chapelle (La).
Châtrices.
Chaudefontaine.
Courtémont.
Dampierre-sur-Auve.
Dampierre-le-Château.
Daucourt.
Dommartin-la-Planchette.
Dommartin-sous-Hans.
Dommartin-sur-Yèvre.
Elise.
Felcourt.
Florent.
Gizaucourt.
Grange-aux-Bois (La).
Hans.
Herpont.
Maffrécourt.
Moiremont.
Neuville-au-Pont (La).
Passavant.
Rapsécourt.
Saint-Mard-sur-Auve.
Somme-Bionne.
Valmy.
Varimont.
Verrières.
Villers-en-Argonne.
Voilemont.

Les habitants de ces paroisses et de bon nombre d'écarts qui en dépendaient furent, dans la première moitié du XVIIIe siècle, très habilement mis en scène dans un curieux *Noël*, composé par l'abbé Hérisson, curé d'Auve, lequel était originaire de Courtémont. Cette chanson populaire, qui a pour la ville et pour la région environnante la valeur d'une relique ancestrale, ne comporte pas moins de trente-deux couplets.

L'auteur imagine que, la nuit de Noël, le Sauveur est né au Jauvinat et que, guidés par Nicolas, « qui sait toutes les routes, » les fidèles du doyenné se portent en foule dans cette direction. Paroisses, fermes et hameaux défilent successivement, dépeints d'un trait de plume par un narrateur caustique. Éveillés du Pavillon, jolies filles de Florent, perfide Grange-aux-Bois, Passavantins bien crottés, railleurs de Verrières, embourbés de Gizaucourt, fendants bourgeois de Valmy, bons enfants de Courtémont, *macâts*[1] du Pont, *quoat'vates*[2] de Chaudefontaine, chacun, à tour de rôle, est mis en scène et, à tour de rôle, rit du voisin. La musique, sur laquelle se chantait ce Noël, est empruntée à une ancienne composition du même genre, qui commençait par ces mots : *Laissez paître vos bêtes*, et qu'on trouve dans les recueils spéciaux.

---

1. *Macât*, sorte de petit poisson à grosse tête.
2. *Quoat'vates*, quatre ventres, c'est-à-dire gloutons.

XIV

DÉNOMBREMENT DES PAROISSES COMPRISES DANS L'ÉLECTION DE SAINTE-MENEHOULD

L'élection de Sainte-Menehould était subdivisée en six arrondissements, ayant pour chefs-lieux : Sainte-Menehould, Buzancy, Grandpré, Montfaucon, Triaucourt et Ville-sur-Tourbe[1]. Elle comprenait 122 paroisses, renfermant au total 9642 feux.

Ces paroisses étaient les suivantes :

	Nombre de feux.
Aincreville et la cense de la Sachogne	13
Andevanne et la cense d'Arbeuville	34
Apremont-en-Argonne	85
Argers	24
Autry, les censes du Grand Bois de l'Or et de Moyon, et l'ermitage de Saint-Lambert	132
Auve et la cense d'Herconval (ruinée)	58
Bantheville et Bourrut, villages, le château de Bolandre et la cense de la Tuilerie	92
Bar-lez-Buzancy	31
Barricourt et la cense des Tuileries	77
Baulny	48
Beauclair	37
Beaulieu-en-Argonne, le hameau de Courupt, les censes de la Mazurie et de la Taille-Moutarde, et l'ermitage de Saint-Rouin	74
Beaurepaire et la cense de Broye	33
Beffu et le Morthomme, villages, la Chapelle-lez-Beffu et la Petite-Chineray, censes	35
Berzieux	45
Binarville, la cense de l'Echelle et le moulin de Charlevaux	112
Boureuilles et la verrerie du Four-de-Paris	137

1. *Archives de la Marne*, C. 2947.

	Nombre de feux.
Boult-aux-Bois	67
Braux-Sainte-Cohière et la cense de Puise	14
Braux-Saint-Remy et la cense des Mares	49
Brécy	50
Brieulles-sur-Meuse, les censes de Ville-aux-Bois et de l'Estance	159
Briquenay	122
Brizeaux, les censes d'Appartenant et de la Cour de Brizeaux	84
Buzancy et Masmes, les censes de la Bergerie et de la Cour	185
Cernay-en-Dormois, les censes de Bayon, Chausson, Thouange et les Maisons-de-Champagne	161
Challerange et la cense de Joyeuse-Garde	74
Champigneulle, la forge dudit lieu et le moulin de Saint-Juvin	64
Charny	11
Châtel-lez-Cornay	100
Châtrices, les hameaux du Bois-des-Chambres et de Pologne, les censes du Pissotel, de Fayet, de Vernaut, de la Hotte, du Halandrier, le Four-au-Verre, le moulin de Daucourt, Grigny, Moncets et Châtillon	52
Chéhéry, les censes du Mesnil, des Granges, de Henriéval et de Sérieux	17
Chevières, les censes de la Noue-le-Coq et de la Folie	40
Chennery et Landreville, villages	38
Cierges et la cense de la Grange-aux-Bois	56
Condé-lez-Autry, les hameaux d'Ivoy-le-Petit et de la Mare-aux-Bœufs, et les censes d'Ouchery et de la Morurie	69
Cornay et la cense de Martincourt	104
Courtémont et la cense de Saint-Hilairemont	55
Cuisy	48
Dampierre-sur-Auve et Nuisement-lez-Saint-Mard, cense ruinée	11
Dampierre-le-Château et le village de Sommerécourt	61
Dannevoux	156
Daucourt	52
Dommartin-la-Planchette et la cense des Planches	7

	Nombre de feux.
Dommartin-sous-Hans	23
Dommartin-sur-Yèvre	62
Elise	19
Ante, Millet et les censes de Boncourt et des Horgnes.	31
Epinonville, les hameaux d'Ivoiry et d'Eclisfontaine, et la cense d'Emorieux	91
Epense et les censes d'Epensival et d'Hautecourt	74
Exermont et la cense de la Vieille-Forge	51
Felcourt	9
Fleury-en-Argonne	93
Fléville	59
Florent et les moulins d'Alesmont et du Claon	158
Fontenois	19
Gercourt et Drillancourt, villages, et les moulins de Guenauville, de Coqsigrue et d'En-haut	81
Gesnes	55
Givry-en-Argonne	144
Gizaucourt	29
Grand-Ham et les censes du Petit Bois de l'Or et de la Houppe	44
Grandpré, ville, comté, le hameau de Talma et les censes de Thenon, de Barbançon, de Grèves, de la Forge, de Belle-Joyeuse et des Loges	274
Halles	80
Hans-en-Champagne	88
Harricourt et la cense de la Malmaison	44
Haucourt et Malancourt, villages	161
Herpont, la cense d'Herpine et les fiefs de Follet et de Renneville, sans maisons	66
Imécourt et Alliépont, villages	65
La Chapelle-sur-Auve	16
Lançon, la forge de Bièvres et les censes de Baldrange et des Haquets	75
Landres et la cense de la Dhuy	97
La Neuville-aux-Bois, le hameau de Bournonville et la cense des Essarts	89
La Neuville-au-Pont, bourg, cinq grosses fermes et les censes d'Essert, de Venise, de Pont-à-l'Isle, de Naviau et du Petit-Moulin	336
Laval	37

	Nombre de feux.
Le Bois-des-Dames, l'abbaye de Belval-en-Dieulet, la Forge de Belval et les censes de Pontorval et d'Herbaumont.	53
Le Vieil-Dampierre et les censes de Grandru et de la Chayère.	57
Maffrécourt et les censes d'Effrain et de Waillon. . . .	15
Marcq et la cense de la Grande-Besogne.	96
Massiges.	35
Melzicourt.	16
Minaucourt.	44
Moiremont et la cense de Chanvrieulle.	64
Montfaucon-en-Argonne, ville, cinq grosses fermes. . .	304
Mouron.	82
Nouart, les hameaux de Champy haut et bas, la forge de Maucourt et la cense de la Fontaine-au-Cron. .	148
Oches.	51
Olizy et la Ferté, villages.	104
Rapsécourt et la cense de Plagnicourt.	31
Remicourt et la cense de la Maison-Dieu-aux-Bois. . .	32
Rémonville	56
Saint-Georges.	17
Saint-Jean-sur-Tourbe et la cense de la Salle.	57
Saint-Juvin.	98
Sainte-Menehould, ville, prévôté, bailliage, justice royale non ressortissante, grenier à sel, traites foraines, maîtrise particulière, maréchaussée, château et faubourgs, deux casernes, 50 lieues (de Paris). A été brûlée en partie.	
Les hameaux de la Grange-aux-Bois, de la Grangette-aux-Bois et du Bois-d'Epense, et les censes de la Maison-Dieu en Biesme, de Beauregard, de Crèvecœur, des Vertes-Voies, de l'Alléval, de la Débaillerie, de la Malassise, de l'Hermitage, de la Hocarderie, du Jauvinat, de la Vallée-Colletet, de la Haute-Maison, de la Cense-Laschet, du Pavillon, de la Cense-Brûlée, de Norval, des Houys, des Marécages et de Gergeaux.	781
Saint-Mard-sur-Auve.	30
Saint-Pierremont.	101

	Nombre de feux.
Senuc et les censes d'Arronne, de la Malassise, de la Berlière et de la Briqueterie	155
Septsarges	65
Sivry-lez-Buzancy et le moulin de Trompesouris	36
Sivry-sur-Ante et les censes de la Basse-Vavrelle et de la Léchère	38
Sommauthe	95
Sommerance	47
Sommetourbe	52
Tahure	70
Tailly, les hameaux des Tuileries de Raux et la cense des Forgettes	123
Termes et les censes d'Echantre et de la Bergerie	168
Thenorgues et la cense de la Tour-Audry	55
Triaucourt et la cense d'Arcéfays	166
Valmy et la cense de Préfontaine	96
Varimont	7
Vaux-en-Dieulet et la cense de la Sartelle	66
Verpel et la cense de Rezille	118
Verrières-sur-Aisne	165
Vienne-la-Ville et les censes de Royon, de la Noue-Saint-Martin et du moulin Malté	66
Villers-en-Argonne et la cense de la Tuilerie	106
Villers-devant-Dun et la cense de Reine	44
Ville-sur-Tourbe	86
Virginy	57
Voilemont et les censes de Maupertuy et de Maujouy	32
Wargemoulin	151[1]

1. Cf. Saugrain, *Dénombrement du royaume*, 1735.

XV

RESSORT DU BAILLIAGE DE SAINTE-MENEHOULD ANTÉRIEUREMENT A 1683.

Le bailliage de Sainte-Menehould, antérieurement à l'érection du Rethélois en duché-pairie, comprenait les communautés ou paroisses dont les noms suivent et qui sont devenues des communes :

MARNE

Arrondissement de Sainte-Menehould.

Ante.
Argers.
Berzieux.
Binarville.
Braux-Sainte-Cohière.
Braux-Saint-Remy.
Cernay-en-Dormois.
Chapelle-Felcourt (La).
Châtrices.
Chaudefontaine.
Courtémont.
Croix-en-Champagne (La).
Dampierre-sur-Auve.
Daucourt.
Dommartin-la-Planchette.
Dommartin-sous-Hans.
Elise.
Florent.
Fontaine-en-Dormois.
Gizaucourt.
Gratreuil.
Hans.
Hurlus.
Laval.
Maffrécourt.
Malmy-en-Dormois.
Massiges.
Mesnil-lez-Hurlus (Le).
Minaucourt.
Moiremont.
Neuville-au-Pont (La).
Neuville-aux-Bois (La).
Perthes-lez-Hurlus.
Remicourt.
Ripont.
Rouvroy.
Saint-Jean-sur-Tourbe.
Saint-Mard-sur-Auve.
Saint-Mard-sur-le-Mont.
Sainte-Marie-à-Py.
Sainte-Menehould.
Saint-Remy-sur-Bussy.
Sivry-sur-Ante.
Sommetourbe.
Valmy.

Verrières.
Vieil-Dampierre (Le).
Vienne-la-Ville.
Ville-sur-Tourbe.
Villers-en-Argonne.
Virginy.
Voilemont.
Wargemoulin.

Arrondissement de Châlons-sur-Marne.

Saint-Hilaire-le-Grand.

Arrondissement de Reims.

Moronvillers.
Saint-Souplet.
Selles.
Vaudesincourt.

MEUSE

Arrondissement de Montmédy.

Aincreville.
Bantheville.
Baulny.
Beauclair.
Beaufort.
Halles.
Malancourt.
Saulmory.
Villers-devant-Dun.

Arrondissement de Verdun.

Boureuilles.

ARDENNES

Arrondissement de Mézières.

Arreux.
Ayvelles (Les).
* Barbaize[1]
Belval.
* Boulzicourt.
Chalandry.
Champigneul.
Charleville.
Clavy.
Cliron.
Damouzy.
Deville.
* Dom.
Etion.
Etrepigny.
Evigny.
Fagnon.
* Flize.
Gruyères.
Guignicourt.
Harcy.
Haudrecy.

1. Les localités dont les noms sont précédés d'un astérisque étaient contestées.

Houldizy.
Jandun.
Laifour.
* Launois.
* Lumes.
Mazures (Les).
Mondigny.
Moncornet.
Montigny-sur-Vence.
Murtin.
Neufmaison.
Neuville-lez-This (La).
Poix-en-Rethélois (Poix-Terron).
Prix-lez-Mézières.
* Raillicourt.
Remilly-les-Potées.
Renwez.
Saint-Laurent.
Saint-Marceau.
Saint-Marcel.
Saint-Pierre-sur-Vence.
Sécheval.
Sormonne.
Sury.
This.
Tournes.
Villers-devant-Mézières (Villers-Semeuse).
Villers-sur-le-Mont.
Warcq.
Warnécourt.

Arrondissement de Rethel.

Acy.
Adon.
* Aire.
Alincourt.
Amagne.
Ambly-sur-Aisne (Ambly-Fleury).
Annelles.
Arnicourt.
Auboncourt-lez-Vauzelles.
Balham.
Banogne.
Barby.
Bergnicourt.
Bertoncourt.
Biermes.
Bignicourt-sur-Retourne.
Château-Porcien.
Châtelet-sur-Retourne (Le).
Chaumont-Porcien.
Chesnois-ès-Rivières (Le).
Condé-lez-Herpy.
Corny-la-Ville (Corny-Machéroménil).
Coucy-en-Rethélois.
Doumely (Doumely-Bégny).
Doux.
Ecly.
* Faissault.
Faux.
Givron.
Gomont.
Grandchamp.
Hagnicourt.
Hannogne.
Hardoye (La).
Hauteville.
Herbigny.
Herpy.
* Inaumont.
Juzancourt.
Lalobbe.
* Logny-lez-Aubenton.

Ménil-Annelles.
Ménil-Lépinois.
Mesmont.
Montlaurent.
Montmeillant.
Nanteuil-sur-Aisne.
Neuflize.
Neuville-lez-Wasigny (La).
Novion-Porcien.
Novy-les-Moines (Novy-Chevrières).
Pargny-sur-Aisne (Pargny-Resson).
Perthes-lez-Rethel.
Puiseux.
Remaucourt.
Rethel.
Romagne (La).
Saint-Fergeux.
Saint-Germainmont.
Saint-Loup-Champagne.
Saulces-aux-Bois (Saulces-Monclin).
Sault-lez-Rethel.
Sery.
Seuil.
Son.
Sorbon.
Sorcy (Sorcy-Bauthémont).
Tagnon.
Taizy.
Thour (Le).
Thugny (Thugny-Trugny).
Vaux-Montreuil.
Ville-sur-Retourne.
Villers-devant-le-Thour.
Wagnon.
Wasigny.

Arrondissement de Rocroy.

Anchamps.
Antheny.
Aouste.
Auge.
Auvillers-les-Forges.
Bay.
Beaulieu.
Bossus (Bossus-lez-Rumigny).
Bourg-Fidèle.
Brognon.
Cerleau (La).
Champlin.
Châtelet (Le).
Echelle (L').
* Estrebay.
Etaignières.
Férée (La).
Fligny.
Foulzy.
Girondelle.
Gué-d'Hossus (Le).
Havys.
Liart.
Neuville-aux-Joûtes (La).
Neuville-aux-Tourneurs (La).
Regniowez.
Rimogne.
Rocroy.
Rouvroy-les-Potées (Rouvroy-sur-Audry).
Rumigny.
Servion.
Signy-le-Petit.
Taillette.
Tarzy.
Tremblois.

Arrondissement de Sedan.

Besace (La).
Bosseval.
* Donchery.
* Stonne.
Thelonne.
Villemontry.
Villers-devant-Raucourt (Villers-devant-Mouzon).

Arrondissement de Vouziers.

Andevanne.
Apremont.
Ardeuil (Ardeuil-et-Montfauxelles).
Authe.
Autruche.
Autry.
Bar-lez-Buzancy.
Barricourt.
Bayonville.
Beffu (Beffu-et-le-Morthomme).
Belleville-sous-Bar.
Belval-en-Dieulet (Belval-Bois-des-Dames).
Berlière (La).
Blaize.
Bouconville.
Boult-aux-Bois.
Bourcq.
Brécy (Brécy-Brières).
Brieulles-sur-Bar.
Briquenay.
Buzancy.
Cauroy-lez-Machault.
Challerange.
Champigneulle.
Châtel-lez-Cornay (Châtel-Chéhéry).
Châtillon-sur-Bar.
Chestres.
Chevières.
Condé-lez-Autry.
Condé-lez-Vouziers.
Contreuves.
Cornay.
Croix-aux-Bois (La).
Dricourt.
Exermont.
Falaise.
Fléville.
Fossé.
Germont.
Grandham.
Grandpré.
Grivy (Grivy-Loisy).
Guincourt.
Harricourt.
Imécourt.
Lançon.
Landres (Landres-et-Saint-Georges).
Leffincourt.
Liry.
Longwé.
Machault.
Marcq.
Mars-sous-Bourcq.
Montcheutin.
Montgon.
Monthois.
Mont-Saint-Martin.
Mont-Saint-Remy.
Mouron.

Neuville-lez-Montgon (La Neuville-et-Day).
Noirval.
Nouart.
Oches.
Olizy.
Pauvres.
Quatrechamps.
Rémonville.
* Rilly-aux-Oies.
* Saint-Etienne-à-Arne.
Saint-Juvin.
Saint-Loup-aux-Bois (Saint-Loup-Terrier).
Sainte-Marie-sous-Bourcq.
Saint-Morel.
Saint-Pierre-à-Arnes.
Saint-Pierremont.
Savigny-sur-Aisne.
Sechault.
Semide.
Sivry-lez-Buzancy.
Sommauthe.
Sommerance.
Sugny.
Tailly.
Termes.
Thenorgues.
Toges.
Tourcelles (Tourcelles-Chaumont).
Vaux-lez-Mouron.
Verpel.
Vouziers.
Vrizy.

AISNE

Arrondissement de Vervins.

Any.

Le bailliage de Sainte-Menehould comprenait en outre les localités suivantes, qui ne sont pas érigées en communes[1] :

Beaurepaire, c[e] d'Olizy.
Begny, c[e] de Doumely.
Bellay, c[e] de Tilloy-Bellay (Marne).
Bogny-lez-Murtin, c[e] de Murtin.
Brières, c[e] de Brécy.
Chennery, c[e] de Bayonville (Meuse).
Cheppes, c[e] de Contreuve.
Corbon, c[e] de Saint-Morel.
Felcourt, c[e] de La Chapelle-Felcourt (Marne).
Fleury-sur-Aisne, c[e] d'Ambly-Fleury.
Grange-aux-Bois (La), c[e] de Sainte-Menehould (Marne).
Machéroménil, c[e] de Corny.

1. Ces localités, à moins d'indication contraire, font partie du département des Ardennes.

Melzicourt, c^{e} de Servon-Melzicourt (Marne).
Montmorin, c^{e} de Givry.
Neuville-lez-Attigny (La).
Regnicourt.
Romance.
Roziers (Les), c^{e} de Sechault.
Saint-Georges, c^{e} de Landres.
Saint-Martin-sur-Bar.
Septfontaines, c^{e} de Fagnon.
Vieille-Ville (La), c^{e} de Saulces-Monclin.
Villefranche-sur-Meuse, c^{e} de Saulmory (Meuse).

XVI

GOUVERNEURS, OFFICIERS DE JUSTICE, ÉCHEVINS, NOTABLES ET MAIRES DE LA VILLE

GOUVERNEURS DE LA VILLE

Henry de la Tour de Pierrefort, bailli de Vitry, pendant les guerres (Comptes de 1449).

Hutin de Saulx.

de Beauvau de Précigny, son successeur, en 1449.

Antoine de Croy, comte de Porcien, grand-maître de l'hôtel de France, en 1465.

Claude d'Espence, en 1514.

François d'Anglure, chevalier, en 1537.

François du Chesnois, auquel a succédé

Jean d'Apremont, sieur de Vandy (Provisions du 15 mars 1561).

Le sieur d'Esclavolles, en 1562.

Jean-Jacques de Suzanne, baron de Cerny, chevalier de l'ordre (Provisions de 1570).

Jacques Duval, comte de Dampierre, sieur de Mondreville, chevalier de l'ordre, en 1580.

Germain Godet, sieur de Renneville, en 1591.

Claude d'Eltouf de Pradines de Bouconville, en 1611.

Gabriel de la Vallée-Fossés, en 1617, nommé ensuite gouverneur de Montpellier.

Le marquis de Vignolles, chevalier des ordres du roi, maréchal de camp, en 1627.

de la Borde, en juin 1633.

d'Arnoux, commandant en septembre 1635, et ensuite gouverneur en 1636 et 1637. Il mourut à Paris en avril 1658[1].

de Pomponne de For de Beauvoisis, en 1638.

François Poussart de Fors du Vigean, en 1645.

Charles de Ménisson, sieur de Sainte-Maure, maréchal de camp, en 1652.

1. H. Thibaut, *Mémoires*.

Le sieur de Montal pendant la détention de M. le Prince, en 1652.

Le sieur de Ciron, 27 septembre 1660.

Jean de Pouilly, chevalier, seigneur de Lançon, lieutenant des gardes du corps et brigadier d'armée, en 1673.

Henry de Pouilly, sieur de Lançon, fils du précédent, en 1676.

Le Civier de Neufchelles, lieutenant des gardes du corps, en 1677.

Léon Le Civier, marquis de Neufchelles, lieutenant des gardes du corps, maréchal de camp, fils du précédent. Il mourut le 26 septembre 1733.

de la Cassagne de Saint-Paul, lieutenant de la 1re compagnie des gardes du corps, brigadier d'armée, en 1733.

Le chevalier de Chambon, brigadier des armées du roi, pourvu le 3 mars 1747[1].

Jean-Baptiste-Gabriel de Cossart, comte d'Espiès, lieutenant-général des armées du roi, 24 octobre 1767.

Le marquis de Boissac, gouverneur viager[2].

LIEUTENANTS PARTICULIERS, PUIS LIEUTENANTS GÉNÉRAUX AU BAILLIAGE

Jean de Vroil (1450).
Jacques de Forgeol (1468).
Nicolas Cuissotte (1485).
Jean Hébert (1509).
Jean Henriet (1529).
Antoine Lesage (1537).
Claude Godet (1556).
Germain Godet de Renneville (1588).
Pierre Billette (1604).
Claude Baillet (1612).
François Baillet (23 janvier 1652).
Claude Humbert (22 octobre 1658).
François Boileau (7 juin 1701).
Daniel Aubry.
Thomas Godinot (31 mars 1784).
Nicolas-Remy Le Sure.

---

1. *Archives de la Marne*, C. 2091.
2. *Archives de la Marne*, C. 2524 et 678.

PROCUREURS DU ROI AU BAILLIAGE

Jean de Crespy (1407).
Jean Bichon (1449).
Jean Hébert (1451).
Nicolas Cuissotte (1468).
Guillaume de Buissy (1479).
Remi L'Hoste (1522).
Guillaume de Buissy (1533).
François Hocart (1554).
Louis Hocart (1579).
François Hocart (1621).
Claude Hocart (1650).
Louis Hocart (1692).
Nicolas Chaalons (1727).
Remi Mouton (1740).
Louis-Nicolas Picart (1773).

LIEUTENANTS CRIMINELS DE ROBE COURTE

Jean Lallement (1560).
Denis de Buissy (1570).
Etienne Lallement.
François Mengin (1590).
Jacques Mengin (1610).
Claude Alexandre.
Blaise Boudet (1642).
Martin Marchand (1654).
Didier Geoffroy, s^r de Malancourt (1692).
Jean Collin, s^r du Couzel (1711).

PRÉSIDENTS EN LA PRÉVÔTÉ

Colard Chardet (1424).
Jean Hocart (1503).
Louis Hocart (1545).
Gilles Petit (1557).
Jean Petit (1570).
P. du Molinet (1587).

Jean de Saint-Remy (1588).
Charles Deu l'aîné (1600).
Charles Deu le jeune (1650).
Michel Brissier (1651).
Raulin Aubry (1689).
Daniel Aubry (1727)[1].

ÉCHEVINS DE SAINTE-MENEHOULD DE 1544 A 1729 [2].

1545. Me Pierre Petit, licencié es loix, Jean de Clermont, sergent royal, au lieu de Me Gérard Macart, maistre sergent des eaux et forests et Jean Contant, marchand.

1546. Me François Hocart, Nicolas Corvisier, au lieu de Jean Macart et Blaise Chastelain.

1547. En conséquence de l'édit du roy Henry ont estez nommez Jean Guilmin Lainé, François Gérard, Nicolas Chatelain et Robert Roland, marchands bourgeois.

1549. Nicolas Aubertin, Jacques François, Jean Mathieu, Nicolas Blondeau.

1550. Jean Huguenin, Gérard Ginot le jeune.

1553. Pour deux ans, Nicolas Copinet Lainé, Gérard Laschet, Jean Beschefer, Nicolas Jacopin, continué pour un an.

1555. Ezéchiel Lequeux, chirurgien, Colson Copinet, orfèvre.

1556. Jean de Vaux, Didier Mathelin.

1557. Jehan de Puisieux, Jehan Gérard.

1558. Me Nicol Beschefer, Jehan Guillaume.

1560. Me Pierre Bonneau, Loys Fort, pour exercer avec Nicolas Hennequin et Pierre Michault, esleus l'année précédente.

1561. Claude Rollet, greffier du baillage, Remy Bourgeois.

1562. Jehan Rouyer, notaire royal, Charles Placart, sergent royal.

1563. Me Jacques Adam, Denis de Bussy.

---

1. Les noms, qui figurent dans les listes qui précèdent, sont tirés de pièces diverses, dont la plupart se trouvent aux Archives de la Marne.

2. *Archives de la Marne*, E. 1009. — Nous devons l'orthographe exacte des noms cités dans cette liste, qui est très précieuse pour l'histoire des familles de la ville, à l'obligeance de M. J. Berland, archiviste départemental.

1564. Claude Prinet, sergent royal, Jean Goupillon
1565. Me Claude Marot, Me Guillaume Aubertin.
1566. Jehan Lamblet, François Lalor.
1568. Me Louis Liétard, Pierre Dumein.
1570. Pierre Dorigny, Loys Branche, nommez pour deux ans. Remy Rolland et Jean Viart, continuez pour un an.
1572. Me Jacques Michel, Guillaume Noblet, maistre sergent. Me Charles Chaalons, Jacques Guiot, esleus l'an précédent.
1574. Me Jean Petit, prévost, Elie Moreau. Pierre Rollet, François Copinet, esleus l'année précédente continuez.
1576. François de Puisieux, Me Gilles Huguenin. Me Nicol Halo, Nicolas Thoureau, esleus l'année précédente continués.
1577. Me Pierre Peloust, docteur en médecine, Pierre Godet.
1578. Me François de Saint Remy, Jehan Chatelain.
1579. Jacob Moulin, Thiébault Le Prince.
1580. Me Pierre de Puisieux, Samson Rollet.
1581. Me Jean Beschefer, Me Claude Aubertin.
1582. Nicolas Laschet, Thiery de Recicourt.
1583. Jean de Saint Remy, Pierre Deu.
1584. Nicolas Huguenin, Jean Archambault.
1586. Me Pierre Cauchon, Me François Corvisier.
1587. Me Nicol Hacqueteau, Pierre Berthenet, au lieu de Me Pierre de Saint Remy et Jean Guilmin.
1588. Me Louis Hocart, procureur du roy, Claude Privé, sergent royal.
1589. Me Robert Boucher, Remy Demarolles.
1590. Me Pierre Bonneau, François Mengin.
1591. Jacques Demarolles, Pierre Mengin.
1592. Me François Rouyer, avocat, Nicolas Le Roy, marchand.
1593. Jehan Hennequin, Louis Corvisier.
1595. Me Pierre de Marolles, Jean Mengin.
1596. Me Pierre Beschefer, avocat, Jacques Adam, au lieu de Me Pierre Deu et François Jacquesson.
1597. Me Charles Michel, Paul de Marolles.
1598. Me Olivier Hocart, Pierre Amyot.
1599. Abraham Beschefer, Louis Beuvillon.
1600. Jacques Chatelain, Gilles Taron.

1601. Me Claude de Marolles, Claude Jacquesson.

1602. Me Charles Deu, prévost, Jacques Viellart.

1603. Jacques Dorigny, Grégoire Le Gay.

1604. Me Claude Privé, avocat, Pierre Langlois.

1605. Me Elie Moreau, procureur, Jean Beuvillon, marchand.

1606. Me Nicolas Hennequin, Paul Jacquesson. A esté reconneu que touttes les nominations des années précédentes ont esté faites sous ces termes : pour eschevin.

1607. Me Abel Dauxin, controlleur du domaine pour eschevins entre ceux qui sont du costé du château, Jean Coppinet l'ainé pour les marchands.

1609. Me Jacques Mengin, lieutenant criminel de robe courte, Jean Petit, marchand.

1610. Me Nicolas Chaalons, controleur, Charles Thoureau, marchand, au lieu de Me Jean de Puisieux et Pierre Archambault.

1611. Me Pierre de Saint Remy, avocat du roy, Jacques Jacquesson, marchand, et le registre depuis ladite année jusqu'à 1618 inclusivement s'estans trouvez manquer nous avons retably les noms des eschevins desdites années comme s'ensuit :

1612. Me Jean Baillet, maistre des eaux et forests, Jacques Hennequin.

1613. Aleaume Mengin, Remy Jacquesson.

1614. Me François Hocart, Me Pierre Rollet.

1615. Me Nicolas Dulory, avocat, Jean Moreau, marchand.

1616. Me Pierre Doulcet, avocat, Me Jean de Saint Remy, bourgeois, seigneur de Rippont.

1617. Me Théodore Rouyer, conseiller au bailliage, Jean Guillaume Lainé, greffier de la mareschaussée.

1618. Me Jean Pestre, avocat, Me Pierre Baillet, seigneur des Loges.

1619. Me Pierre Viellart, Jean Mengin.

1620. Me Jean de Saint Remy, conseiller du baillage, Me Remy Duthillois.

1621. Me Germain Hocart, Claude François.

1622. Me François Langlois, Jacques Malicet.

1623. Me Nicolas Mathé, grenetier, Me Jacques Rollet, bourgeois.

1624. Me Pierre Taron, procureur, Nicolas Le Roy, marchand.

1625. Me Christophe Aubertin, grenetier, Elie Dieu, marchand.

1626. Me Jean Renart, avocat, Me Jean Godiet, marchand.

1627. Me Paul Corvisier, avocat, Me Nicolas Jacquesson, marchand.

1628. Me Jérosme Boyot, conseiller au baillage, Elie Bonneau.

1629. Me Jacques Beschefer, conseiller en prévosté, Pierre Humbert, marchand.

1630. Me Pierre Beuvillon, avocat, Me Nicolas Le Fauconnier, marchand.

1631. Me Claude Alexandre, avocat, Me Pierre Pérignon.

1632. Me Charles Deu, avocat, Estienne Le Roy.

1633. Me Remy de Marolles, avocat, Jacques Aubry.

1634. Me Augustin Jacquesson, avocat, Claude Hesmin, marchand.

1635. Me Pierre Dorigny, avocat, Louis Rollet.

1636. Me Olivier Hocart, conseiller du roy, esleu en l'élection de Chalons, Jean Dortu.

1637. Me Louis de Recicourt, avocat, Claude Jacquesson, marchand.

1638. Me Louis Hocart, avocat du roy au grenier à sel, Nicolas Copinet, marchand.

1639. Me Charles Jacquesson, Me Henry Ledoux.

1640. Me Elie Beuvillon, avocat, Michel Marot, marchand.

1641. Me Claude Dorigny, eleu, Germain Langlois, maistre sergent.

1642. Me Jacques Brulon, conseiller du roy, assesseur en mareschaussée, Jacques Le Gay, marchand.

1643. Me Louis de Saint Remy, avocat du roy, Jacques Jacquesson, bourgeois.

1644. Me Jean Baudet, avocat, André Maucourant.

1645. Me Pierre Faudel, avocat, Me Paul Laschet, bourgeois.

1646. Me Louis Corvisier, avocat du roy, Me Pierre Mengin, bourgeois.

1647. Me Nicolas Thoquart, Me Pierre François.

1648. Me Charles Marot, avocat, Pierre Pérignon le jeune, greffier en la prévosté.

1649. Me Jean Pestre, avocat, Jean Jossier, procureur.

1650. Me Jacques Doulcet, président en prévosté, Me Nicolas Dortu, capitaine des gabelles.

1651. Me Louis Corvisier, avocat du roy, Me Paul Laschet.

1652. Me Claude Privé, avocat, Me Nicolas Le Fauconnier le jeune, procureur.

1653. Me Pierre Faudel, éleu, Me Jacques Jourland, bourgeois, nommez en l'assemblée tenue par devant Monsieur de Montal, gouverneur pour le service du roy sous l'authoritté de son altesse monseigneur le Prince, et par lettre de cachet du roy Louis 14, données à Chaalons le 3 décembre dudit an 1653, Sa Majesté a nommé Me Laurent Marot et Nicolas Coulommier, bourgeois, en changeant lesdits Faudel et Jourland pour remplir lesdites charges jusqu'au temps de la prochaine élection en laquelle il seroit alors procédé en la forme et manière accoutumée.

1654. Me Michel Brissier, prévost, Me Jacques Craplet, avocat pour lettrez, Me Laurent Marot, Nicolas Coulommier pour marchands, scavoir : lesdits sieurs Brissier et Marot pour un an et les deux autres pour deux ans.

1655. Me Claude Hocart, procureur du roy, Me Jacques Jourland, bourgeois.

1656. Me Jacques Gilles, receveur de la foraine, pour lettré, Jean Dortu, capitaine des gabelles pour marchand.

1657. Me Alexandre Drouet, avocat, Jean Coulommier, chirurgien.

1658. Me Jean Duthillois, avocat, Me Remy Le Faulconnier, procureur.

1659. Me Claude Beuvillon, docteur en médecine, Me Pierre Le Gay, greffier des présentations.

1660. Me Jean Hocart, avocat du roy au grenier à sel, Me Pierre Bonneau, capitaine de la gabelle.

1661. Me Gabriel Langlois, avocat, Sébastien Caunois, procureur.

1662. Me Nicolas Félix de Saint Remy, conseiller au baillage, Me Jean Boileau, procureur.

1663. Me Louis Maucourant, conseiller du roy, garde des sceaux, Daniel Véry, bourgeois.

1664. Me Grégoire Le Gay, avocat, Pierre Jacopin, apotiquaire.

1665. Me Louis Le Doux, conseiller en prévosté, Me Pierre Pagaut, chirurgien.

1666. Me Jean Viellart, avocat, Louis Lallement, marchand.

1667. Me Noel Jacobé, conseiller au baillage, Me Pierre Moreau.

1668. Me Pierre Colliguon, Elie Archambault. A esté observé par M. le lieutenant général que ledit Collignon estoit avocat et par lesdits maire et eschevins qu'ils n'en ont connoissance.

1669. Me Pierre de Saint Remy, Robert Lagreslette. A été observé par M. le lieutenant général que ledit s[r] de Saint Remy estoit revêtu d'office royal, lesdits maire et eschevins ont fait pareille réponse que cy dessus.

1670. Me Jean Marot, avocat, Me Jean Vallart, procureur.

1671. Me François Hocart, maistre des Eaux, Louis Vauthier, marchand.

1672. Me Jean Beuvillon, avocat, Claude Roland, chirurgien.

1673. Me Nicolas Richelet, médecin, Me Jean Pierret, procureur.

1674. Me Louis Aubertin, avocat, Me Jean Guillaume, substitut du procureur du roy.

1675. Me Jean Jacques Dortu, conseiller au baillage et lieutenant aux Eaux [et] Forests, Pierre Colin, marchand.

1676. Me Jean Privé, avocat, Me Charles Moreau, nottaire royal.

1677. Me Paul Jacquesson, Me Jean Bourée.

1678. Me François Lefauconnier, conseiller du roy, assesseur en la mareschaussée, Me Claude Bernard.

1679. Me Louis Jacquesson, avocat, Me Jacques Jossier, procureur.

1680. Me Christophe Aubertin, grenetier, Jacques Lagreslette, marchand. Et les registres de l'année 1681 et suivantes jusque en l'année 1690 ayant estez perdus... lors du dernier incendie de ladite ville... avons restitué et retably les noms des eschevins des années manquantes sur les registres perdus, par la liste des eschevins de ladite ville jusqu'à ce jour escritte de nostre main dans un livre relié en veau auparavant ledit incendie ainsy qu'elle suit :

1681. Me Jacques Brissier, avocat, François Archambault, apotiquaire.

1682. Me François Boileau, avocat du roy, Me Hugues Renart, nottaire royal.

1683. Me Claude Craplet, avocat, Jean Grenet, chirurgien.

1684. Me Jean Drouet (?), grenetier, Me Jean Mathieu, procureur.

1685. Me Claude Boileau, receveur des consignations, Claude de Naux, bourgeois.

1686. Me Nicolas Dez, conseiller au baillage, Louis Vauthier, marchand.

1687. Me Jean Jacques Bourée, avocat, Jean Contant, marchand.

1688. Me Nicolas Coulommier, conseiller au baillage, Jean de Recicourt, sergent royal.

1689. Me André Maucourant, avocat, Me Jacques Pierret, procureur.

1690. Me Henry Le Doux, avocat, Jean Lagreslette, marchand.

1691. Me Jean Nolet, médecin, Jacques Barborin, marchand.

1692. Me Raulin Aubry, prévost, Louis Paillot, marchand.

1693. Me Louis Hocart, procureur du roy, Estienne Coulommier, marchand.

1694. Me Pierre Colin, conseiller du roy, assesseur audit hostel de ville ayant déclaré qu'en conséquence de l'édit de vacation dudit office il acceptoit la charge d'eschevin gradué, la communauté a nommé pour eschevin marchand Me Jacques Le Gay.

1695. Me Didier Geoffroy, seigneur de Malancourt, avocat, pour eschevin gradué, Me Claude Langlois, procureur, pour eschevin marchand.

1696. Me Pierre Le Gay, avocat, pour eschevin gradué, Me Pierre Lallement, pour eschevin marchand.

1697. Me Jacques Pérignon, président au baillage, Me Jean Vincent, nottaire, le premier pour eschevin gradué et l'autre pour eschevin marchand.

1698. Me Louis Hocart, maistre des Eaux, pour eschevin gradué, Me Claude Renart, notaire royal pour eschevin marchand.

1699. Me François Moreau, docteur en médecine, Joachim Drouet, arpenteur général.

1700. Me François Hocart, lieutenant en l'élection pour eschevin gradué, Me Jacques Bombile, procureur, pour eschevin marchand.

1701. Me Louis Maucourant, conseiller au baillage, Me André Mathelin, nottaire.

1702. Me Anthoine Hanonnet, avocat, François Gesnin, orfèvre.

1703. Me Jean Baudelot, conseiller au baillage, Jean Drouet, marchand.

1704. Me Louis de Gesne, conseiller esleu, Me Nicolas Dupré, procureur.

1706. Me Jean Baudelot, conseiller au baillage, Charles Miché dit La Baume, apotiquaire, pour un an.

Me Louis de Gesne, conseiller en l'élection, Me Nicolas Herber, procureur du roy en la foraine pour deux ans.

1707. Me Jean Mathieu, avocat, Pierre Archambault, apotiquaire.

1708. Me Nicolas de Gesne, esleu, Henry Henriet, marchand.

1709. Me Remy Maupart, garde marteau, Jacques Germain, orfèvre.

1711. Me Pierre Coulommier, grenetier, Jean de Gesne, tanneur.

1713. Me Jean Nolet, controlleur éleu, Pierre Jacquesson, marchand, y ayant eu contestation à l'égard dudit Jacquemin, elle est restée indécise, et il n'a pas fait de fonctions.

1714. Me Nicolas Dez, avocat, Me Louis Florion, assesseur en l'hostel de ville.

1715. Me Pierre René de Saint Remy, président en l'élection, Me Thomas Habran, procureur.

1716. Me Claude Mathieu, procureur du roy en l'élection, Me Pierre Chaalons, greffier en l'élection.

1717. Me Pierre Nolet, avocat, Me Claude Bardeau, nottaire royal.

1718. Nicolas Dubant éleu, Me Bertrand Martin, nottaire royal.

1719. Louis Hugues Renart, avocat, Jean Vauthier, marchand.

1720. Me Jean Coillot, avocat, Me Nicolas Lemaire, nottaire.

1721. Me Robert Vauchelet, seigneur d'Aincreville, maître garde des Eaux et Forests, Me Augustin Herber, greffier de police.

1722. Me Laurent Pellerin, avocat, le sr Claude Henriet, marchand.

1723. Me Pierre de Rosne, conseiller au baillage pour eschevin lettré, Claude Gesmin, marchand orfèvre pour eschevin marchand.

1724. Me Philippe Colin, président du grenier à sel et Me Bertrand Martin, nottaire royal, eschevin en titre d'office créé par édit de aoust 1722.

1725. Jean Florion, marchand, pour un an affin d'acomplir ce qui restoit à accomplir du temps dudit s[r] Martin, supprimé en 1724. Me Louis Aubertin, seigneur de Vailly, conseiller esleu, pour eschevin lettré, pour deux ans. Me Nicolas Ponsin, procureur pour marchand.

1726. Me Jacques Brissier, conseiller du roy au grenier à sel pour eschevin lettré, et Remy Lemaire, marchand, pour eschevin marchand.

1727. Me Daniel Jacquesson, avocat pour lettré, ledit s[r] Louis Jacquesson, marchand, pour eschevin marchand.

1728. Me Nicolas Chaalons, conseiller du roy et son procureur au baillage de Sainte Manehould, pour eschevin lettré et le s[r] Louis Gérard Legay pour eschevin marchand.

Fait et arresté audit Hostel de ville, le huitième mars 1729. Boileau, Aubry, Herber, Chaalons, Dez, Coillot, Martin, Pellerin, Mathieu.

Une note ancienne, jointe à la liste ci-dessus, explique ce qu'on entendait par échevins lettrés et par échevins marchands :

« Les 4 échevins qui subsistent dans la ville de « Ste Manehould depuis 4 à 500 ans au moins, se « renouvellant depuis ce temps la, de manière qu'on « en élit deux chaque année; il y a plus d'un siècle « que l'on y aperçoit l'usage de nommer pour rem- « plir la seconde place ce que l'on y apelle *eschevin* « *marchand :* ce nom cette qualification se trouve « dans le procès-verbal de la nomination de 1607 : « mais dans celuy de 1654 immédiatement après que « le Roy Louis 14 eut remis cette ville à son obeis- « sance on lit les noms d'*échevin lettré* pour celui « destiné à la 1re place et d'échevin marchand pour « celui apellé à la seconde.

« Quoique ce soit la première fois qu'on lise dans « les procès verbaux le terme d'échevin lettré, nous « croïons que dès 1707, les mots dont on sest servy

« avoient la même signification. La nomination de « cette année la porte donc qu'on choisit le 1er échevin « d'*entre ceux du costé du chasteau* et le second pour « les marchands. Pour comprendre ce que nos pères « entendoient par, ceux du costé du chasteau, il ne « faut que faire attention que ce terme est opposé « en cet endroit à celuy de marchand, et qu'avant « le fatal incendie de 1719 Ste Manehould étoit « divisé par la rivière d'Aisne en deux parties : du « costé du chasteau étoit l'auditoire royal, l'hôtel de « ville, dans ce costé logeoient tous ou presque tous « les officiers royaux et advocats, nous croions que « l'on employa ce terme pour signifier ce que l'on « entend aujourdhuy par lettrez, d'autant plus apa- « remment que l'on n'osoit alors se servir du terme « lettré par respect pour l'édit du Roy Henry 2 du « mois d'octobre 1547, qui avoit défendu de nommer « pour officiers municipaux les officiers royaux et « les advocats. »

MEMBRES DU COLLÈGE ÉLECTORAL EN 1809.

Boulland, médecin.
Balland, greffier du Tribunal.
Buirette (Félicité), propriétaire.
Buache-Langlois, marchand.
Bernard, manufacturier de faïence.
Benoist, aubergiste.
Chedel l'aîné, propriétaire.
Chaalons, propriétaire.
Chémery-Chaalons, employé à la Sous-Préfecture.
Chaumont, contrôleur des contributions.
Drouet, sous-préfet de l'arrondissement.
Delapaix, adjoint *du* maire.

Drouet (Louis), propriétaire.
Fortin, sous-inspecteur des Forêts.
Florion (Pierre-Alexis), marchand.
François, huissier.
Gilson (Jean-Baptiste-Fiacre), juge de paix.
Haussart (Adolphe), avoué.
Justamont, propriétaire.
Legay (Claude-Philippe), maire.
Maximin-Dorigny, propriétaire.
Mathieu (Mathieu), notaire.
Morel, magistrat de sûreté.
Noël, secrétaire du sous-préfet.
Poterlot (Charles), propriétaire.
Prévost (Jean-Baptiste), secrétaire de la mairie.
Pierret (Louis), avoué.
Pellerin, juge au Tribunal.
Picart (Louis), avoué.
Robinet (Claude-Apollon), adjoint *du* maire.
Radière, huissier.
Thierry-Caillette, directeur de la poste aux lettres.

CANDIDATS PRÉSENTÉS EN 1806.

Pour le Corps Législatif :

Drouet ✻, sous-préfet.
Mathieu, juge au Tribunal de première instance.

Suppléant :

Pellerin, président du Tribunal.

Pour le Conseil d'Arrondissement :

Chaumont, contrôleur des Contributions.
Bernier, huissier.
Delapaix, adjoint du maire[1].

---

1. Listes officielles. Il n'est fait mention que des candidats domiciliés à Sainte-Menehould.

MEMBRES DU COLLÈGE ÉLECTORAL EN 1832.

	Montant des contributions.
Bancelin (Marie-Joseph), marchand de bois	404.04
Becquey (Charles), sous-préfet	317.82
Bourgeois (Nicolas-Jean-Jacques-Anne), propriétaire	252.94
Bournizet (Jean-Etienne), marchand tanneur	377. »
Buache (Jean-Baptiste), ancien procureur du roi	588.32
Buirette (Hugues-Félicité), ancien professeur	315.58
Charinet, capitaine de cavalerie	267.07
De Chamisso, ancien maréchal des logis des gardes du corps	1387.89
Dommanget (Claude), ancien avoué	2069.38
Faillette-Bournizet, maître de poste	356.26
Florion (Louis), horloger	265.08
Florion (Marie-Gabriel), propriétaire)	1190.09
Garnaud (Jean-Nicolas), propriétaire	437.63
Gérault (Joseph), marchand boucher	379.10
Gilson (Jean-Baptiste-Fiacre), ancien juge de paix	846.86
Godart (Claude), propriétaire	343.16
Gouret fils (Etienne-François), charcutier	289.19
Hannonet (Antoine-Marie), avocat	556.96
Laidebeur (Jean-Barthélemy), architecte	224.16
Lepointe (Nicolas), garde général	391.13
Lepreux-Jarlot (François-Joseph), propriétaire	624.95
Le Sérurier (Jean-Louis), propriétaire	724.62
Margaine, ancien vérificateur des douanes	599.68
Mathieu de Vienne, juge, membre du conseil général	1207.36
Maucler (Jean-Charles), ancien juge	680.98
Maucler-Constantin (Marie-Antoine-Alexandre)	1013.17
Nacquart (Louis-Thomas), colonel d'artillerie	828.85
Noël (Hyacinthe-Romain)	361.40
Pancheron (Jean-Gaspard), propriétaire	1074.33
Pelletier (Charles-Victorin), avocat et avoué	406.45
Person (Jean-Baptiste), marchand de bois	283.09
Petit (Jean), docteur en médecine	359 77
Picart fils (Nicolas), avoué	566.64

	Montant des contributions.
Pierret (Jean-Honoré-Victor), avoué.	449.92
Renard, directeur des contributions indirectes. .	258.95
Robinet (Claude-Apollon), propriétaire.	1779.01
Simon (Théodore), propriétaire de verrerie. . . .	231.06
Vieux (Louis-Nicolas), marchand de bois.	257.58

Électeur adjoint :

Beaurin (Jean), capitaine jouissant d'une retraite de 1200. » à Sainte-Menehould depuis plus de dix ans. 132.72

MAIRES DE SAINTE-MENEHOULD DEPUIS 1790.

Dupin de Dommartin (Auguste-Louis-Marie).	1790
Farcy (Jean-Charles-Edme).	1791
Cottrez (Jean-Louis).	25 brumaire an II.
Maucler.	12 germinal an III.
Villeneuve[1] (Charles-Gabriel-Noël de). . .	1er floréal an IX.
Legay (Claude-Philippe).	5 février 1807.
Robinet (Claude-Apollon).	11 août 1815.
Maucler-Constantin (Marie-Antoine-Alexandre).	7 juillet 1837.
Margaine (Henri-Camille).	31 août 1867.
Josse (Claude-Eugène-Marie-Auguste). .	11 février 1874.
Margaine (Henri-Camille).	15 juillet 1876.
Lepointe (Nicolas-Auguste).	12 août 1883.
Noailles (Claude-Denis).	22 mai 1884.
Bertrand (Paul-Charles-Alfred).	20 mai 1888.
Jossin (Louis-Napoléon).	15 décembre 1889.
Bertrand (Paul-Charles-Alfred).	26 mai 1892.
Josse (Eugène).	13 novembre 1892.
Autier (Marie-Joseph-Alfred).	4 février 1894.
Moulin (Charles-Adrien).	23 janvier 1903.

1. Ci-devant abbé commendataire de l'abbaye de Moiremont. Il était fils de Louis-Théodore de Villeneuve, conseiller au Parlement d'Aix, et de Gabriel de Cabre de Roquevaise. Né en 1739, il mourut à Sainte-Menehould le 17 mars 1807.

XVII

DOCUMENTS RELATIFS A LA FUITE DE LOUIS XVI ET A LA LISTE DES ÉMIGRÉS

1° Procès verbaux des séances du conseil de la commune des 21, 22, 23, 24 et 28 juin 1791[1].

Du vingt et un juin mil sept cent quatre vingt unze.

Cejourdhuy huit heures de relevée Nous Maire et officiers Municipaux de la ville de Ste Ménéhould, extraordinairement assemblés en l'hotel commun à l'occasion d'un Détachement de hussards du 6e Régiment, entré subitement le jour d'hier unze heures du Matin en cette ville par la Porte des Bois, et qui après avoir été logé aux frais de l'officier commandant led. Détachement en serait parti aujourd'huy huit heures du matin, dirigeant sa route sur Châlons. Information par nous préalablement prise que la mission dud. officier avait pour objet d'aller au devant d'un trésor qu'il était chargé de recevoir au Pont de Sommevelle, d'un détachement militaire, et de protéger, escorter et remettre ce jour même à la garde d'un détachement du 1er Régiment de Dragons qu'il annonçait devoir arriver sous peu d'instants, et encore au sujet dud. Détachement de Dragons composé de trente hommes et de deux officiers, qui serait en effet entré par la même Porte des Bois une heure après le départ de celui des hussards, et aurait logé

1. Ces procès-verbaux sont reproduits textuellement.

de même au frais de l'officier qui le commandait, lequel détachement aurait inutilement attendu tout le jour le trésor qu'il disait dévoir recevoir, jusqu'à sept heures de relevée qu'un carosse non autrement rémarquable et précédé d'un cabriolet dans lequel étaient deux personnes du sexe, aurait néanmoins attiré l'attention de quelques particuliers et principalement celle du s^r Drouet maître de la poste aux chevaux où ces voitures se seraient arretées pour rélayer, pendant lequel tems l'officier commandant le Détachement de Dragons aurait été remarqué parlant aux personnes qui étaient dans ce carosse, et écartant d'icelle les particuliers que la curiosité pouvoit avoir rassemblés, même quelques Dragons de son détachement; lors du départ de laditte voiture serait accourû à toute bride l'un des dits Dragons pour l'accompagner, lequel aurait laché en même tems un coup de pistolet qui n'était vraisemblablement que le signal du Départ, mais qui aurait semblé aux habitants à ce présens, un attentat à leur vie; tellement que le bruit qui s'en serait aussitot répandû, aurait excité un commencement d'inquiétude qui serait bientot dévenû général, en sorte qu'en peu d'instants le peuple serait venu en foule demander des armes à la Municipalité pour pouvoir être en deffense contre les Dragons qui, disait on, ménacaient les jours des citoyens ce qu'apprenant, nous aurions fait inviter l'officier en chef des dits Dragons de se rendre en cet hôtel de ville, où étant, nous lui aurions demandé son nom et à nous exhiber ses pouvoirs; ce qu'il aurait fait en nous déclarant qu'il se nommait Dandoins, chevalier de l'ordre de St Louis, capitaine d'une compagnie du 1er Régiment de Dragons; et il nous aurait ensuitte remis les trois ordres dont il était porteur et dont la teneur suit.

De par le Roy

François Claude Amour de Bouillé, lieutenant général des armées du Roy, chevalier de ses ordres, commandant et général de l'armée sur le Rhin, la Meurthe, la Moselle, la Meuse, et pays adjacens, frontières du Palatinat et du Luxembourg.

Il est ordonné à un capitaine du 1er Regt de Dragons de partir avec quarente hommes dud. Régiment, le 19 de Clermont pour se rendre à Ste Ménéhould où il attendra le 20 où le 21 un convoy d'argent qui lui sera remis par un Détachement du 6e Regiment de hussards, venant de pont de Sommevesle, route de Châlons. Les Dragons et les chevaux seront logés de gré à gré dans les auberges. Les frais pour la nourriture des chevaux seront remboursés au commandant du Détachement, et il sera donné à chaque Dragon 15 sols en outre de sa paie pour lui tenir lieu d'étape. — Metz, le 14 juin 1791. Signé Bouillé.

De par le Roy

François Claude Amour de Bouillé, lieutenant général des armées du Roy, chevalier de ses ordres, commandant et général de l'armée de la Moselle et de la Meuse; pays adjacens et frontières du Luxembourg.

Il est ordonné à l'escadron du 1er Régiment de Dragons qui, en vertu de nos ordres précédens, devoit se rendre à St Mihel le 17 de ce mois, de ne partir de Commerci que le 18 pour arriver le même jour à St Mihel et suivre la destination que nous lui avons prescritte.

Metz le 13 juin 1791. Signé Bouillé, et plus bas par Monsieur le Commandant général de l'armée signé Turfa.

De par le Roy

François Claude Amour de Bouillé, lieut[t] général des armées du Roy, chevalier de ses ordres, commandant et général de l'armée de la Moselle et de la Meuse; pays adjacens et frontières de Luxembourg.

Il est ordonné à un escadron du 1er Reg[t] de Dragons de partir avec armes et bagages de Commercy le 17 de ce mois pour se rendre à St Mihel d'où il repartira le lendemain 18 avec un escadron du 13e Rég[t] de Dragons; et ils se rendront ensemble à Mouzon, où ils resteront jusqu'à nouvel ordre, vivant en bonne discipline et police sur la route; l'étape et le logement seront fournis conformément aux ordonnances à l'escadron du 1er Reg[t] de Dragons.

A St Mihel le 17 juin.

Metz le 13 juin 1791 signé Bouillé, et plus bas, par Monsieur le commandant général de l'armée signé Turfa.

Et sur led. ordre est encore écrit ce qui suit

Le 18 juin passé à St Mihiel l'escadron cydessus composé de deux capitaines deux lieut[ts] deux sous lieut[ts] trois maréchaux des logis septante sept Dragons, onze chevaux d'officiers et quatre vingt chevaux de troupes auxquels le logement et l'étape en vivres et fourrages ont été fournis pour un jour suiv[t] l'ord[ce] du 13 juin 1727 — fait à St Mihiel ce 18 juin 1791. Signé J. Gouget.

Nous aurions observé au s[r] Dandoins que le délay que les hussards apportaient a révenir avec le trésor que ceux-ci devaient confier aux Dragons donnoit lieu à notre inquiétude et à la fermentation du Peuple; qu'il était indispensable qu'il nous déclarat à l'instant s'il était vrai qu'il fut venu dans le seul dessein d'attendre ce trésor. A quoy il nous aurait répondu qu'il n'avait point d'autre mission. Cependant l'un de Nous officiers municipaux se serait transporté chez le s[r] Drouet pour s'enquérir de ce qu'il aurait pû remarquer d'extraordinaire dans la marche du carrosse, et il aurait trouvé led. s[r] Drouet fort occupé de cet objet et se disposant à venir faire part de ses soupçons à la Municipalité, demandant au surplus aud. officier municipal, qu'il savait être à même de le satisfaire, si le Roy avoit pas le nez long et aquilin, la vüe courte et le visage bourgeonné, ajoutant qu'il ne doutait plus que le carosse dont est question ne conduisit S. M. avec la Reine M. le Dauphin et Madame. A quoy led. officier municipal avait répondu qu'il était vrai que Sa Majesté avait les organes de l'odorat et de la vüe tels qu'il les depeignoit, mais qu'il ne lui avoit jamais connû le visage bourgeonné. Cet entretien se passant en présence de quelques habitants qui applaudissoient à l'idée dudit s[r] Drouet, l'officier municipal seroit venu rendre au corps municipal de ce qu'il venoit d'entendre, bientôt il n'y auroit plus eû qu'une voix pour faire courir après led. carosse et le faire arreter et la Municipalité aurait chargé de cette commission led. s[r] Drouet qui se seroit fait accompagner du s[r] Guillaume employé dans les Bureaux du Directoire du district de cette ville. Le bruit du départ du s[r] Drouet et son objet se répandant aussitôt dans la ville, tous les habitans nous auraient témoigné le désir de repandre jusqu'à la dernière goutte de leur sang pour sauver la Patrie d'un danger qui semblait la ménacer et nous auraient demandé le désarmement des Dragons. Surquoy ayant observé à l'officier toujours présent avec Nous que la tranquilité de nos habitants dépendait de ce désarmement, il nous auroit réquis de l'en sommer par écrit, ce qu'ayant fait, il nous auroit remis l'ordre aux trente Dragons de désarmer, lequel ordre auroit aussitot été suivi de l'apport en cet hotel de ville de leurs fusils, pistolets, sabres et enharnachement de leurs chevaux. Nous aurions ensuitte fait conduire led. officier et le s[r] Delacour sous lieut[t] es prisons de cette ville pour sureté de leurs personnes, et à l'instant M. M. du Directoire du District avec le Procureur Sindic auroient été introduits dans la salle où nous étions assemblés, et se seroient reunis à Nous, nous offrant de favoriser et faciliter le service autant que les circonstances l'exigeaient. Nous les aurions prié d'en recevoir nos remerciemens et de nous seconder de toute l'autorité dont ils etoient révetus, et dès ce moment nous ne nous serions plus quittés afin de veiller au salut de la chose publique. Peu après nous aurions reçu de la municipalité de la Neuville au pont un exprès avec la lettre dont la teneur suit

Messieurs

Il vient de passer ici environ soixante à quatre-vingt hussards qui venoit du côté de la Champagne et se font conduire disent-ils à Varenne, on ne scait ce que c'est de tout cela, on a lieu de crainte, et nous prions de nous dire quelle precaution il convient de prendre en attendant on va monter la garde. Nous avons [l'honneur] d'être tres sincerement, Messieurs, vos tres humbles et tres obéissant serviteur, signé JozelletMaire, Soudan, Jh. Dediogeny ce 21 juin 1791, à huit heures, et au dos est écrit à Messieurs, Messieurs Les Officiers Municipaux à Ste Manehould.

Ne doutant point que les hussards qui venoient de passer sur le territoire de la Neuville au pont ne fussent ceux qui auroient dù repasser par Ste Ménéhould nous aurions été confirmés de plus en plus dans nos soupçons et nous nous serions de même applaudis du départ desdits s[rs] Guillaume et Drouet, en même tems que nous aurions extremement craint pour leurs jours exposés sur une route qui ne nous sembloit plus être garnie que des emissaires du s[r] Bouillé. Alors nous aurions fait fermer et barricader avec des charettes les issues de cette ville donnant sur la campagne, ordonné que toutes les croisées seroient éclairées pour eviter toute surprise au dehors et déjouer toute intrigue au dedans, et cependant l'impatience de nos habitants en armes auroit engagé le s[r] Legay l'un deux à nous demander d'aller accompagnés des s[rs] Le Pointe et Collet gendarmes nationaux sur les traces desd. s[rs] Drouet et Guillaume pour les sécourir, ce que nous leur aurions accordés lesquels s[rs] Legay, Lepointe et Collet arrivés près de la Porte qui conduit à Clermont, et la garde nationale de ce poste non prévenue de leur départ les appercevant courir vers elle à toute bride, et les prenant pour des Dragons qui s'échapoient ils en auraient essuiés une décharge de mousqueterie qui auroit atteint le s[r] Verat, garde nationale, aurait renversé mort de dessus son cheval le s[r] Collet et tres grievement blessé le s[r] Legay qui auroit été reporté chez lui. Ce fatal accident impossible à prévoire dans un moment de trouble et de confusion auroit navré de tristesse tous les habitants et ajouté à leur juste inquiétude sur le sort des s[rs] Drouet et Guillaume abandonnés ainsi à leur destinée. Dès ce moment aussi l'on n'auroit plus entendu crier de toute part que ces mots toujours alarmants aux armes, aux armes, nous sommes trahis. Le Directoire auroit alors fait distribuer les fusils qu'il avait reçu depuis deux jours seulement du Département de la Marne, et qui étaient destinés à être répartis aux différentes Municipalités de ce District. Jusqu'aux personnes même du sexe, tout le monde auroit été employé au milieu de la nuit à distribuer des munitions de guerre aux citoyens armés. En même tems nous aurions fait sonner l'alarme pour avertir les Municipalités voisines du péril qui ménaçoit la Patrie; en peu d'heures les gardes nationales d'icelles se seroient rendues armées en cette ville et nous aurions ordonné à tous nos habitans de cuire du pain toute la nuit pour subvenir au besoin de tant de braves gens.

Du 22 juin

Tandis que nous etions occupés de la reception de ces gardes nationales que leur zele patriotique faisoit de toute part voler à notre secours, M. Bayon commandant du bataillon de St Germain de la garde Parisienne serait arrivé ; et, amené en cet hôtel de ville par un piquet de la garde nationale, il nous auroit représenté un Décret de l'Assemblée Nationale du jour d'hier 21, lequel Decret confirmait le plus grand des malheurs, l'enlèvement du Roy, de la Reine, de M. le Dauphin, de Madame et de Madame Elizabeth, et nous aurait mond. s[r] Bayon laissé l'écrit dont la teneur suit

De la part de l'Assemblée Nationale il est ordonné à tous les bons citoyens de faire arreter une berline à six chevaux dans laquelle on soupçonne être le Roy, la Reine et Madame Elizabeth, le Dauphin et Madame Royale, je suis envoyé à sa poursuitte par la Ville de Paris et l'Assemblée Nationale, mais comme je suis trop fatigué pour me flatter de pouvoir latteindre, jay dépeché le porteur du présent à cet effet, lui recommandant de requérir la force publique pour lui faciliter l'arrestation de toutes les voitures qui pouraient contenir des ennemis de la Nation. Signé Bayon, commandant du bataillon de St Germain pour M. De Lafayette.

Je certifie avoir vû les pouvoirs de M. Bayon et me suis porté fort d'accompagner la personne que nous amenons. Signé Theveny, M[e] en pharmacie à Chaalons.

Le présent avis sera transmis de courrier en courrier jusqu'à Ste Ménéhould où il sera pris des informations sur deux berlines qui ont dû y arriver sur les six à sept heures du soir. Signé Choret Maire et Roze P[r] g[l].

Nous avons porté au bas dud. écrit

Les deux berlines sont passées à sept heures et demie, il y avait dans la première voiture deux femmes, dans la seconde trois femmes, un homme et deux enfants, un courrier suspect qui suivoit immédiatement la berline de derriere attelée de six chevaux.

A l'hôtel de ville de Ste Ménéhould à minuit en présence de toute la garde nationale signé Dupin Maire.

Nous aurions informé M. Bayon du parti que nous avions pris de faire courir après la voiture dans laquelle nous n'avions plus lieu de douter que ne fussent leurs Majestés et la faire arreter, et après avoir visé son pasport, cet officier de la garde Parisienne nous aurait quitté pour continuer sa route la dirigeant sur celle du Roy : trop certain d'une trahison qui alloit dévenir funeste à tout l'empire, nous aurions crû devoir ecrire et envoyer un exprès à la Municipalité de Metz pour se saisir de la personne du traitre Bouillé. Il étoit quatre heures, nous venions d'ecrire la lettre suivante à M. le Président de l'Assemblée Nationale pour informer les représentants de la Nation de nos demarches, quant les s[rs] Drouet et Guillaume reparaissant au milieu de nous auroient appris qu'elles avaient été suivies du plus grand succès, puisqu'ils auroient heureusement prévenus la Municipalité de Varenne assez à tems pour reconquérir le Roy et sa famille. Pressés de faire parvenir à nos dignes représentans une nouvelle aussi satisfaisante nous n'aurions pris que le tems nécessaire pour ajouter à notre lettre ce fortuné evenement dû à la vigilence, au courage et au patriotisme de nos deux concitoyens, et qui fait tant d'honneur à l'activité de la Municipalité de Varenne et de la garde nationale.

Lettre de la Municipalité à M. le Président de l'assemblée nationale le 21 juin.

M. le Président

Nous vous prions de rendre compte à l'Assemblée Nationale de l'evenement qui vient de mettre notre ville dans les plus vives allarmes, et qui interesse toute la France.

Avant hier sur les neuf heures du matin est entré dans cette ville par la porte de Verdun, un détachement de hussards du 6e Régiment, commandé par plusieurs officiers, celui d'entre les officiers, qui les commandoit en chef, ayant été requis de declarer à la municipalité quel etoit l'objet de sa mission, il a communiqué des ordres signés Bouillé qui portoient que ce détachement était chargé d'aller au devant d'un trésor destiné pour les troupes de la frontière; cet officier et son détachement devoit être remplacé icy par un détachement de dragons qui devoit recevoir le trésor sur la route de cette ville a Chalons, les hussards ont quitté Ste Menehould ce matin sur les sept heures et ont pris la route de Chalons, vers les neuf heures par la meme porte de Verdun le détachement de dragons (*sic*), nous joignons ici M. le Président coppie des différens ordres dont l'officier commandant étoit chargé.

Il a été difficile d'abord de connoitre le motif véritable de ces ordres, ainsi entre sept heures et demie et huit heures de l'après midy, est-il passé par cette ville deux voitures la traversant de l'ouest à l'est, elles étoient précédées d'un courier, et suivies d'un autre, tous deux habillés de couleur chamois, et elles sont sorties après avoir été relayées saus que personne ait pu se douter des personnes quelles conduisoient.

A peine les deux voitures ont elles été perdues de vue, le sr Drouet me de poste soupçonnant quelque mistere, a cru devoir en prévenir la municipalité, nous nous sommes aussitôt assemblé en l'hotel commun et tous nos habitans ont pris les armes, cependant le détachement de dragons etoit resté tranquille, mais le peuple ayant demandé le desarmement de ces militaires, nous avons invité le s[r] Dandouin qui les commandoit à se rendre à l'hotel de ville, peu de tems après nous avons été confirmés dans nos craintes, par un exprès que nous a envoyé le Directoire du département de la Marne. Nous avions déjà chargé le s[r] Drouet maître de poste et le s[r] Guillaume l'un de nos habitans de courir apres les voitures et de les faire arreter, s'ils les pouvoient joindre; il est deux heures du matin, et ils ne sont pas encore de retour. Pour satisfaire nos habitans, nous avons cru, M. le President, devoir obtemperer a leur demande qui avoit pour objet le desarmement des Dragons et nous avons obtenu ce desarmement de l'officier commandant que, pour nous assurer de sa personne et le soustraire au ressentiment de nos habitans et de ceux des municipalités voisines nous avons fait conduire et recommander dans les prisons de cette ville. Nous ne devons pas M. le President, oublier de vous informer que la municipalité de la neuville au pont nous a envoyé un exprès sur les neuf heures du soir avec avis que le détachement des hussards a passé par ce territoire et tient la route de Varennes.

Nous venons de voir passer M. Bayon, commandant du Bataillon de St Germain, allant à la poursuitte des voitures. Nous desirons, M. le Président, que notre zêle soit suivi du succès que l'assemblée a droit d'attendre du patriotisme de tous les Français.

Nous aurions chargé de cette lettre le maître de poste de Châlons qui avait conduit ici l'officier de la garde Parisienne, lequel se seroit engagé de la remettre en peu d'heures es mains du President de l'assemblée Nationale. Vers les cinq heures du matin, nous aurions reçu des administrateurs du Directoire du District de Clermont l'avis suivant.

Les administrateurs composant le Directoire du District de Clermont, aux Municipalités de ce District et aux citoyens francois.

Des personnes de la plus haute considération viennent d'être arretées à Varennes; cette ville et celle de Clermont sont garnies de troupes chargées de les escorter; et les gardes nationales de Clermont ont empeché les troupes de sortir de leur ville, mais vite à notre secours d'autres troupes sont sur le point d'arriver, la Patrie est en danger les Dragons sont patriotes, venez sans perdre de tems, signé Martinet, L. J. Raux, Manchand, Manchand P. Sindic.

En conséquence nous aurions ordonné à 150 hommes de notre garde Nationale de se rendre sur le champ à Clermont, nous aurions en meme tems écrit à la Municipalité de Varenne pour la supplier au nom de la France allarmée d'éloigner promptement le Roy des frontières du pays ennemi, de le faire conduire dans l'interieur, et le rapprocher sans perte de tems de la capitale ou l'amour des habitants pour sa personne lui avoit fait une loi de se fixer, qu'il avoit declaré si solemnellement d'en faire sa demeure habituelle, et d'où la perfidie de ses conseils l'auroit enlevé, au grand désespoir de tous les francois. Nous aurions bientot appris avec la plus grande satisfaction que la Municipalité de Varenne avoit prevenû notre vœu, et que le carosse de L. L. M. M. parti à six heures du matin sous l'escorte de plus de 4000 hommes de garde nationale auxquels s'étoient joint les Dragons du 13e Régiment en garnison à

Clermont avancoit vers Ste Ménéhould. Pendant que le cortege étoit en marche, il seroit entré dans notre ville de nombreuses legions de gardes nationales, tellement que lorsque L. L. M. M. y seroient arrivées à une heure et demie, elles auroient trouvées 15000 francois sous les armes, dont les cris de *Vive la Nation*, *Vivent les Patriotes* étoient repétés par la nombreuse escorte de L. L. M. M. Après que M. Dupin, Maire et M. Deliege 1er officier Municipal auroient eû adressé au Roy dont la voiture étoit arretée à la Porte des Bois un compliment de félicitation sur le retour de S. M. et un discours sur les allarmes quelle venoit de causer à l'empire par une absence sollicitée par des conseillers indignes de son estime comme de celle de la Nation et que condamnoit son propre cœur, le carosse de L. L. M. M. auroit été conduit à l'hotel de ville ou le Roy et sa famille seroient descendus et où il auroit été présenté un rafraichissement. Ensuitte L. L. M. M. pour se rendre aux desirs du Peuple pui remplissoit la place au devant de cet hotel de ville, seroient montées à l'étage superieur et auroient parus aux croisées, la Reine tenant le Dauphin entre ses bras. Les cris repetés de *Vive la Nation* se seroient succédés sans fin jusqu'au depart de L. L. M. M. qui auroit eu lieu à trois heures. Prealablement et en traversant une des salles de l'hotel de ville sur laquelle donne la chapelle ou les prisonniers entendent la Messe, la Reine les appercevant leur auroit fait distribuer cinq louis et le Roy dix autres et L. L. M. M. seroient remontées en voiture sortant par la Porte qui conduit à Châlons et escortées des detachements de toutes les gardes nationales rassemblées alors en cette ville.

Nous aurions fait illuminer toutes les maisons, et veiller toute la nuit à la tranquilité de nos concitoyens dont la docilité à la loi et l'amour pour la Patrie semblent rivaliser pour les rendre parfaitement heureux.

Du 23 juin.

Mais quelles expressions pourroient rendre les sentimens dont nous aurions été tout à coup pénetrés alors qu'un homme arrivant à six heures du matin trempé de sueur quoi qu'en chemise et monté sur un cheval de Poste seroit venu accompagné d'un gendarme national a nous inconnu, nous informer que Varenne étoit au pillage, que les autrichiens faisoient un horrible carnage de ses habitants! nous n'aurions tous jetté qu'un cri de désespoir, et n'écoutant que le salut de nos freres nous aurions commandé un Detachement de notre garde nationale, et fait sonner l'alarme qui auroit bientot ramené dans notre cité un nombre innombrable de gardes nationales, nous aurions ainsi successivement détaché plusieurs couriers à Clermont et Varenne, les quels à leur retour nous auroient appris que tout étoit tranquille dans ces deux villes, nous aurions alors été convaincus que le Particulier dont nous avions plaint la fatigue nous avoit trompé soit par un excès de zele qui commande toujours le bien, soit par une manœuvre de l'aristocratie ennemie de toute securité. Erreur au reste que nous aurions aimé à ne croire qu'involontaire si elle se fut bornée à notre seule ville. Mais cet ennemi du repos public ne se seroit pas contenté de nous mentir aussi audacieusement sur l'affligeante et touchante position de Varenne, nous aurions appris qu'il auroit encore parcouru lui et d'autres emissaires ses pareils, toutes les campagnes à quinze lieues à la ronde repandant alors partout ou il passait que Ste Menehould etoit au pouvoir des ennemis, que cette ville etoit déjà détruite en partie, et que l'on eut a y envoyer des prompts secours. Cette allarme produisant l'effet le plus accablant seroit allé se propager jusqu'à Rethel et Reims, et voici la teneur des adresses et lettres que nous en aurions reçues.

De par la Nation la loi et le Roy.

Nous administrateurs et procureur sindic du Directoire du District de Rethel

L'ennemi est à Ste Menehould où il y a carnage, les couriers se succedent, et les gardes nationaux et les Municipalités sont invités et priés de porter leurs pas au secours de la Patrie.

Signé Bournizet de Vouziers Duchenne procureur sindic, Lefebvre, Gilbert.

Pour copie conforme à l'original.

Fait en Directoire à Rethel le 23 juin 1791, cinq heures de relevée signé Bouruet vic. Pr. Mennesson, Vuillemet Pro^r. s.

Ensuite est ecrit pour Passeport au Postillon du s^r Bezanson M^tre de Poste de Rethel signé Bouruet vic. P. Fournival, Vuillemet P. sindic.

Et au dos est ecrit Le Postillon de Rethel ira directement à Ste Ménéhould, prendra de la Municipalité les renseignements les plus exacts sur la malheureuse affaire dont s'agit.

Il viendra en faire part sur le champ au Detachement de la garde nationale de Rethel qu'il trouvera sur la Route de Ste Menehould, et ensuitte à la Municipalité de Rethel.

Le meme Postillon fera la plus grande diligence. Fait en la Maison commune ce 23 juin 1791. Sept heures du soir. Signé Dehaye Maire, Herbon L'ainé, De Clerc, Durand, Pr de la commune.

Lettre de Reims.

Messieurs frère et amis.

Nous vous envoyons un courrier extraordinaire pour savoir qu'elle est votre position actuelle. On nous mande que vous avez des troupes de Ligne sur les bras, ou a votre portée; nous avons deja envoyé un detachement de 5 a 600 hommes pour Chaalons. Nous faisons partir dans le moment actuel un Detachement d'egal force qui vole a votre secours. Daignez nous instruire promptement de se qui se passe.

Le Maire et officiers Municipaux de Reims. Signé Hurtaux maire, Collardeau, Oudin, Dessain, Futaine, Galloteau, Chappron.

Des titres qui honorent autant le civisme ont été dès ce moment destinés a ètre conservé à jamais dans nos archives avec la liste de toutes les municipalités qui n'ont cessé de nous envoyer des secours d'hommes et de vivres.

Une journée consacrée aux demonstrations les plus sinceres du Patriotisme devoit etre terminée par des nouvelles consolantes des pays situés entre nous et les frontieres dont nous ne sommes eloignés que de dix lieues, aussi aurions nous reçus des administrateurs du Directoire de Clermont et des officiers Municipaux de la Ville la lettre suivante.

Nous avons l'honneur Monsieur de vous prevenir que nous venons de recevoir une lettre des officiers municipaux de Verdun, que le s. Bouillé est actuellement a Luxembourg, que nous devons etre tranquille sur l'arrivée d'une troupe ennemie dont on apperçoit aucune trace, vous voudréz bien, Messieurs faire retrograder les detachemens de gardes nationaux qui se rendroient soit en cette ville, Varennes ou tous autre endroit.

Les administrateurs du directoire de Clermont et les officiers municipaux de lad. ville signé Baudet, off[r] mp[l] Guiraud et Manchand Procureur sindic; Clermont le 23 juin 1791.

Du vingt quatre juin

La Municipalité de Metz a laquelle nous avions ecrit la nuit du vingt et un nous auroit repondu la lettre suivante.

Messieurs

Nous vous rendons des actions de grâce pour l'attention que vous avez eu de nous prevenir des evenemens qui se sont passés près de vous, déja nous etions averti par la municipalité de Verdun et celle de Varenne, nous nous etions a l'arrivée de votre courier, reunis aux corps administratifs pour aviser aux moyens de porter du secours a nos freres de Champagne et du Clermontois, et de contribuer autant qu'il est en nous a leur tranquillité et a la sureté publique, en conséquence nous faisons partir a l'instant des trouppes et de l'artillerie qui dirigent leur marche vers votre département, nous les croyons tres disposées a vous seconder, leur zèle, votre courage et votre Patriotisme nous inspire jusqu'à nouvel ordre beaucoup de sécurité.

Nous vous prions d'un autre côté de croire, Messieurs, que nous surveillerons de très près ceux qui dans ce moment pourroient avoir trahi la Patrie, lorsqu'ils ont juré de la servir.

Les officiers municipaux de la commune de Metz.

Signés Pacquin maire, Perin P^{cur} de la commune, Adam, Bausin off^{er} mp^{al} vicaire general, La Jeunesse, Charpard et Fenouil secretaire de la commune.

Ceux de nos concitoyens qui s'etoient volontairement offert d'aller a la découverte de ce qui se passoit a Varennes et le long de la Meuse ne nous en ayans rapporté que des nouvelles faites pour tranquilliser et rétablir le calme ainsi que le porte le certificat dont la teneur suit.

Nous officier municipal en l'hotel de ville de Varenne, faisant les fonctions de maire pour l'absence de M. Georges, etant a l'assemblée nationale a Paris, certifie que le s^{r} Carré cavalier de marechaussée de la Brigade de Ste Menehould est aujourd'hui arrivé en cette ville sur le bruit faux qu'il couroit que des incursions se faisoient icy par les ennemis de l'état dont nous lui avons assuré que la tranquillité y etoit retablie, que le s^{r} De Bouillé qui étoit venu hier pour entrer en cette ville, etoit retiré vers Orvalle[1], ce que je certifie ce 23 juin 1791. Signé Pultier.

Après plus de soixante heures passées entre le desespoir l'allegresse et les inquietudes nous serions parvenus au terme de ces vicissitudes; et désirant rendre grace à l'Eternel de la faveur qu'il auroit daigné nous accorder en couronnant des plus glorieux des succès l'entreprise dont nous avions chargé

1. Province de Luxembourg (Belgique).

les sieurs Drouet et Guillaume, nous aurions ordonné que la messe de la garde nationale seroit célébrée aujourd'hui à unze heures sur l'autel de la Patrie dressé à cet effet au milieu de la Place d'Armes[1], M. Bancelin digne aumonier de ladite garde nationale auroit commencé le saint sacrifice pendant lequel il auroit été exécuté differens morceaux de musique analogues au sujet.

M. Dupin maire auroit prié Madame Farcy épouse de l'un de nous officiers municipaux de faire une quête laquelle auroit été suivie du spectacle le plus imposant et le plus attendrissant pour des ames patriotiques. Les trente dragons restés icy et faisant service avec la garde nationale auroient présenté à la municipalité une adresse lue à haute voix sur les dégrés de l'autel par le Procureur de la commune, et conçue en ces termes.

Adresse a Messieurs les officiers municipaux de Ste Menehould.

Messieurs

C'est avec le Patriotisme le plus devoué que nous desirerions avoir l'honneur de nous presenter aujourd'hui, pour vous prier de vouloir bien recevoir entre vos mains le serment du détachement qui se trouve en ce moment dans votre cité;

Nous avons vû, Messieurs, avec la douleur la plus grande un de nos chefs trahir les soutiens de la patrie; quelle est donc sa peine? C'est a vous Messieurs a apprécier sa conduite, et les effets désastreux qui en pouvoient resulter, le zèle dont vous

1. Place d'Austerlitz.

etes animés nous mettra sans doute desormais a l'abri d'être commandés par de tels chefs.

Nous jugerons (*sic*) entre vos mains d'être fidels a la patrie de la soutenir jusqu'au peril de notre vie et de regarder comme laches tous soldats citoyens et citoyens soldats qui ne voudront pas se joindre avec nous pour la deffendre, daprès cette preuve nous osons esperer que vous voudrés bien joindre aux presentes un certificat qui constatera la conduite du détachement du premier Régiment de dragons.

Signés Guilain maréchal des logis en chef, Br. Filieul appointé, Jean baptiste Delvodre, Meruot, Deviot, Malfait, Carrier, Delvodre, la Flame, Cheron, Bulot, Brousard, Buisine, Cezard, Pujol, Pillein, Bauby, Gerardin, Hennequin, Michel, Marrat et St Amant.

Nous aurions à l'instant fait droit sur lad. adresse et les conclusions du Procureur de la commune, et la messe achevée nous aurions recu de ces trente dragons le serment militaire ordonné par un dernier décret de l'assemblée nationale, et juré sur leur honneur d'etre fidels a la nation a la loi et au Roi de soutenir de tout leur pouvoir la constitution décrété par l'assemblée nationale et sanctionnée par le Roi.

Ensuite le tédeum auroit été chanté par tous les assistans en grand nombre qui ont témoigné leur allegresse par les plus vifs applaudissemens et les acclamations réiterées de Vive la Nation et la loi, et Messieurs les administrateurs composant le Directoire du district confondus avec MM. les President et Juge du tribunal dud. district et la municipalité entiere a leur sortie de l'hotel commun y sont retournés de la meme maniere, temoignant ainsy a tous les spectateurs qui bordaient les rues et etoient aux croisées des maisons que l'union, l'harmonie et la concorde sont inséparables du bonheur public auquel les administrateurs doivent tendre sans cesse.

Enfin nous aurions ordonné que les maisons seroient illuminées ce soir et pendant quelque jour encore.

Fait, clos, et arrété en l'hotel commun de Ste Menehould les jours et an susdits.

Signé : Dupin maire, Deliege, Cottrez, Corvisier, Farcy, Lemaire, Macquart, Déblée, Florion, Blanchin, pr de la Commune, Droüet[1], Colin, Buache, J. Rouyer, Cottrez, Aubry, Dommanget, Defrance, Vergenet, Neveu, Gilson, pr sindic du district, Bancelin, secretaire.

Du vingt huit juin mille sept cent quatre vingt unze.

En l'assemblée du conseil général de la commune ou etoient M.M. Dupin maire, Deliege, Corvisier, Cottret, Macquart, Farcy, Lemaire, Florion, officiers municipaux, Blanchin, Procureur de la commune, Drouet, Aubry, Rouyer, Mangin, Neveu, Vergenet, Pernot, notables.

M. l'abbé Buirette l'un de nous, a dit qu'il est député pour présenter au nom de la Société patriotique et littéraire dont il a l'honneur d'etre membre, le résultat d'une motion faite dans sa séance de cejourd'hui, tendant a consigner dans nos registres et transmettre à la Postérité les noms de M.M. Drouet et Guillaume, citoyens de cette ville, qui se sont si

1. Nicolas Drouet, trésorier de la Commune.

courageusement dévoués pour le salut de la Patrie, dans l'arrestation de Louis 16 Roi des François, au moment où il touchoit aux frontieres de son empire : et a mis par ecrit sur le bureau le vœu de la Société.

Lecture faite de la susdite motion et resultat

Il a été unanimement arreté, sur ce oui le Procureur de la commune, que lad. motion seroit consignée dans nos registres comme un nouveau temoignage de la reconnoissance dont tous les citoyens sont pénétrés envers Messieurs Drouet et Guillaume, et que pour transmettre a la posterité un Evenement qui caractérise si avantageusement leur Patriotisme et leur courage, les noms des rues de la Porte des Bois et de Florion porteront désormais les noms de Rue Drouet et de rue Guillaume. En consequence leurs noms gravés en lettres d'or sur un marbre, seront placés et incrustés dans les murs de leurs maisons d'habitation, aux frais de la commune.

Suit la teneur de la motion faite en la séance de la Société Patriotique du 28 juin.

M.M.

Dans quelle crise allarmante nous venons de nous trouver ! déja nous entendions gronder la foudre sur nos têtes ; déja nous voïons le drapeau du despotisme floter sur nos têtes ; déja nous nous croïons prets a retomber sous le joug. Mais quel heureux evenement est venu ecarter ce noir présage ! La France a reconquis son Roi fugitif, et ce bienfait immortel, elle le doit a deux jeunes citoyens nés dans nos murs. Déja la trompette patriotique a porté leurs noms dans tous les coins de l'empire... de toute part on s'empresse a les féliciter, a leur decerner des couronnes civiques ; et nous, Messieurs, nous resterions dans une coupable indifférence ; nous ne ferions rien pour immortaliser leur courageux Patriotisme. Imaginons des lauriers que le tems neface point, qui parlent sans cesse aux yeux, et qui durent, s'il est possible ; autant que la Cité même.

Le monument qui me sembleroit le plus propre a donner à leur action le sceau de l'immortalité, a la graver d'une maniere inéfaçable dans la mémoire et dans le cœur de tous les citoyens qui naitront, ce seroit que leurs noms fussent donnés aux deux rues ou sont placées leurs habitations. Ainsi d'age en age ces noms glorieux se transmettroient jusqu'à nos derniers descendans ; ainsi un jour les Peres aimeroient a redire a leurs enfans, Drouet et Guillaume furent les liberateurs de la Patrie ; et c'est en memoire de ce bienfait que leurs noms furent donnés a deux de nos rues ; ainsi se propageroient dans les jeunes cœurs avec ce touchant souvenir, l'amour du bien public et l'entousiasme de la vertu.

Si vous adoptéz cette motion M.M. je propose que par une deputation il en soit fait par a la municipalité, et quelle soit priée d'agreer que la Societé, a ses frais, fasse graver en lettres d'or sur des tables de cuivre les noms des deux héros Patriotes, et qu'avec l'appareil le plus imposant, et au son des instruments ces tables soient incrustées dans les murs.

Cottrez, Florion, Deliege, Corvisier, Dupin, Blanchin, Droüet, Macquart, Farcy, Aubry, Lemaire. Vergenet, Neveu, J. Rouyer, Maugin, Pernot.

2° Délibérations des 2 et 12 novembre 1792 relatives à la liste des émigrés.

Du 2 novembre 1792.

Et ledit jour [deux novembre mil sept cent quatre vingt douze] il a été observé par un des membres que par délibération du dix neuf octobre d[er] pour l'execution de la loi du douze septembre precedent relative aux Emigrés, il a été arreté qu'il serait écrit aux pères et mères habitants de cette ville dont les fils sont absents à l'effet par eux de se conformer à l'article 1er de laditte loi, que comme le delai fixé par l'art. 3 de la même loi est près d'expirer, il est intéressant de remplir de la part de la Municipalité ce que prescrit l'art. 3 en consequence il requiert qu'il soit statué sur son observation.

Le Procureur de la Commune oui

La matière mise en déliberation,

Il a été arreté qu'en execution des loix concernant les emigrés et notamment celle du 12 septembre d[er] il serait adressé dans le plus court delai à l'administration du District de cette ville le tableau des Emigrés et celui des Peres et Meres qui n'ont pas fait la preuve ordonnée par l'art. 1er de lad. loi dont l'Etat suit auquel seront jointe en originaux les lettres adressées à la Municipalité en execution de la delib[on] du 19.

Le fils de la citoyenne Louise Degesne, femme separée de corps et de biens de François Memie Cousinat, elle d[te] en cette ville, est emigré.

Le fils du citoyen Louis Jean B[te] Chedel d[t] en cette ville, est absent de la republique.

Le fils du citoyen Auguste Louis Marie Dupin, d[t] en cette ville, est emigré.

Adam Claude Dorigny dit Dagny, domicilié à Breaux[1] et proprietaire en cette ville, est emigré.

Le fils du citoyen Louis Henry, d[t] en cette ville, s'est absenté de lad. ville.

Le fils du citoyen Louis Bigaut dit Davaucourt, domicilié à la Vignette, territoire de cette ville, est emigré.

Se sont absentés de cette ville et sont considerés comme emigrés le nommé Pierre Auguste Latapie, petit fils de la citoyenne Poterlot, d[te] en cette ville, le nommé Marthe originaire d'Epernay, domicilié en cette ville, le nommé Rausin, cyd[t] comis aux Aides, orig[re] de Chalons, domicilié en cette ville. François Charles Bigaut dit Grandrut, domicilié en cette ville, le nommé Ferdinand dit Launoy Finance, domicilié à la Vignette, Charles Philippe, cyd[t] Prince français, Maximilien Buirette, domicilié en cette ville, le nommé Le Bœuf dit Brabant et Blanche Vauthier sa femme domiciliés à St Martin et ayant domicile de fait en cette ville, le nommé F[ois] N[as] Millet Pretre, le nommé Oudin Pretre, le nommé Renard, Pretre, le nommé Montrosé Pretre, le nommé N[as] Francois Buirette, cyd. curé à Ste Ménéhould, le nommé Frerson Pretre.

Signé : Thierry, Jossin, Farcy, Lesure, Haussard, Bancelin secret[re], Vergenet, Maucler, Detiaque, Legay P. de la C. Toublan.

1. Braux-Sainte-Cohière.

Du 12 novembre 1792.

Et ledit jour [douze novembre mil sept cent quatre vingt douze] le Procureur de la commune a dit que dans la deliberation du deux novembre courant concernant la liste des émigrés il a été compris des particuliers comme émigrés dont quelques uns ont justiffiés du contraire et que d'autres etoient residens en cette ville ou dans le Royaume ainsi qu'il resulte des actes et declarations qu'ils ont faites depuis.

De ce nombre sont le fils du citoyen Louis Henry qui aux termes de la deliberation du vingt cinq octobre dernier a fait les justiffications qui lui etoient imposées.

Le nommé Renart, Pretre a justiffié qu'il etoit resté malade en cette ville et a declaré le trois novembre present mois que pour satisfaire a la loi il entend se rendre a Amsterdam et a cet effet il lui a été accordé un Passeport.

Qu'il est notoire que le nommé François Nicolas Buirette pretre cy devant curé de Ste Menehould est et a toujours été domicilié a Chalons depuis sa sortie de cette ville.

En conséquence il requiert que la liste des Emigrés formée le deux du courant soit réformée a l'égard desd. Henry, Renart, Buirette et qu'expedition des presentes soit adressée au Directoire du district.

La matiere mise en deliberation

Vu les certificats delivrés par la municipalité de Longwy certifiés par le Directoire du district de lad. ville, ensemble la declaration de la veuve Pierre aubergiste a Longwy, et le certificat du médecin

Madein de Verdun certifié par la municipalité de lad. ville en datte des vingt six, trente octobre dernier et premier novembre courant, relativement aud. Henry.

Le Passeport et la déclaration faite par le nommé Renart pretre le trois novembre courant.

Et attendu latestation faite par le Procureur de la commune que le nommé François Nicolas Buirette, a toujours residé et reside a Chalons, et la presentation par lui faite du certificat du citoyen Boulan médecin en cette ville en datte du huit du present mois lequel constate l'impossibilité ou est le pretre Frerson de sortir du Royaume conformement a la loi, pour cause de maladie grave.

Il a été arreté que lesd. Henry, Renard, Buirette et Frerson seront rayés de la liste du deux novembre dernier et qu'expedition du present arrété sera adressée au directoire du district.

Le Procureur de la commune a dit qu'il a été adressé a la municipalité de cette ville par celle de Metz une lettre contenant sous enveloppe une lettre ouverte en datte du trente octobre dernier, signée veuve Nepveu et adressée à M. Nepveu chez M. de Colbert à Bonn en Allemagne.

Que le citoyen Jacquier demeurant en cette ville est venu deposer a la municipalité, une lettre a lui adressée et timbrée de Lille, laquelle constate que le nommé Jacquier [1] est émigré en conséquence il requiert que les nommés Nepveu et Jacquier soient inscrits sur la liste comme émigrés.

La matière mise en deliberation

1. Les mots « son fils » d'abord écrits, ont été effacés.

Il a été arreté vu lesd. lettres que les nommés Nepveu et Jacquier dont les pères et mères demeurent à Ste Menehould seront inscrits sur la liste des émigrés.

Et seront les pieces ci dessus dattées jointes a lexpedition de la presente deliberation.

Signé : Farcy, Jossin, Lesure, Detiaque, Pellerin, Legay, P. d. C.

XVIII

PLAN DE LA VILLE EN 1719, AVANT L'INCENDIE

Le plan qui accompagne ce volume représente la ville de Sainte-Menehould telle qu'elle était en 1719, avant l'incendie qui en détruisit la plus grande partie.

Cette reconstitution a été opérée :

1° A l'aide d'un plan manuscrit de la ville de Sainte-Menehould avant la reconstruction de la ville, plan portant simplement au verso cette mention du temps : *A rendre à M. Derval.* Le tracé, qui paraît très exact, est lavé à l'aquarelle et à l'encre de Chine. Les parties subsistant après la catastrophe sont marquées par un trait ferme. Celles qui ont été brûlées sont tracées au pointillé d'une manière assez précise pour qu'on puisse bien se rendre compte de leur configuration primitive. Ce précieux document, qui n'est pas signé, ne porte aucune légende topographique.

2° A l'aide d'un *Plan général pour servir et estre suivy au rétablissement de la ville de Sainte Manehould* donné et déposé en l'hôtel commun de la ville par le sieur de la Force, ingénieur de la province de Champagne, par ordre de M. Lescalopier, intendant de lad. province. Cette pièce, contresignée le 24 juin 1726 par la municipalité, est le projet officiel présenté par l'ingénieur Philippe de la Force pour la reconstruction de la ville. Il comportait, nous l'avons dit, non seulement le maintien des fortifications anciennes, mais prévoyait la création d'une enceinte complémentaire englobant dans son périmètre le Château et la ville nouvelle. Cette enceinte, formant trois quarts de cercle, partait de l'ouest de la porte de Royon, couvrait au midi et à l'est le faubourg de ce nom, la rue Chanteraine et la rue des Rondes, et allait rejoindre au nord l'ancien bastion de la Bombarde. Cinq nouveaux bastions devaient la défendre, le premier faisant face à la ferme du Pavillon, le second à Norval, le troisième à la côte des Hazelles, le quatrième aux Bois ou à la forêt, et le cinquième à l'Hermitage. A la suite venait le bastion de Planasse, remplaçant celui de la Bombarde. Le bastion Saint-Pierre devenait le bastion de la Rochelle, et le bastion Sainte-Catherine, celui de Florion. L'autorité compétente décida la suppression pure et simple des remparts.

Le troisième document, que nous avons utilisé et qui a servi de contrôle aux deux précédents, est un *Plan de la ville de Sainte Manehould en 1745*, représentant l'état d'avancement de la reconstruction de la ville après l'incendie de 1719. L'original de ce document était tombé entre les mains de M. Rouyer-Drouet, avoué. Il en fut fait une copie très fidèle par M. Rouyer, conducteur principal des Ponts-et-Chaussées en retraite, qui voulut bien la mettre à notre disposition.

Il ne nous a pas été inutile de consulter en outre un plan cavalier, antérieur à 1719, dont un *fac-simile* en lithographie est joint à la première édition de l'*Histoire de la ville de Sainte-Menehould* par Claude Buirette, et trois vues anciennes de la ville et du

Château, la première datant du règne de Henri IV et due à Claude Chastillon, ingénieur du roi, né à Châlons-sur-Marne en 1547, auteur de la *Topographie françoise ou représentation de plusieurs villes, bourgs, chasteaux, maisons de plaisance, ruines et vestiges d'antiquitez du royaume de France*, éditée après sa mort en 1648 ; la seconde, datant du règne de Louis XIII et due au géographe Tassin, qui publia en 1635 les *Plans et profilz des principales villes de la prouince de Champagne avec la carte générale et les particulières de chascun gouuernement d'icelle* ; et la troisième gravée par Mérian jeune, d'après un dessin du peintre flamand Johann Peeters (1625-1677).

Pour exécuter leur travail, Chastillon et Tassin s'étaient placés à l'ouest du Châtelet, sur le chemin des Six-Frères. Peeters s'est arrêté successivement à deux endroits différents : sur la côte de Cremont, pour dessiner la ville basse, et, à peu près au même point que Tassin pour dessiner le Château. Le raccord entre les deux croquis a été fait d'imagination, ce qui a donné au versant sur lequel s'étendait le jardin de l'Arquebuse une importance qu'il est loin d'avoir en réalité.

Malgré cette imperfection, l'estampe d'après Peeters[1] paraît être un peu plus fidèle que les deux autres. On remarque successivement dans la ville basse, en commençant par la gauche, la butte du Châtelet, l'église de l'hôpital, l'hôtel de ville avec sa tourelle ronde, l'Horloge avec son beffroi pointu, l'aiguille du couvent des Capucins, le clocher un peu

1. La librairie Martinet-Heuillard en a publié, à Sainte-Menehould, une réduction en carte postale.

moins éloigné de la maison des Religieuses, et enfin la toiture élevée de l'hôtel de l'Arquebuse.

En avant se voient, à l'extrémité gauche, le bastion Saint-Pierre, puis, de profil, la demi-lune du Vieil-Marché (en avant de la butte du Châtelet), et le bastion Sainte-Catherine.

De face se présente la tour de la Bouverie, précédée de sa demi-lune. Ensuite vient la tour Havetel et enfin, au pied du rocher, la porte de Royon. La rivière qui s'étend au premier plan est un des bras de l'Auve, en aval du moulin de Gergeaux.

Sur le rocher du Château se remarquent, à gauche de l'église, la porte A-mi-côte, et, à droite, le bastion Saint-Michel, vu de face. Tout à fait à l'extrémité du mur se profile le bastion de la Carrière, aujourd'hui surmonté d'une croix de grande dimension.

Le pointillé qui, dans notre plan, est superposé au tracé au trait, représente les principales modifications qui ont été opérées postérieurement à la reconstruction de la ville. Il permettra de se rendre compte, au premier coup d'œil, des différences très appréciables qui existent entre la configuration de la ville ancienne et la disposition de celle d'aujourd'hui.

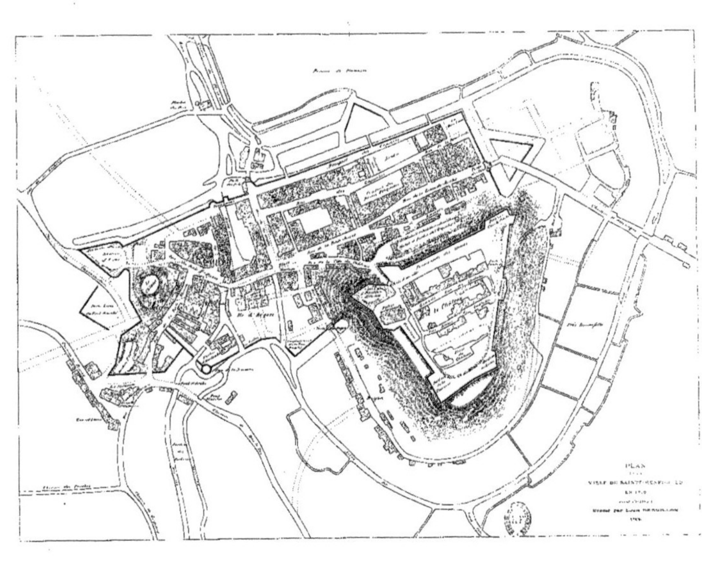
PLAN

TABLE DES MATIÈRES

IMPRIMERIE E. CAPIOMONT ET Cie

PARIS

57, RUE DE SEINE, 57

www.ingramcontent.com/pod-product-compliance
Ingram Content Group UK Ltd.
Pitfield, Milton Keynes, MK11 3LW, UK
UKHW021056220726
13924UKWH00005B/2115